Marie Borrel

les clés du bien-être au quotidien

pour être au top
dans sa tête et dans son corps

SOLAR

Avant-propos

Ce livre est un guide. Comme tous les guides, il se propose de vous prendre par la main pour vous montrer le chemin du bien-être. Suivez votre envie, votre instinct : lisez-le d'un trait, comme un roman, ou picorez ici et là ce qui vous intéresse sur l'instant, au gré de vos expériences et de vos besoins. Route unique pour les uns, sentiers multiples pour les autres, ce parcours est balisé de gestes pratiques, de techniques nouvelles, de sensations à découvrir… Certains des conseils proposés dans cet ouvrage peuvent facilement s'intégrer au rythme quotidien, sans demander de formation, de technique, ni de matériel précis. D'autres nécessitent le recours à un thérapeute et se pratiquent en cure. Tous visent le même but : vous amener chaque jour plus près de votre bien-être. Car l'alchimie qui conduit à cet état est individuelle. Votre bien-être n'est pas celui de votre voisin. C'est à chacun de choisir… Bon voyage !

Sommaire

Introduction

La quête du bien-être

Depuis la seconde moitié du siècle dernier, dans les sociétés occidentales, les conditions de vie ne cessent d'évoluer favorablement. La médecine progresse, l'espérance de vie s'allonge, les conditions d'hygiène s'améliorent, la pauvreté et la malnutrition reculent, la durée du travail diminue, les loisirs sont désormais à la portée du plus grand nombre...

Cela ne suffit pas à faire le bonheur de tous. Mais ces avancées sociales ont placé le bien-être comme une perspective. Vivre bien n'est plus un privilège accordé à quelques nantis. C'est un but que chacun peut se fixer.

Du temps pour soi

Pour atteindre le bien-être, encore convient-il d'en posséder les outils. Le bien-être a un prix, qui n'est pas prioritairement financier. Pour vivre bien, il faut prendre le temps de s'occuper de soi, avoir une bonne hygiène de vie, apprendre à gérer le stress, améliorer les relations que l'on entretient avec soi-même et avec les autres... Tout cela repose sur un préalable : accepter de prendre du temps pour soi.

Égoïste, le bien-être ? Non. Car ce temps que l'on s'accorde, on en fait cadeau du même coup à tous ceux qui nous entourent. Mieux on se sent, plus on est agréable à vivre pour les autres. Nos enfants, notre conjoint, nos parents, nos amis, nos collègues de travail..., tout le monde peut profiter des ondes positives que l'on dégage quand on se sent joyeux et en forme.

Nous avons toujours le choix

Les entraves qui nous empêchent de ressentir naturellement ce bien-être tant espéré, nous les construisons en partie nous-mêmes. Certes, nous ne sommes pas responsables de la pollution atmosphérique, ni de la diminution du contenu nutritionnel des fruits et légumes produits par l'agriculture intensive. Mais nous avons tout de même entre nos mains le choix de nos aliments, l'équilibre de nos repas, les compléments alimentaires capables de compenser ces problèmes.

De la même manière, nous sommes tous soumis à des stress inévitables : un deuil, une période de chômage, un patron irascible ou une brouille familiale... Il nous reste cependant un choix : nous laisser submerger par les émotions ou prendre le dessus, accepter les changements, profiter des échecs et des crises pour rebondir.

Les outils du bien-être

Les moyens d'accéder au bien-être sont nombreux et variés. Chacun peut faire son choix dans une vaste panoplie : changer d'alimentation, entretenir sa santé par des méthodes naturelles, apprendre à respirer et à se relaxer, savoir gérer ses émotions, développer la confiance en soi, chouchouter son corps avec des massages et des huiles essentielles, améliorer le confort de sa maison… Le point commun entre ces démarches : elles supposent que l'on se prenne en charge, jour après jour, qu'on les mette en pratique régulièrement.
Ce ne sont pas des panacées, elles n'ont rien de miraculeux. Ce ne sont pas des coups de baguette magique capables d'effacer par enchantement nos tracas et nos bobos. Mais en intégrant celles qui vous conviennent à votre vie quotidienne, vous deviendrez acteur de votre bien-être. Car c'est l'un de ses secrets les plus importants : vous, et vous seul, êtes détenteur de cet état particulier. Vous êtes responsable de votre bien-être.

L'éveil des sens

Nous sommes dotés de cinq sens, qui sont nos fenêtres ouvertes sur le monde. L'ouïe, la vue, le toucher, l'odorat et le goût nous permettent d'appréhender les choses et de les ressentir. Nous pouvons donc les utiliser pour améliorer notre bien-être. C'est en écoutant mieux, en regardant mieux, en touchant mieux, en sentant mieux et en goûtant mieux que nous pouvons enrichir notre vie quotidienne.
Or, la plupart du temps, nous employons nos sens de manière mécanique. Stop ! Il est temps de leur rendre la place qu'ils méritent. Ouvrez grands vos yeux, vos narines, vos oreilles, livrez vos papilles aux mille saveurs que vous ne connaissez pas encore, offrez à votre peau les contacts qu'elle réclame… Improvisez. Les conseils délivrés dans ce livre sont des pistes à explorer. À partir de là, vous pourrez ensuite inventer le bien-être qui vous ressemble. Votre bien-être ! Une fois que vous l'aurez trouvé, personne ne pourra plus vous en priver…

La respiration

Chapitre 1

Elle est avant tout indispensable à la survie de l'être humain, mais elle peut également être un instrument de détente et de relaxation, comme en témoignent les nombreuses méthodes où la maîtrise du souffle intervient. Apprendre à bien respirer peut même soulager la douleur et soigner certains troubles.

Inspirez, soufflez...

Nous respirons dix à quinze fois par minute, que nous y pensions ou non. C'est la première de nos fonctions vitales, et l'oxygène est la nourriture de nos cellules. Les émotions violentes altèrent notre respiration, mais, en contrôlant notre souffle, nous pouvons apaiser la vague qui nous submerge. Décidément, c'est une fonction à part...

Pour vivre, un être humain doit absorber chaque jour environ un kilo d'aliments solides, 2 kilos d'aliments liquides et 8 kilos d'air ! L'oxygène représente en effet, et de loin, notre nourriture la plus importante.

Il en est ainsi depuis notre première seconde sur terre : c'est par sa première inspiration que le nouveau-né signe son arrivée au monde. Ses poumons, qui étaient déjà opérationnels depuis la fin du septième mois de gestation, se contentaient jusque-là de filtrer le liquide amniotique. À peine sorti du nid maternel, le tout-petit doit effectuer son premier acte d'autonomie : respirer.

Ses poumons se déploient, l'air y pénètre profondément pour la toute première fois et le mécanisme se met en marche. L'enfant pousse son premier cri. On peut alors couper le cordon ombilical qui le relie encore à sa mère. Un petit être humain est né.

Pourquoi respirons-nous ?

À partir de cet instant, nous démarrons une activité qui ne cessera qu'à notre mort, lorsque nous rendrons notre « dernier souffle ». Entre-temps, nous respirerons à chaque minute, la nuit comme le jour, que nous en soyons conscients ou pas.

L'oxygène est indispensable à la vie. Toutes nos cellules en ont besoin pour fonctionner. C'est grâce à l'oxygène qu'elles peuvent se nourrir, car ce gaz leur permet de transformer les nutriments qu'elles reçoivent en énergie utilisable. Et de l'énergie, nous en avons besoin en permanence, même au plus profond de notre sommeil. L'oxygène participe donc à l'entretien de tous nos tissus : les muscles, la peau, les organes... La production d'énergie par

les cellules génère des déchets, dont le gaz carbonique. C'est encore la respiration qui permet de les évacuer après que la circulation sanguine les a ramenés aux poumons.

Si l'on respire mal, de manière trop superficielle, dans une atmosphère malsaine ou confinée, c'est bientôt toute notre machine biologique qui commence à ralentir et à s'encrasser.

DE L'AIR, DE L'AIR...

Dans l'air que nous respirons, il y a bien sûr de l'oxygène, un gaz vital. Mais ce n'est pas celui que nous inhalons en plus grande quantité. En fait, l'air est constitué avant tout d'azote, ainsi que d'oxygène et de gaz rares (hélium, crypton, néon...) en petite quantité. Tous ces composants jouent un rôle dans notre organisme. En respirant, nous ingérons également de la vapeur d'eau et des milliards de particules et de micro-organismes : des microbes, dont une infime partie seulement peut déclencher des symptômes, des particules polluantes qu'il vaudrait mieux éviter (voir p. 16), mais aussi des molécules odorantes qui titillent agréablement nos sens.

Les poumons, un arbre à l'envers

Pour mener à bien cet incessant labeur, nous disposons d'un ensemble organique : l'appareil respiratoire. Celui-ci ressemble à un arbre à l'envers, dont les branches (à savoir les bronches et les minuscules bronchioles) descendraient vers la terre et dont le tronc (la trachée-artère) dresserait sa base vers le ciel.
Cet arbre est enveloppé par deux grosses « éponges », les poumons, constitués de minuscules sacs qui viennent s'accrocher aux bronchioles. À l'âge adulte, nous possédons environ 300 millions d'alvéoles pulmonaires. C'est là que se déroule l'échange gazeux : le sang chargé de déchets arrive, décharge sa cargaison à travers les parois arachnéennes des minuscules vaisseaux sanguins et se recharge en oxygène de la même manière. Mis à plat, ce tissu alvéolaire s'étendrait sur près de 100 m^2 !

Fonction consciente et inconsciente

La respiration est la seule de nos fonctions organiques qui soit à la fois consciente et inconsciente. La nuit, nous respirons alors que nous sommes plongés dans un profond sommeil. Dans la journée, la plupart du temps, nous respirons sans y penser : la poitrine se sou-

UN AIR SPIRITUEL

À chacune de nos inspirations, c'est un peu du principe divin qui pénètre en nous. C'est du moins ce qu'affirment les Orientaux. En Inde, on parle d'un principe vital impalpable, le *prâna*. C'est le souffle de vie, l'énergie fondamentale, que nous absorbons pour nourrir notre énergie vitale et la renforcer. Pour les taoïstes, en Chine, l'inspiration et l'expiration sont l'ouverture et la fermeture de la porte du Ciel. Dans la Grèce antique, on parlait du *pneuma*, dans la tradition judaïque, du *rhuah*, chez les musulmans, de *er-ruh*… C'est toujours du souffle divin qu'il est question, de ce principe essentiel présent dans l'air qui peut nous nourrir si nous nous ouvrons à lui.

lève, le diaphragme s'abaisse pour augmenter le volume des poumons, l'air y pénètre, se diffuse et les échanges sanguins s'opèrent, puis le mouvement s'inverse, le diaphragme remonte, le volume des poumons diminue, l'air est alors expulsé. Il en est ainsi dix à quinze fois par minute pendant toute notre vie.

Mais, si nous le désirons, nous avons le pouvoir d'arrêter notre souffle, de l'accélérer, de le ralentir... Nous pouvons agir sur lui. Toutes les autres fonctions du corps appartiennent à l'une ou l'autre de ces catégories : les gestes volontaires ne peuvent pas se faire en dehors de notre décision consciente ; mais notre cœur, qui bat seul, reste à l'écart de nos décisions, nous ne pouvons pas l'accélérer ou le ralentir volontairement.

Cette particularité donne à la respiration une dimension supplémentaire. Elle nous permet d'agir, en contrôlant le souffle, sur toutes les fonctions vitales inconscientes. Lorsque nous le ralentissons, au bout de quelques minutes, le rythme du cœur se calme également pour s'adapter à la quantité d'oxygène qu'il doit distribuer. Du coup, la pression artérielle se modifie. Les fonctions digestives répondent également aux variations du souffle : les mouvements du diaphragme massent la zone abdominale, ce qui améliore notablement le fonctionnement des organes et combat la constipation. Le souffle intervient aussi dans les efforts musculaires, le fonctionnement de la mémoire, le bon état de la peau, la concentration...

La respiration, le miroir de nos émotions

La respiration est comme un pont jeté entre notre corps et notre psychisme, entre notre vie végétative et notre vie intime : elle nous permet d'agir sur nos émotions. Lorsque nous sommes en proie à la joie, la peur, la colère, notre souffle est aussitôt affecté. La respiration devient plus rapide, plus superficielle. Cela s'explique : d'une manière archaïque, l'émotion nous signale un événement inhabituel. Pour réagir, vigilance et réactivité vont être nécessaires. Les modifications du rythme respiratoire nous mettent en situation de faire face à l'événement, qui était toujours potentiellement dangereux au temps des cavernes.

La respiration est la seule de nos fonctions végétatives sur laquelle nous pouvons agir consciemment.

Aujourd'hui, dans notre vie quotidienne, les émotions n'ont plus cette fonction, mais notre équipement biologique demeure : un coup de colère, une frayeur, et notre respiration s'altère. Heureusement, nous avons le pouvoir de la contrôler... Il suffit alors de ralentir le souffle et de se forcer à respirer profondément pour que l'excès d'émotion reflue. Elle ne disparaît pas totalement, mais la vague qui menaçait de nous submerger recule.

Apprendre à respirer

Pour bénéficier des nombreux bienfaits de la respiration, encore faut-il savoir bien respirer. Cela s'apprend ! Nous pouvons substituer à notre respiration habituelle, superficielle, une respiration plus profonde, abdominale. Peu à peu, les habitudes respiratoires se modifient...

Pour tirer profit du souffle, il ne suffit pas de laisser l'air entrer comme il l'entend dans nos poumons. Quelques conseils s'imposent. Mais rassurez-vous, l'apprentissage des techniques est simple et rapide. Le reste est affaire de pratique.

RESPIRER PAR LE NEZ

Les muqueuses du nez sont tapissées de minuscules cils qui emprisonnent 80 % des impuretés contenues dans l'air (particules, fumées, bactéries...). Il vaut donc mieux respirer par le nez que par la bouche, d'autant que les muqueuses font également en sorte que l'air arrive dans les poumons avec une température et un degré d'humidité idéals. Du moins tant qu'il ne fait ni trop chaud ni trop froid...

Les différents types de respiration

Il existe trois types de respiration : claviculaire, costale et abdominale. Généralement, nous respirons avec le haut du corps, en adoptant un souffle à mi-chemin entre les respirations costale et claviculaire. C'est une erreur : il faut privilégier le ventre.

– La respiration claviculaire : on absorbe de l'air uniquement dans le haut de la poitrine, en dilatant principalement la gorge et le cou. C'est la respiration la plus superficielle des trois : elle ne remplit que 15 % des poumons et favorise seulement la circulation sanguine dans la tête.

– La respiration costale : on écarte les côtes pour dilater la cage thoracique. On remplit davantage les poumons, à 30 % environ de leur capacité. C'est de cette façon qu'on inspire avant de pousser un gros soupir.

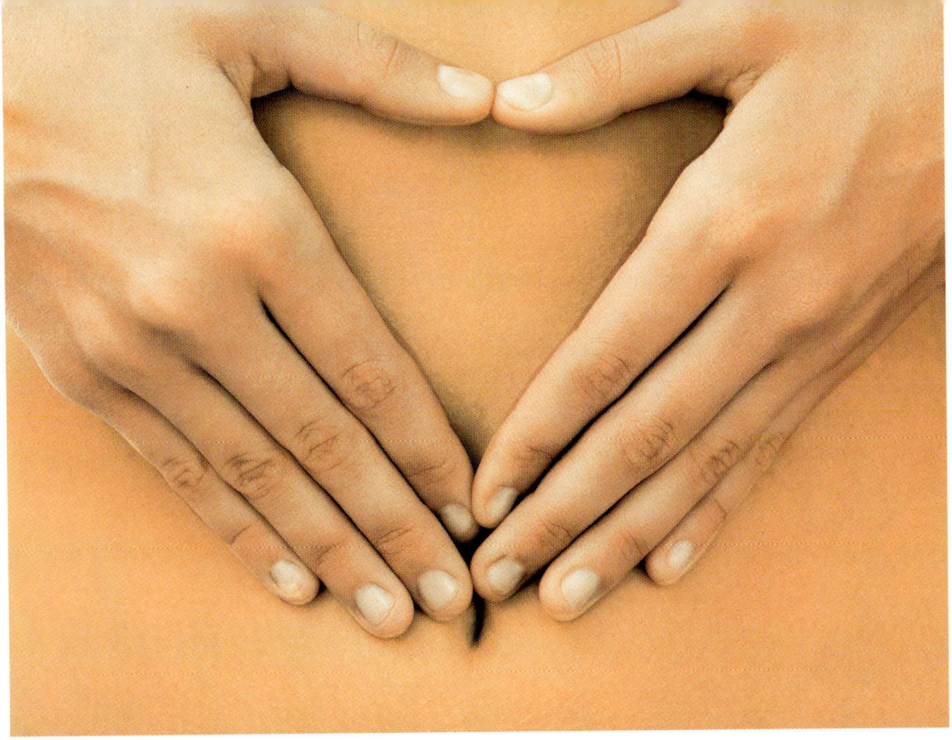

– La respiration abdominale : on dilate le ventre lors de l'inspiration pour que le diaphragme s'abaisse au maximum. On peut ainsi remplir les poumons jusqu'à 50 % de leur capacité, voire plus. Ce mode de respiration permet de libérer le corps et l'esprit, d'apaiser les tensions, de se recharger en énergie. C'est celui que l'on utilise pour se concentrer.

La respiration abdominale est celle qui permet de remplir au maximum les poumons.

Le rôle du diaphragme

Le diaphragme est un muscle plat qui sépare le thorax de l'abdomen. Il joue un rôle très important dans la respiration. À chaque inspiration, il s'abaisse, repousse les viscères dans la cavité abdominale pour faire de la place aux poumons, qui peuvent ainsi se gonfler d'air. À l'expiration, il repousse les poumons vers le haut, ce qui les aide à se vider. C'est le muscle principal de la respiration, aidé par les muscles intercostaux, qui permettent aux côtes de s'écarter.

inspiration

expiration

Lorsque l'on pratique une respiration abdominale, le diaphragme comprime des organes situés dans le ventre, comme le foie, la rate, les intestins… Au passage, la circulation sanguine dans cette zone du corps est stimulée, ce qui explique l'effet bénéfique d'une bonne pratique respiratoire sur les fonctions digestive et intestinale. En améliorant ainsi la circulation dans le bas du corps, notamment la circulation veineuse de retour, le diaphragme agit également comme une pompe de relais qui aide le sang, une fois chargé de déchets, à remonter vers le cœur, évitant du même coup la stase veineuse et lymphatique. C'est une façon de retarder l'apparition de la cellulite et d'éviter l'apparition d'œdèmes.

L'AIR POLLUÉ

L'air que nous respirons, à l'intérieur comme à l'extérieur, contient toujours des particules polluantes. Certaines sont plus nocives que d'autres. On leur impute en partie l'augmentation du nombre des maladies respiratoires.

– À l'intérieur : on incrimine particulièrement l'ozone. Si ce gaz nous est indispensable dans la haute atmosphère pour nous protéger des rayonnements solaires, il est très mauvais pour notre organisme lorsque nous l'absorbons en trop grande quantité. La meilleure solution : bien aérer son domicile.

– À l'extérieur : sont surtout en cause le dioxyde de soufre et les particules en suspension. Le premier est présent en concentration importante dans les régions industrielles, à cause de la circulation automobile et des émissions des usines. Les particules proviennent surtout des moteurs à gazole.

Conseils pratiques

Efforcez-vous, dès que vous y pensez, de modifier votre souffle pendant quelques minutes :

– Inspirez à fond, en gonflant votre ventre, pour que vos poumons se remplissent au maximum.

– Gardez les poumons pleins en comptant jusqu'à 5.

– Expirez lentement, en contractant le ventre pour bien repousser tout l'air contenu dans vos poumons.

– Gardez les poumons vides en comptant jusqu'à 5.

– Puis recommencez…

Vous pouvez faire ce petit exercice n'importe quand et n'importe où. Il ne prend que quelques minutes et passe totalement inaperçu. Si vous le pratiquez plusieurs fois par jour, vous ressentirez rapidement ses effets : votre souffle gagnera en ampleur même lorsque vous n'y faites pas attention. Votre organisme, mieux oxygéné et débarrassé de ses déchets gazeux, fonctionnera de manière plus harmonieuse. Vous serez moins fatigué, moins stressé, moins nerveux…

Un air sain dans la maison

Il est indispensable de respirer un air sain, riche en ions négatifs et débarrassé des principales sources de pollution (voir encadré ci-contre). Les ions sont des atomes chargés électriquement que nous absorbons en respirant. Les ions négatifs nous sont bénéfiques. Hélas ! ils sont moins nombreux et plus fragiles que les ions positifs. Les ions négatifs se forment dans la nature, sous l'effet des rayons ionisants et de certains facteurs environnants : les embruns au bord de la mer, la photosynthèse en forêt, les pulvérisations d'eau près des cascades… Une promenade en pleine nature permet d'en absorber une bonne quantité, surtout si vous respirez à fond.
Dans une pièce fermée, les ions négatifs s'altèrent rapidement : en une heure, leur proportion diminue de moitié. La solution : aérer. Il suffit d'ouvrir grandes les fenêtres pendant 5 à 10 minutes pour renouveler l'air d'une pièce de dimensions moyennes. Au passage, on se débarrasse des polluants intérieurs, de l'excès d'humidité stagnante et des germes dégagés par les habitants du lieu.

Une promenade dans la nature permet de faire le plein d'ions négatifs, bénéfiques.

Si vous habitez en ville, dans une zone où l'air est très chargé en polluants extérieurs, utilisez des plantes vertes pour assainir l'atmosphère : le *dracaena* et le *ficus*, par exemple, absorbent les substances néfastes. Pensez également aux huiles essentielles (voir p. 158). Enfin, vous pouvez vous procurer un ioniseur : c'est un petit appareil électrique qui produit des ions négatifs. Attention ! ne le placez pas près d'un mur : les ions produits risqueraient d'être aussitôt détruits par cet obstacle.

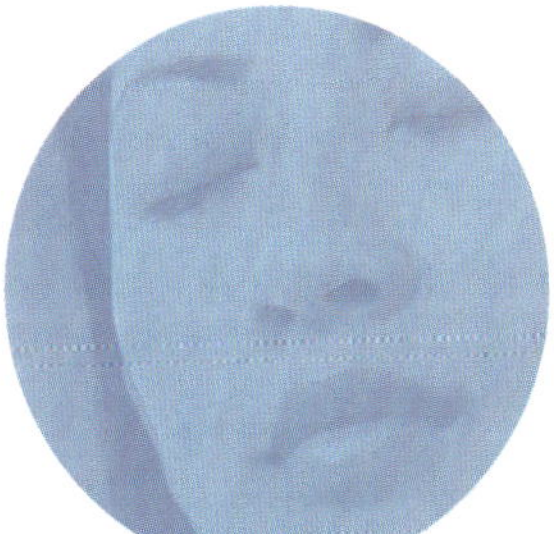
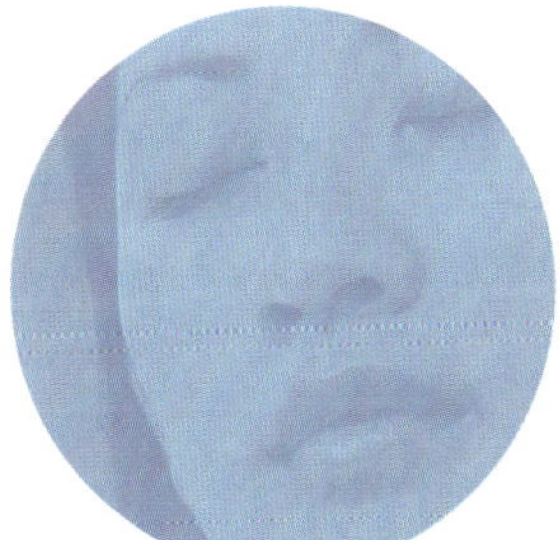

Respiration et relaxation

En maîtrisant notre respiration, nous pouvons déjouer les pièges du stress quotidien. Toutes les méthodes de relaxation comportent des exercices respiratoires, qui permettent d'accéder à la détente physique et mentale.

Pour l'acteur, le souffle est un instrument qui permet de faire émerger des sentiments sur commande. Au quotidien, on fait l'inverse : on utilise le soupir pour calmer les émotions trop violentes. En effet, la tension nerveuse se manifeste par une modification de l'amplitude respiratoire et une accélération du rythme cardiaque. En soupirant, on expulse beaucoup d'air, ce qui atténue un moment la sensation d'étau enserrant la poitrine. Mais pour l'améliorer durablement, il faut faire suivre le soupir d'une respiration calme et profonde.

Pour se détendre

La respiration est à la base de toute les techniques de relaxation. C'est en ralentissant le souffle que l'on parvient à détendre les muscles, à chasser les tensions et à ralentir le rythme des pensées.
Les principes de base sont toujours les mêmes : il faut adopter un rythme respiratoire ample et régulier, aller jusqu'au bout de son souffle et utiliser la région abdominale pour augmenter la capacité respiratoire.
Certains exercices plus spécifiques permettent d'instaurer, plus rapidement, un état de détente. Ils sont utiles notamment lorsqu'on a le trac avant un examen scolaire ou un rendez-vous important.

Les comédiens utilisent le souffle pour faire émerger des émotions sur commande.

Un exemple : la respiration alternée, issue du yoga, consiste simplement à respirer une fois avec la narine droite, une fois avec la narine gauche.
– Installez-vous dans une pièce calme, assis confortablement sur une chaise, le dos bien droit. Vous pouvez également vous asseoir en tailleur au sol. L'essentiel est que vous puissiez maintenir votre posture sans avoir besoin d'y penser.
– Posez votre main gauche sur votre genou gauche. Avec la main droite, sai-

sissez votre nez entre le pouce et l'annulaire, l'index et le majeur posés sur le bas du front, entre les sourcils.
– Avec votre pouce, obturez votre narine droite et expirez lentement par la gauche, puis inspirez de la même façon.
– Relâchez la narine droite et obturez la gauche avec votre annulaire. Expirez et inspirez.
– Faites cet exercice dix fois, lentement. Puis respirez amplement par les deux narines.

Le réveil des sensations

Vous pouvez aussi utiliser le souffle pour expérimenter vos sensations et pénétrer un peu plus loin dans votre monde intérieur.
– Allongez-vous confortablement dans un lieu calme et fermez les yeux.
– Puis inspirez calmement et profondément, et fixez votre attention sur les sensations qui apparaissent : une boule dans la gorge, une gêne dans la poitrine, une douleur sur le côté... Elles sont révélatrices de blocages émotionnels.
– Concentrez-vous successivement sur chacun de ces blocages et essayez de les dissoudre avec votre souffle, comme vous ôteriez une tache avec une éponge.

LE CHANT

Pour apprendre à maîtriser votre souffle de manière ludique, inscrivez-vous à une chorale. Pour chanter en groupe, il faut parvenir à adopter une respiration abdominale. L'utilisation de l'expir est essentielle dans la technique vocale. Vous pouvez également vous initier à la pratique d'un instrument à vent : trompette, clarinette... Certains musiciens emploient ainsi la respiration continue : ils inspirent par le nez pendant qu'ils expirent par la bouche, en un cycle permanent. Ce n'est pas leur souffle qui propulse l'air dans l'instrument, mais le gonflement et le dégonflement de leurs joues. Cette respiration est très apaisante.

Respiration et concentration

Rien de tel que la maîtrise du souffle pour apaiser le flot des pensées. La respiration est un formidable outil de concentration. Toutes les techniques orientales l'utilisent : yoga, zen, arts martiaux… Car, pendant que l'on se concentre sur la respiration, on ne pense pas à autre chose.

Faites ce petit exercice : installez-vous, assis, le dos bien droit, n'importe où (même dans le bus, au bureau ou devant la télé en famille). Fermez les yeux et respirez calmement et profondément, en laissant l'air remplir généreusement vos poumons puis en l'expulsant totalement. Concentrez votre attention sur votre souffle : placez-la au bord de vos narines et sentez l'air qui entre et sort, comme un vent puissant sur une lande de bruyère. Dès que vos pensées reprennent leur cours, reportez votre attention sur le bord de vos narines. Vous vous rendrez rapidement compte que, grâce à cette technique, vous parvenez à chasser vos soucis et à calmer votre nervosité.

Allongez progressivement votre respiration, cela vous permettra d'abaisser votre centre de gravité et de recentrer votre énergie dans le bas de votre corps.

L'essence du zen

La respiration est un extraordinaire outil de concentration. Elle sert de point de fixation pour les pensées et induit une meilleure oxygénation du cerveau qui facilite cette focalisation.

Elle est au centre de la pratique du zen. Cette philosophie japonaise d'essence bouddhiste est tout entière focalisée sur une posture, za-zen (voir p. 319). Une fois que l'on est installé, on se concentre uniquement sur le souffle. Plus précisément sur l'expiration, qui doit être très lente. Comme l'expliquait le maître zen Taisen Deshimaru[1] :

1 Dans *La Pratique du zen*, Albin Michel, collection « Spiritualités vivantes », 1972.

« Pendant za-zen, la respiration s'allonge progressivement. Avec la pratique, on n'a plus besoin que de deux ou trois respirations par minute. Grâce à cette respiration centrée sur la longueur de l'expir, le centre de gravité du corps se déplace des régions supérieures vers le bas de l'abdomen, siège de l'énergie, de la force, de la résistance. » C'est l'autre apport de ces pratiques : elles participent à la circulation de l'énergie vitale.

À la base du yoga

Dans le yoga, la dimension énergétique de la respiration est particulièrement importante. On appelle « prânayama » la partie respiratoire de la pratique. Le *prânayama* est un moyen d'atteindre à l'équilibre parfait, l'harmonie entre le corps, le mental et l'Univers.

Le *prânayama* ne se pratique pas n'importe comment, car certains exercices (notamment ceux qui entraînent une hyperventilation) peuvent avoir des répercussions violentes sur l'organisme. *Kapalabhati*, par exemple, est une respiration rapide destinée à expulser tout l'air des poumons par des mouvements rapides et saccadés du diaphragme. C'est un exercice respiratoire qui demande une conscience aiguisée de cette zone musculaire et qui active l'irrigation du cerveau.

Voici un exercice respiratoire conseillé pour augmenter votre conscience du souffle.

– Mettez-vous debout, le dos bien droit, et inspirez en levant votre bras droit au-dessus de votre tête.

– Bloquez votre souffle 5 secondes, puis expirez en laissant votre bras redescendre au rythme de votre souffle. L'essentiel est de bien synchroniser le mouvement et la respiration, dans une gestuelle fluide et naturelle.

– Faites cet exercice cinq fois avec le bras droit, puis cinq fois avec le bras gauche.

DANS LES ARTS MARTIAUX…

Dans la pratique des arts martiaux (judo, aïkido, karaté…), le contrôle de l'expiration est très important. On expulse l'air lentement, en le dirigeant vers le bas de manière à dégager le haut du corps. Les coups sont ainsi plus libres et plus efficaces. Dans certains arts martiaux, l'expiration est accompagnée par l'émission d'un son, qui renforce la puissance énergétique du geste.

Les thérapies par le souffle

Au-delà de la détente et de la concentration, la maîtrise du souffle peut guérir certains maux du corps et de l'âme. C'est le principe, par exemple, du rebirth ou de la respiration holotropique, deux thérapies entièrement fondées sur la pratique respiratoire.

Les mamans le savent bien : la respiration est au centre de l'accouchement sans douleur. Cette technique, révolutionnaire en son temps, fut introduite en France dans les années 1950. Pour la première fois, on proposait aux femmes de devenir actrices de leur accouchement au lieu de se laisser submerger par la douleur de l'enfantement. Et c'est en respirant qu'elles parvenaient à contrôler la douleur.

Le principe de cette méthode d'accouchement est simple : la femme doit adopter une respiration très haletante (comme celle d'un petit chien) pendant les contractions – pour garder l'esprit concentré sur un autre pôle que la douleur et pour faciliter une oxygénation rapide – et une respiration ample et profonde entre les contractions – pour évacuer le stress et accélérer la récupération.

Aujourd'hui, l'accouchement sans douleur est pratiqué dans toutes les maternités, même si d'autres techniques (sophrologie, péridurale…) sont venues élargir l'éventail des possibles.

Contre les douleurs

La respiration permet de lutter contre bien d'autres types de douleurs, notamment les maux de tête ou le mal de dos. En améliorant la gestion du stress, la respiration apaise aussi tous les problèmes liés à l'excès de tension nerveuse : insomnie, problèmes de peau. Elle a également une action spécifique sur la digestion. La respiration permet aussi de soulager les maux de l'âme. Nombre de techniques psycho-corporelles l'utilisent pour dénouer les blocages émotionnels enregistrés dans les muscles et assouplir notre « cuirasse corporelle ».

Respirer pour renaître

Le rebirth propose même d'utiliser la respiration pour remonter dans notre histoire et revivre tous les événements traumatisants qui ont ponctué notre existence. Son fondateur, Léonard Orr,

s'aperçut que des souvenirs très anciens lui revenaient spontanément en mémoire quand les conditions suivantes étaient réunies : une respiration calme, ample ; un inspir et un expir connectés, sans aucune interruption, fût-elle minime ; le souffle concentré sur le haut du thorax.
Selon lui, nous avons tous commencé à respirer dans des conditions de peur et de confusion, et nous gardons les traces de cette pénible expérience. Le fait de respirer selon les modalités précitées permet de faire resurgir les souvenirs de nos expériences les plus traumatisantes et de les évacuer. Avec eux disparaissent nombre de blocages ou de conflits psychiques qui n'en étaient que les conséquences. Le rebirth se pratique auprès d'un thérapeute, en séances individuelles. Elles se déroulent parfois dans l'eau pour que les conditions se rapprochent encore plus de celles de la naissance.

LA RESPIRATION HOLOTROPIQUE

Cette thérapeutique a été mise au point par Stanislav Grof, un psychiatre américain créateur de la psychologie transpersonnelle. C'est une technique respiratoire destinée à provoquer la résurgence de souvenirs traumatiques. La psychologie transpersonnelle prenant en compte des états de conscience situés au-delà de notre conscience ordinaire, cette technique respiratoire permet d'explorer des dimensions de l'être habituellement écartées de la psychologie classique (visions, perceptions extrasensorielles...).
La respiration holotropique se pratique en groupe, selon un protocole précis. Une séance peut durer plusieurs heures et se déroule sur fond musical. À la faveur d'une respiration très rapide (hyperventilation), des images enfouies dans l'inconscient émergent, accompagnées des émotions qui leur sont attachées. Le sujet se libère ainsi des entraves qui l'empêchent de s'épanouir.

Le goût

Chapitre 2

Pendant l'enfance, certaines aversions alimentaires s'inscrivent en nous. Devenus adultes, nous devons pactiser avec ces souvenirs pour apprendre à manger sainement. C'est aussi avec nos papilles que nous recevons les messages curatifs des plantes médicinales. Le goût est la première de nos portes ouvertes sur le bien-être…

Dans les coulisses de nos papilles

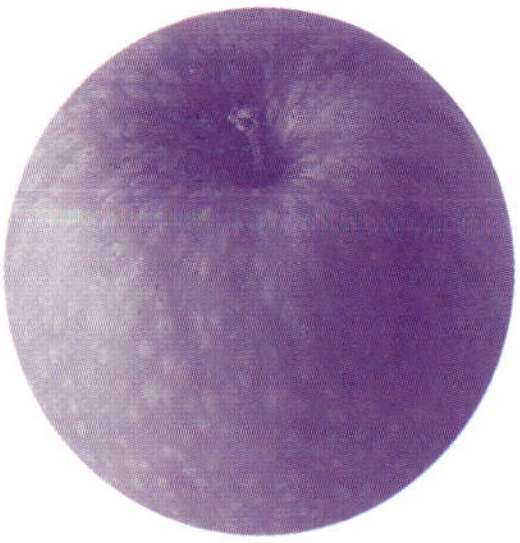

Sans le plaisir que nous procurent chaque jour nos papilles gustatives, nous oublierions de manger. Nous ne donnerions pas l'importance qu'il mérite à cet acte primordial, archaïque, essentiel, qui nous permet de rester en vie. Heureusement, la nature nous invite à la fête des saveurs...

Fermez les yeux et savourez : vous avez sur le bout de la langue un carré de chocolat, une cuillerée de glace à la fraise, une bouchée de lotte au safran... Soudain, un monde s'ouvre à vous. Le plaisir gustatif s'amplifie et gagne tout le corps... Hélas ! nous prenons rarement le temps de lui accorder la place qu'il mérite. Il est temps de changer. Car notre bien-être passe par notre palais...

Comment perçoit-on les saveurs ?

Notre bouche est tapissée de minuscules papilles, qui nous donnent des informations très fines sur ce que nous mangeons. Celles de la langue décryptent les saveurs de base : sucré, salé, acide ou amer. D'autres nous disent la tempéra-

C'EST LE CERVEAU QUI A FAIM

La faim naît dans le cerveau. Tout se passe dans l'hypothalamus, le centre de pilotage de notre métabolisme. Dès que l'organisme est en passe de manquer d'une substance dont il a besoin, le cerveau en est averti. Il déclenche alors le plan d'urgence : creux à l'estomac, salivation excessive, sensation de fatigue... Le cerveau lui-même est l'un des plus gros consommateurs de nutriments du corps, notamment de glucose, d'acides gras essentiels et de vitamines. Même pendant le sommeil, il a besoin de carburant pour continuer à fonctionner, comme nos autres organes. C'est pourquoi, le matin, au réveil, nous avons faim.

ture des aliments et leur consistance. Ces messages sont envoyés par un influx nerveux jusqu'à une zone du cerveau archaïque, celui qui gère nos affects et nos émotions. C'est pour cette raison que les saveurs nous parlent aussi vite, aussi fort.

Quelques secondes avant de porter l'aliment à notre bouche, nos yeux nous ont déjà permis de voir son apparence, sa couleur et sa texture, et notre nez a perçu des effluves qui nous ont préparés. Cette orchestration sensorielle aboutit à une réaction rapide : plaisir ou déplaisir.

Le repas doit être un moment de véritable détente et de plaisir. Prenez le temps de goûter et d'apprécier ce que vous mangez.

Plaisir pour l'un, déplaisir pour l'autre

Tout le monde ne réagit pas de la même manière aux saveurs. Celui-ci adorera la douceur du miel que tel autre détestera. L'un froncera le nez à l'idée de déguster ces belles huîtres de pleine mer qui, pourtant, font tellement envie à son voisin… C'est qu'à chaque perception gustative la sensation est comparée, dans le cerveau, à la somme des sensations précédentes. C'est pourquoi un aliment enregistré sous l'étiquette « mauvais » déclenche, au simple regard, une réaction de rejet. Il faut parfois se forcer un peu, essayer de mettre de côté cet *a priori* pour goûter de nouveau. Car les expériences gustatives enregistrées entretemps peuvent modifier notre perception sensorielle.

C'est pour cette raison qu'il faut essayer de faire régulièrement goûter aux enfants des saveurs nouvelles, sans aller trop vite, afin que leur palais s'éduque. Ainsi, une saveur trop forte rebute le petit enfant qui n'a pas le palais assez « formé ». Il aura toute sa vie un mouvement de recul à l'idée de manger l'aliment responsable, sauf s'il retente l'expérience suffisamment souvent pour éduquer ses papilles et apprendre à aimer ce qu'il détestait. Nous pouvons, nous aussi, rééduquer notre goût, revoir nos habitudes nutritionnelles, découvrir de nouvelles saveurs, apprendre à manger une nourriture plus saine par souci de santé, mais aussi par plaisir. C'est là le vrai chemin du bien-être.

Le plaisir et l'appétit

« Un nutriment dépourvu de tonus émotif n'est pas un aliment, explique Jean-Marie Bourre[2], médecin et directeur de recherche à l'INSERM. Le plaisir, l'idée que l'on en a, modifient considérablement la perception que l'on a d'un aliment. L'homme normal ne supporte pas sans vomir un régime fait du simple mélange des nutriments dont il a besoin. Ce qui pousse l'homme à manger est d'abord une volupté. » C'est clair : il n'y a pas d'équilibre alimentaire sans plaisir.

Le plaisir a même une fonction physiologique. D'abord, en regardant un aliment, on prévoit qu'il sera bon ou mauvais. Ce plaisir anticipé permet d'adapter le travail de digestion et d'assimilation de la nourriture. Les mêmes aliments agissent différemment sur l'organisme selon qu'ils sont perçus comme plaisants ou déplaisants par celui qui les absorbe.

C'est clair : il n'y a pas d'équilibre alimentaire sans la notion de plaisir !

Un exemple : le sucre. Lorsque notre organisme manque de sucre, nous sommes fatigués. Si nous voyons à cet instant un aliment sucré, nous en avons envie. Immédiatement, avant que le sucre ait été assimilé, nous ressentons un mieux-être. Ce n'est pas une illusion ! L'organisme a puisé du sucre dans ses réserves, sachant que nous allions lui en fournir de nouveau. C'est ce que l'on appelle le « réflexe oroglycémique ». Mais si vous avez une aversion pour le sucre, le message du cerveau restera lettre morte.

Notre organisme nous envoie ainsi des signaux qui suffiraient à assurer notre équilibre nutritionnel si nous savions les percevoir clairement. Hélas ! cette perception est souvent brouillée. Il faut

2 Dans *la Diététique du cerveau*, Odile Jacob, 1990.

LA BOUCHE, UN LIEN ENTRE L'INTÉRIEUR ET L'EXTÉRIEUR

La bouche est une ouverture sur le monde. Mais c'est le seul organe sensoriel qui fonctionne dans les deux sens. Les aliments issus du monde extérieur pénètrent à l'intérieur de notre organisme à travers cet orifice, tout comme les sons, les mots, les cris provenant de notre univers intérieur en sortent. Cette particularité donne à la bouche une place à part, comme les dents qui la garnissent et qui sont capables de mâcher, broyer, déchirer. La bouche est un lieu qui peut diffuser la tendresse du baiser aussi bien que la violence de la morsure, la douceur du compliment comme l'agressivité de la colère. Un organe ambigu...

donc la rééduquer en essayant par exemple d'apprendre à apprécier les aliments qui nous font du bien, en équilibrant nos repas et en ne mangeant jamais au-delà de notre faim.

Faire la cuisine : une fête des sens

La préparation des repas est une phase importante de cette rééducation. Au lieu de la subir comme un pensum quotidien, essayez d'en faire une fête. Car le simple fait de faire la cuisine met en jeu tous les sens : le toucher lorsqu'on pétrit la pâte ou qu'on agite le fouet dans les œufs qui montent en neige ; la vue lorsqu'on choisit les plus belles tomates ou la volaille la plus dodue ; l'odorat lorsqu'on hume un melon pour savoir s'il sera sucré à point ; l'ouïe lorsqu'on écoute les oignons qui crépitent dans la poêle pour juger de leur degré de cuisson ; et enfin le goût lorsqu'on teste des mélanges de saveurs inattendus, avant de les servir à d'autres.

Osez. Mélangez les épices et les herbes aromatiques. Ajoutez des fruits dans une salade. Inventez... Vous pourrez ainsi préparer des repas très sains, qui n'auront rien de triste. Au contraire. Ils recéleront des monceaux de surprises...

En cuisine, toutes les alliances sont permises : osez les épices et les aromates, mélangez saveurs et textures...

L'enfance du goût

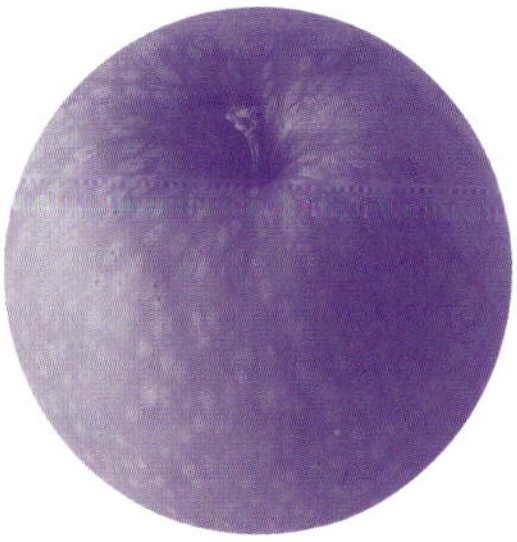

Il suffit parfois d'un rien, d'une vague saveur, d'un parfum diffus sur nos papilles, pour que des souvenirs surgissent. C'est que le goût laisse dans nos souvenirs des traces indélébiles...

Dès le quatrième mois de gestation, bien à l'abri dans le giron maternel, le fœtus possède des papilles gustatives opérationnelles. Il peut goûter. Il perçoit les saveurs du liquide amniotique dans lequel il baigne, et qui se teinte différemment selon ce que mange sa maman. Il ne ressent pas encore toutes les subtilités gustatives, mais il est capable de différencier le sucré du salé. Quelques mois plus tard, à l'instant de sa naissance, il peut repérer les quatre saveurs de base : sucré, salé, acide, amer.

Préférences innées, préférences acquises

Tout de suite, une préférence s'impose : si on met sur le bout de la langue d'un bébé un aliment sucré, il sourit ; mais qu'on veuille lui faire goûter de l'amer ou de l'acide et il fait la grimace. Tous les bébés réagissent ainsi. La préférence pour le sucré est innée et universelle.

Ensuite, l'évolution des goûts devient individuelle. Elle suit l'évolution des découvertes gustatives. Plus on fait goûter d'aliments nouveaux à un petit enfant, plus sa palette de plaisirs gustatifs s'enrichit. Rares sont les enfants qui perdent leur appétence pour les saveurs sucrées. Mais certains apprennent rapidement à accepter des goûts différents et éprouvent du plaisir à découvrir de nouvelles saveurs, alors que d'autres restent longtemps focalisés sur leurs aliments de base (pâtes, purée, jambon...) et résistent violemment à toute tentative parentale de diversification nutritionnelle.

On mange avec le cœur

On apprend à goûter avec sa bouche, ses papilles, sa langue, mais aussi avec ses émotions. Avec son cœur. Dès les premières heures de son existence terrestre, bébé pleure lorsqu'il a faim. Cette sensation de tiraillement provoque en lui un malaise, voire une douleur. Maman lui donne le sein ou le biberon et la

sensation désagréable se calme. Elle est rapidement remplacée par la satiété, qui fait naître chez lui une satisfaction. Il a le ventre plein, il s'endort…

Ainsi plaisir, douleur et nourriture sont indissociablement liés. C'est par sa bouche que l'enfant manifeste son malaise et c'est par la bouche qu'il reçoit de quoi calmer cette insatisfaction. Ses premières satisfactions gustatives sont associées à l'émotion qui les a accompagnées. Si cette émotion est positive, agréable, rassurante, il continuera à aimer longtemps l'aliment qu'il a goûté. Mais si cette première expérience est associée à de la peur, de la colère, du malaise, de la violence, il rejettera en bloc l'aliment en question et la situation.

RETROUVER LES SAVEURS DE L'ENFANCE

Ah ! l'odeur de la tarte aux pommes chaude que grand-mère sortait du four rien que pour nous, à l'heure du goûter ! Ah ! la saveur des figues que papa cueillait sur l'arbre du jardin ! Ces goûts restent inscrits en nous pour toute notre vie. Mais chaque fois que nous goûtons une tarte aux pommes chaude ou une figue, nous sommes déçus. C'est qu'à cet instant nous demandons à l'aliment de ressusciter la douceur des moments passés, amplifiée par le souvenir. Ce n'est pas en son pouvoir. Nous ferions mieux de nous entraîner à apprécier ce qu'il sait nous raconter. Pour cela, il suffit de ne rien attendre, d'être disponible à l'instant présent.

Le goût et le bien-être

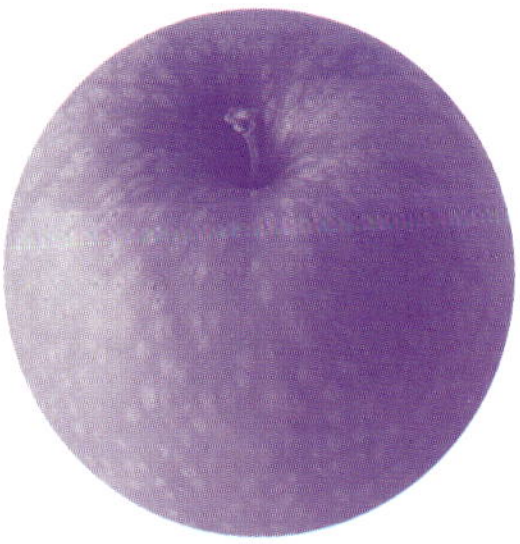

Le goût est un instrument de bien-être, à condition de ne pas se laisser manipuler ni tyranniser par nos préférences alimentaires et par nos envies. Pour cela, il faut faire la paix avec les émotions, accepter les souvenirs et s'ouvrir aux saveurs nouvelles. Ainsi s'élabore jour après jour une alimentation saine...

Toute notre vie, nous remettons inlassablement en jeu les relations qui se sont nouées si tôt entre nourriture, plaisir et déplaisir. C'est cette association archaïque entre l'alimentation et la satisfaction qui nous pousse vers le frigo lorsque nous sommes déprimés, fatigués, irrités... C'est elle qui nous donne envie de cuisiner avec soin pour partager avec ceux que l'on aime des moments de chaleur et de connivence. Dans le premier cas, nous sommes dans la pulsion : même si ce n'est pas bon pour nous, nous ne pouvons résister. Nous sommes capables d'avaler un litre de crème glacée comme si le simple fait de manger quelque chose de sucré était capable de faire taire notre malaise. Dans le second cas, au contraire, nous sommes maîtres de la situation. Nous construisons du plaisir, consciemment. Nous mettons en scène la pulsion. Donc, dans le premier cas nous en sommes le jouet, alors que dans l'autre nous sommes le joueur. Et c'est une sacrée différence !

Pour équilibrer durablement votre alimentation, acceptez de faire des écarts, mais sachez les limiter.

Esclave du plaisir ?

Vous aimez manger des frites trempées dans de la mayonnaise ? Vous en avez le droit ! Vous préférez tartiner de la crème de marron sur les bananes ? Personne ne peut vous en blâmer... À part, bien sûr, votre organisme, qui aura bien du mal à gérer ces apports nutritionnels excessifs et déséquilibrés s'ils se répètent trop souvent.

Une alimentation saine n'est, finalement, qu'un aller-retour permanent entre les données nutritionnelles objectives que l'on connaît (la raison), les envies brutales qu'on ne parvient pas à réprimer (les émotions) et la découverte de nouvelles joies gustatives (l'expérience). Il ne sert à rien de vouloir anéantir totalement l'un des pôles de ce trépied. Si vous essayez de vous refuser totalement l'accès au plaisir sous prétexte que vous n'appréciez que les mets diététiquement déconseillés, vous subirez forcément de violents retours de bâton. À l'occasion d'un moment de faiblesse ou de mal-être, vous serez emporté par une pulsion violente qui vous entraînera à des conduites compulsives forcément excessives. Mieux vaut essayer de dresser un état des lieux (voir encadré ci-dessous). Ensuite, vous pourrez vous accorder régulièrement des plaisirs, même déconseillés, sans que ceux-ci perturbent exagérément votre équilibre nutritionnel. Vous deviendrez l'artisan de votre plaisir, au lieu d'en rester l'esclave.

TENEZ UN CARNET DE ROUTE

Procurez-vous un petit cahier. Séparez chaque page en trois colonnes. Dans la première, notez scrupuleusement ce que vous mangez ; dans la deuxième, l'heure à laquelle vous mangez ; dans la troisième, les émotions ou les événements qui accompagnent les prises alimentaires : peur, colère, ennui... Au bout d'une semaine, vous verrez se dessiner des tendances : les émotions qui vous perturbent et vous poussent à manger, les saveurs que vous aimez particulièrement, l'heure de vos fringales...
Ensuite, vous pouvez planifier vos heures de repas en fonction de votre appétit, faire quelque chose qui vous fait plaisir lorsque vous sentez poindre une émotion perturbatrice (aller au cinéma, passer une heure au téléphone avec votre meilleure amie, faire du shopping...). Et offrez-vous des pauses plaisir gustatives à des moments où vous n'êtes pas en proie à une émotion forte. Vous aurez ainsi une double satisfaction : savourer davantage ce qui vous fait plaisir et échapper aux pulsions alimentaires qui perturbent votre équilibre nutritionnel.

Comment manger pour être bien ?

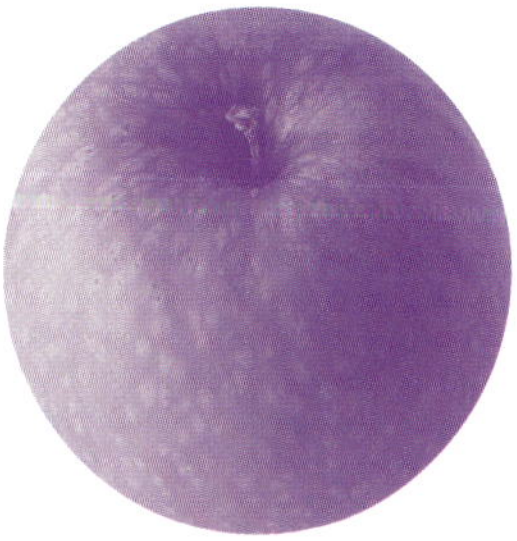

L'heure est venue de se mettre à table, sereinement et sainement. Encore faut-il connaître les arcanes de l'alimentation saine. Ils tiennent en deux mots : nutriments et équilibre. Les aliments qui font du bien sont légion. À chacun de faire son choix.

Une alimentation saine apporte à l'organisme tout ce dont il a besoin pour fonctionner normalement. Autrement dit : il faut manger un peu de tout ; il faut choisir des aliments frais qui contiennent beaucoup de nutriments et il faut les cuisiner de manière que ces nutriments soient conservés au mieux (voir p. 65).

Ensuite, il suffit d'adapter votre alimentation à votre rythme de vie et à votre métabolisme. Tout le monde connaît des personnes très minces, toujours en activité, qui ne prennent jamais un gramme, comme si leur organisme savait utiliser tout ce que leur alimentation leur apporte. À l'inverse, d'autres ont des organismes très économes, toujours enclins à mettre des réserves de côté pour faire face à d'éventuelles disettes. Les unes et les autres n'appliqueront pas les règles nutritionnelles de base de la même manière (voir l'alimentation minceur, p. 68).

La quantité de nourriture totale doit être suffisante pour que vous ne souffriez pas de la faim et suffisamment légère pour que vous n'ayez jamais l'impression d'avoir l'estomac lourd en sortant de table.

Ne mangez pas de viande à tous les repas : votre organisme n'en a pas besoin. Un aliment protéiné par jour est suffisant (soit au repas du midi, soit à celui du soir). D'une manière générale, préférez le poisson à la viande. Évitez de manger du fromage à la fin du repas, surtout si vous avez mangé de la viande, car ces deux aliments sont riches en acides gras saturés. Réservez-le pour les repas pauvres en matières grasses. Évitez, bien sûr, les desserts trop sucrés. Contentez-vous le plus souvent de yaourts, éventuellement sucrés au miel, ou de fruits, crus ou cuits. Et si vous craquez sur les gâteaux à la crème, veillez à les faire précéder d'un repas léger en glucides et en graisses.

JOUEZ AU 421 !

Inutile de vous munir d'une calculette chaque fois que vous partez faire vos courses. Pour équilibrer vos repas, suivez la règle du 421. Veillez à ce que votre ration alimentaire de la journée contienne (en poids) :
– 4 parts de glucides (pain, pâtes, riz, pommes de terre...) pour l'énergie des cellules ;
– 2 parts de protéines (viande, volaille, poisson, œuf...) pour la régénération des muscles ;
– 1 part de lipides (huiles crues de préférence, un peu de beurre cru ou de crème fraîche) pour la qualité des parois cellulaires ;
– des légumes crus et cuits à volonté et quelques fruits ;
– enfin, il ne faut pas oublier de boire suffisamment d'eau (voir p. 94).

NON AU GRIGNOTAGE !

C'est le pire ennemi à la fois de la minceur et de l'équilibre alimentaire. Lorsqu'on ouvre son frigo ou son placard pour trouver une « bricole » à manger, on se rue sur ce qui est prêt à consommer : des aliments industriels, gras, trop sucrés (crèmes desserts, gâteaux secs...) ou trop salés (chips, cacahuètes...). En outre, il est très difficile d'avoir vraiment conscience de la quantité de nourriture que l'on absorbe. Si vous êtes du genre grignoteur, organisez-vous. Gardez toujours au frais des bâtonnets de légumes (carotte, céleri, radis...). Préparez des sauces légères, à base de fromage blanc et d'herbes aromatiques, dans lesquelles vous pourrez tremper vos légumes. Et faites une vraie collation : servez-vous une portion de légumes et de sauce, dans une assiette, que vous mangerez à distance suffisante des repas (au moins trois heures après le repas de midi et deux heures avant celui du soir).

Les grands nutriments

Glucides, protéines, lipides : voilà ce que l'on appelle les « macronutriments ». Les aliments contiennent également des éléments présents en quantité infime, comme les vitamines ou les oligo-éléments, qui ne sont pas moins importants pour notre équilibre alimentaire. On les appelle « micronutriments ». Comme notre corps ne sait fabriquer ni les uns ni les autres, nous sommes contraints de les trouver dans nos assiettes.

Si vous ne pouvez pas vous empêcher de grignoter, faites-le intelligemment : privilégiez, par exemple, les bâtonnets de crudités...

Les glucides : c'est le carburant de nos cellules. Entrent dans cette catégorie des molécules simples, que l'on appelle « sucres rapides ». On les trouve dans les aliments de saveur sucrée, tout spécialement le sucre blanc et les sucreries industrielles. La simplicité de leur formule leur permet de passer très rapidement dans le sang. Si l'on en mange trop d'un coup, cet afflux brutal de sucre oblige l'organisme à sécréter une grande quantité d'insuline pour neutraliser l'excès. L'organisme se fatigue et stocke sous forme de graisse l'énergie dont il n'a pas besoin sur le moment.
En revanche, d'autres glucides sont formés de chaînes moléculaires longues et complexes, que l'organisme doit d'abord séparer en segments assimilables. On les appelle les « sucres lents » car ils passent plus lentement dans le

sang. On les trouve dans les céréales, la pomme de terre, les légumineuses (haricots, lentilles...). Ces sucres fournissent de l'énergie pendant un laps de temps plus long. Ils sont donc plus bénéfiques pour l'organisme.

À privilégier : céréales, pain complet, pâtes, riz, pomme de terre.

Les protéines : ce sont les constituants des muscles. Sans un apport suffisant de protéines, l'organisme ne peut pas mener à bien la régénération de la masse musculaire. Les protéines participent également à diverses fonctions, notamment les défenses immunitaires et les sécrétions hormonales. Il est donc très important d'en absorber suffisamment.

On trouve des protéines dans les aliments d'origine animale : viande, volaille, gibier, poisson, œufs... On en trouve aussi dans certains aliments d'origine végétale, comme les céréales. Mais celles-ci sont plus difficiles à utiliser pour l'organisme. En effet, les protéines sont constituées de vingt-deux acides aminés. Parmi eux, huit sont dits indispensables car l'organisme ne sait pas les fabriquer, alors qu'il peut reconstituer les quatorze autres à partir des composants présents dans toutes les protéines. Les protéines animales contiennent les huit acides aminés indispensables, alors que les protéines végétales sont toutes carencées.

Comment font les végétariens ? Ils ont, heureusement, une parade. Pour obtenir les acides aminés manquants, il suffit de toujours associer une légumineuse et une céréale : couscous et pois chiches, riz et lentilles... C'est d'ailleurs la base de toutes les alimentations traditionnelles de notre planète, surtout dans les régions où la viande et le poisson sont des aliments rares.

plaisirs cuisine santé

À privilégier : viande maigre, volaille, poisson, œuf, association d'une céréale et d'une légumineuse...

> Les protéines permettent la régénération de notre masse musculaire.

Les lipides : voilà une classe de nutriments qu'il est urgent de réhabiliter. Les lipides sont les constituants des matières grasses : huile, beurre, crème... Les matières grasses sont des constituants essentiels de nos parois cellulaires. Lorsqu'on en manque, ces parois se rigidifient, les échanges entre les cellules se font mal, les fonctions biologiques ralentissent.

Il ne faut donc pas priver l'organisme de matières grasses. Mais il faut bien les choisir car toutes ne sont pas constituées de la même manière. Certaines matières grasses contiennent des acides gras saturés, qui se déposent dans les artères et augmentent le risque de maladies cardiovasculaires. Ce sont principalement les graisses animales : beurre, crème, graisses cachées dans les viandes grasses ou les charcuteries... D'autres contiennent principalement des acides gras insaturés (oméga 3 et oméga 6), qui favorisent la bonne santé des artères, entretiennent le cerveau et les parois cellulaires. Ce sont principalement les huiles et les poissons gras. Chaque huile possède une composition en acides gras particulière. Aucune n'est parfaite, pas plus l'huile d'olive qu'une autre. Pour être sûr d'absorber tous les acides gras dont vous avez besoin, variez les huiles dans vos assaisonnements : carthame, soja, olive, noix, sésame... C'est bon pour la santé et c'est délicieux. Côté poissons, préférez les poissons gras (saumon, thon, hareng...). Leurs acides gras essentiels constituent une protection contre la déprime et les troubles inflammatoires, entre autres.
À privilégier : poisson, huiles végétales variées.

Les petits nutriments

« Petits » ne veut pas dire mineurs. Les micronutriments sont indispensables à notre organisme. Ils agissent comme catalyseurs aux milliards de réactions biochimiques qui se déroulent dans notre corps à chaque seconde : nos cellules se reproduisent, meurent, se divisent ; nos hormones sont sécrétées ; nos pensées et nos états d'âme sont acheminés par des neurotransmetteurs ; notre

LE SUCRE BLANC : UN ANTI-ALIMENT

Non seulement le sucre blanc n'est pas un aliment intéressant pour notre métabolisme, mais c'est même un anti-aliment. Pour le fabriquer, on nettoie le sucre de base (de canne ou de betterave) de toutes ses impuretés. Au passage, on le prive de la quasi-totalité de ses nutriments, hormis le glucose pur. Dans 100 g de sucre complet, on trouve jusqu'à 3 000 mg de minéraux, alors qu'il n'en reste plus que 20 mg dans le sucre blanc. En plus, pour métaboliser le sucre blanc, le corps doit disposer de certains éléments qu'il est obligé de puiser dans ses réserves, notamment le chrome ou les vitamines du groupe B. De nombreuses études ont montré que la consommation excessive et régulière de sucre blanc et de sucreries était un facteur de risque pour les cancers et les maladies métaboliques.

sang est nettoyé ; les aliments sont digérés et assimilés… Si les micronutriments manquent, toutes nos fonctions peuvent en être affectées à plus ou moins long terme. Alors autant en absorber suffisamment, au jour le jour.

Les vitamines : ces minuscules substances ont longtemps laissé les chercheurs de marbre, car ils les prenaient pour des déchets du métabolisme cellulaire. Jusqu'à ce que l'un d'entre eux se rende compte que, sans elles, les réactions métaboliques se faisaient mal. C'est pourquoi on leur a donné le nom de « vitamines » : elles appartiennent à la classe des amines et sont indispensables à la vie. Voici les principales vitamines :

– La vitamine A participe au mécanisme de la vision et à l'entretien de la peau. Elle s'oppose à l'oxydation des cellules et retarde le vieillissement (lait, beurre, œufs).

– Le bêta-carotène, ou provitamine A, est un anti-oxydant majeur qui lutte contre les radicaux libres en excès. Il protège la peau contre les effets du soleil (légumes et fruits orangés).

MANGEZ DES FIBRES

Outre tous ces nutriments assimilables, certains aliments contiennent des fibres : fruits, légumes, céréales complètes... Ces fibres sont des substances que notre organisme ne sait pas assimiler. Elles parcourent donc notre tube digestif sans être attaquées. Au passage, elles piègent bien des substances indésirables : le cholestérol en excès, le sucre en excès, certains déchets... Arrivées dans l'intestin, elles se gonflent d'eau et augmentent le volume des selles qu'elles rendent plus molles et plus faciles à expulser. C'est donc un excellent moyen de combattre la constipation. De plus, certaines études ont montré qu'elles ont une action préventive contre le cancer du côlon. Encore une bonne raison pour manger, à chaque repas, des légumes frais et des céréales, ainsi qu'un fruit.

– La vitamine B1 est indispensable au fonctionnement du système nerveux (céréales, levure, jaune d'œuf).
– La vitamine B2 intervient dans le métabolisme des protéines, des glucides et des lipides (champignons, épinards, levure).
– La vitamine B5 assure la bonne qualité des muqueuses et intervient dans les mécanismes de réparation de la peau (poisson, céréales, jaune d'œuf).
– La vitamine B6 intervient dans la formation de l'hémoglobine et participe également au bon fonctionnement du système nerveux et du cerveau (épinards, pain complet, germe de blé).

Une alimentation saine et variée est la seule manière d'éviter une carence en vitamines, minéraux et oligoéléments, qui nous sont tous indispensables.

goûts délicatesse

– La vitamine B9 est indispensable à la formation des globules blancs qui assurent nos défenses immunitaires. Elle participe aussi au bon état du système nerveux, du cerveau et de la moelle épinière (haricots verts, épinards, blé complet).
– La vitamine B12 est essentielle à la formation des globules rouges qui assurent l'oxygénation de nos cellules (crustacés, poisson, laitages, viande).

Les antioxydants combattent les radicaux libres en excès, responsables du vieillissement des cellules.

– La vitamine C renforce l'immunité, prévient la cataracte, améliore l'assimilation du fer. C'est aussi un antioxydant majeur qui protège contre les effets du vieillissement (kiwi, cresson, persil, agrumes).
– La vitamine D participe à la fixation du calcium et à la solidité du squelette (laitages, huiles de poissons).
– La vitamine E est la troisième vitamine antioxydante. Avec la A et la C, elle forme notre principal bouclier contre les méfaits de l'âge (fruits secs, huiles végétales crues).

Les minéraux et les oligoéléments : on trouve des minéraux et des métaux dans nos os, nos cheveux, nos dents, mais aussi dans nos cellules nerveuses, notre sang ou nos cellules immunitaires. On les appelle « oligoéléments » lorsqu'ils sont présents en quantité infime (*oligos*, en grec, veut dire « peu »). Voici les principaux minéraux et oligoéléments :
– Le calcium agit sur le système nerveux. Il assure la solidité osseuse et la régulation du rythme cardiaque (laitages, légumes verts, fruits secs).
– Le chrome participe au métabolisme des sucres et des lipides (fruits de mer, levure de bière).
– Le cuivre protège contre les réactions allergiques, assure une bonne pigmentation de la peau et renforce l'immunité (foie, crustacés, coquillages).
– Le fer est indispensable à la formation de l'hémoglobine, laquelle apporte l'oxygène jusqu'aux cellules. Il stimule le système immunitaire et protège contre la fatigue (riz, épinards, lentilles, viande de bœuf).

– L'iode participe au bon fonctionnement de la glande thyroïde (algues, sel marin, coquillages, crustacés).
– Le magnésium assure le passage de l'influx nerveux entre les cellules nerveuses et cérébrales. Il contribue à la solidité osseuse et favorise la détente et le sommeil (fruits et légumes secs, pain complet, chocolat).
– Le potassium intervient dans la gestion de la teneur en eau de l'organisme et régule la tension artérielle. Il stimule le fonctionnement des reins et la sécrétion d'insuline (abricot, banane, pomme de terre, volaille).
– Le phosphore assure la solidité du squelette, fournit de l'énergie aux cellules et participe à la qualité des tissus nerveux (poisson, fruits secs, laitages).
– Le sélénium est un antioxydant très important (céréales complètes, ail, oignon, poisson).
– Le zinc participe à la sécrétion de nombreuses hormones, améliore la sexualité masculine et stimule l'immunité (huîtres, viande rouge, épinards, thé).

Les oligoéléments sont des minéraux présents en très petite quantité. Leur action sur l'organisme est pourtant irremplaçable !

OUBLIEZ LES CALORIES !

Pour savoir combien de calories contient un aliment, on le fait brûler dans une chaudière, dans des conditions de pression et d'humidité constantes, puis on mesure le temps qu'il faut pour qu'il soit totalement consumé. Cela donne certes une idée : un aliment qui dégage 30 calories pour 100 g est plus énergétique qu'un autre qui en dégage 300 ! Seulement voilà : notre corps n'est pas une chaudière et cette notion d'énergie ne lui est pas tout à fait applicable.
L'organisme n'utilise pas de la même manière 100 calories d'huile et 100 calories de salade verte. Certains aliments sont facilement stockés et transformés en graisses (le sucre, par exemple) alors que, pour d'autres, cette opération s'avère beaucoup plus complexe (la viande). Les calories donnent une idée de la valeur énergétique des aliments et de la quantité globale de nourriture dont nous avons besoin. Un adulte de 65 kilos doit manger en moyenne 2 000 à 2 500 calories pour couvrir ses besoins. Pour mincir, il devra descendre à 1 500, voire 1 000 calories. Mais ces valeurs moyennes n'ont de valeur que dans le cadre d'une alimentation saine et équilibrée.

Les aliments indispensables

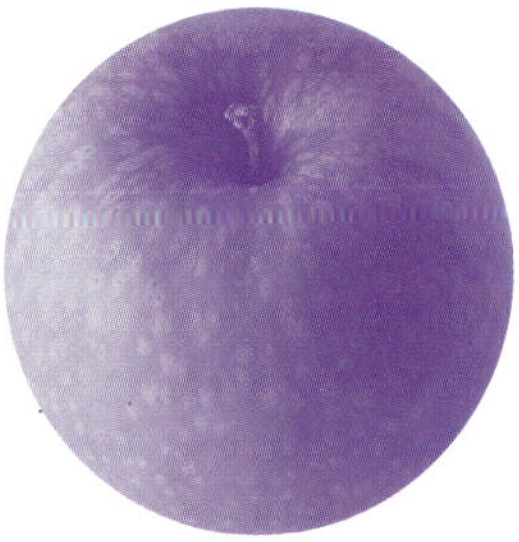

Certes, il faut manger un peu de tout. Mais certains aliments sont plus riches que d'autres sur le plan nutritionnel. En outre, chacun possède des qualités propres. Vous pouvez donc adapter vos choix à vos petits soucis de santé.

Les légumes

L'artichaut : ce qu'on consomme, c'est la fleur de l'artichaut. Elle contient surtout des minéraux et des fibres, ainsi que de la cynarine, qui agit directement sur les cellules du foie. L'artichaut est un draineur hors pair, qui stimule la régénération hépatique et la production de bile.

L'asperge : voilà un diurétique exceptionnel. Elle doit cette action à son potassium, mais aussi à deux principes actifs uniques, l'asparagine et l'asparagose, qui agissent directement sur les reins. Elle aide ainsi à l'élimination des déchets.

Lorsque vous préparez des jus de fruits ou de légumes, voire d'un mélange des deux, consommez-les aussitôt. Leurs bienfaits sont de courte durée car ils s'oxydent rapidement.

L'aubergine : elle est riche en fibres qui aident à réguler le taux de cholestérol sanguin. Si vous ne la faites pas cuire dans l'huile, c'est un bon aliment minceur : peu calorique, avec un fort pouvoir de satiété, et légèrement diurétique grâce à son potassium, elle facilite le transit. Enfin, elle ralentit le passage des sucres dans le sang, ce qui est intéressant pour les diabétiques.

La carotte : c'est la championne du bêta-carotène. Comme elle contient aussi de la vitamine C et de la vitamine E (c'est rare dans les légumes), elle dispose des trois vitamines antioxydantes. Enfin, elle renferme de la vitamine B9, qui aide à l'assimilation du fer. Elle est donc anti-âge, anti-anémie et anti-fatigue.

Le céleri : c'est l'ami de ceux qui souffrent d'hypertension. Il contient des phtalides, qui régulent la sécrétion des hormones responsables de l'équilibre tensionnel. Comme ces substances agissent également sur le système nerveux, le céleri calme légèrement l'anxiété pendant les périodes de stress.

Les champignons : ce sont de bons aliments de régime, car ils sont peu énergétiques, mais attention à ne pas les faire cuire dans de l'huile car ce sont de vraies éponges ! Crus, ils rassasient rapidement. Ils contiennent beaucoup de fibres, des vitamines du groupe B et des minéraux en quantité. Certains d'entre eux, comme le shii-ta-ké ou le mai-ta-ké, stimulent le système immunitaire.

Les choux : toutes les variétés de choux sont bonnes pour la santé, mais chacune

BUVEZ DES JUS FRAIS

Si vous les préparez chez vous, avec des fruits et des légumes frais, les jus constituent un excellent apport nutritionnel. Le jus de carotte est excellent pour la peau, celui de betterave est purifiant et détoxicant (mélangez-le à des fruits rouges). Le jus de céleri, quant à lui, est apaisant (associez-le à du jus de tomate à l'apéritif). Côté fruits, le jus de mûre est tonique, celui de cerise combat l'excès d'acide urique ; quant au jus de melon, il calme les ballonnements intestinaux... N'hésitez pas : inventez des mélanges, associez des saveurs.

Pour préparer un jus, achetez des fruits et légumes très frais, de bonne qualité. S'ils sont bio, vous pouvez les presser sans les éplucher (sauf pour ceux qui ont une peau très épaisse). Lavez-les, coupez-les en morceaux, puis passez-les à la centrifugeuse un par un, en commençant par les plus épais. Consommez immédiatement (sans ajouter de sucre) car les jus s'oxydent très vite.

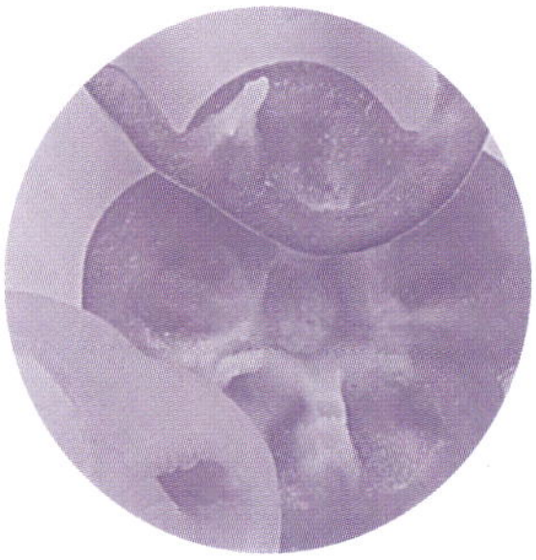
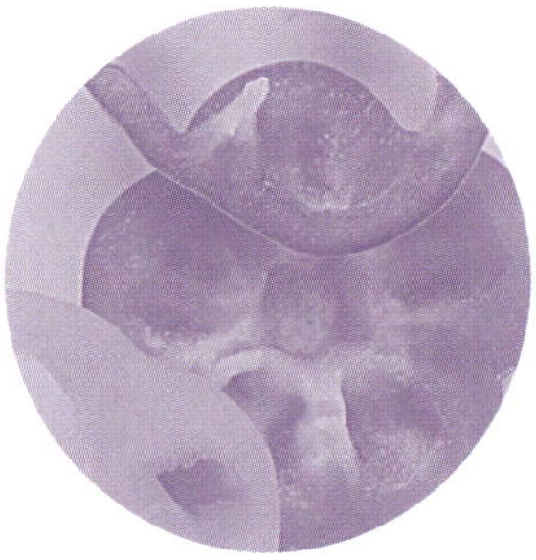

possède sa spécificité. Le chou vert est antioxydant et stimule l'immunité. Le chou rouge favorise le bon état des artères et accélère la multiplication des globules blancs. Le brocoli a une action préventive contre certains cancers (côlon, estomac, prostate...).

La courgette : c'est un légume très léger, très digeste, plein de fibres qui piègent le cholestérol en excès. Elle accélère l'élimination rénale grâce à son potassium. Elle contient aussi de la vitamine C.

Le saviez-vous ? Les poivrons verts sont en fait cueillis avant maturité. Ils deviennent jaunes ou rouges en mûrissant.

Les épinards : leur réputation de légume riche en fer est usurpée, mais ils ont tout de même des qualités. Ils contiennent beaucoup de potassium, du magnésium, du calcium, du sélénium, du zinc, du bêta-carotène, des vitamines C et E... Ils sont donc reminéralisants. Leurs fibres les rendent légèrement laxatifs. Faites attention, cependant : ils contiennent beaucoup d'acide urique et sont déconseillés à ceux qui souffrent de calculs rénaux.

Le fenouil : riche en eau et en fibres, il contient beaucoup de minéraux. Il aide à la digestion des plats trop lourds et évite les ballonnements digestifs. Enfin, il est légèrement laxatif.

Les lentilles : hormis la viande rouge, c'est une des meilleures sources de fer. En plus, elles contiennent des sucres lents qui fournissent de l'énergie, des fibres qui améliorent le transit et font baisser le taux de cholestérol, et des minéraux (calcium, zinc, potassium...).

Le navet : c'est un des légumes les plus pauvres en calories, bien qu'il soit riche en minéraux. Il participe à la solidité du squelette et des articulations.

Le poireau : c'est un bon draineur intestinal, car il contient de longues fibres qui nettoient les parois du tube digestif et aident à évacuer les toxines accumulées. Il accélère également l'élimination de l'urée et de l'acide urique.

Les poivrons : qu'ils soient rouges, jaunes ou verts, ce sont les mêmes légumes, cueillis à des stades de maturité différents. Leur intérêt : leurs nombreux antioxydants qui en font un bon paravent contre les effets de l'âge.

La pomme de terre : mangez-la à la vapeur ou bouillie dans sa peau et elle vous fera bénéficier de ses vertus anti-inflammatoire et reminéralisante. Elle ne fait pas grossir, contrairement aux idées reçues, tant qu'on ne la fait pas frire dans l'huile. Elle contient surtout des vitamines du groupe B et des minéraux (phosphore, potassium, magnésium…).

Le soja : la graine de soja germée que nous consommons est assez pauvre sur les plans vitaminique et minéral, mais contient des protéines végétales de bonne qualité (à associer à une céréale, bien sûr). Et, surtout, le soja contient de grandes quantités de phyto-œstrogènes, ce qui le rend utile pour les femmes après 40 ans, afin de prévenir les malaises de la ménopause et l'ostéoporose. Pour bénéficier de ces œstrogènes végétaux, il vaut mieux manger du tofu (sorte de pâte de soja), plus concentré en œstrogènes végétaux.

La tomate : son principal intérêt réside dans le lycopène, qu'elle contient en quantité. C'est une substance hautement antioxydante, qui s'assimile d'autant mieux que la tomate est cuite. Comme celle-ci contient plus de 90 % d'eau, elle est très rafraîchissante en été. Enfin, elle protège la peau contre les méfaits des rayons solaires.

Les fruits

L'abricot : sucré, l'abricot ? Oui, mais il contient surtout des sucres qui passent lentement dans l'organisme. Il fournit donc au corps une énergie durable. Il renferme beaucoup de potassium, ce qui fait baisser la tension artérielle. Enfin, comme il est riche en bêta-carotène, il participe à la protection de l'organisme contre les effets du vieillissement cellulaire.

ATTENTION AUX SUCRES ET AUX GRAISSES CACHÉS !

Sucres raffinés et mauvaises graisses se cachent parfois dans des aliments où l'on ne s'attend pas à les trouver. Faites attention aux cacahuètes, qui, contrairement aux noix, amandes, noisettes, contiennent surtout des acides gras saturés ! Évitez les sucreries et les pâtisseries industrielles. Faites la guerre aux chips, ketchup, sauces industrielles, ainsi qu'aux plats tout prêts. Si vous en consommez, regardez bien les étiquettes afin de savoir exactement ce que vous mangez. Il y a souvent du sucre ajouté dans ces plats, même salés.

Les agrumes : orange, citron, pamplemousse, clémentine…, sont des fruits très pratiques, car on peut les emporter et les manger n'importe où. Ils contiennent des fibres de très bonne qualité. Côté vitamines, ils sont surtout riches en vitamine C, mais aussi en bêta-carotène. Ils sont donc tonifiants et antioxydants.

L'ananas : il contient des enzymes qui favorisent les réactions métaboliques. La broméline, notamment, prévient la formation de caillots dans les artères, améliore la digestion et accélère l'assimilation des protéines.

OSEZ LES LAITS VÉGÉTAUX

Pour obtenir du lait végétal, on fait tremper des graines de céréales ou d'oléagineux (soja, amande, avoine…) dans de l'eau, puis on les mixe et on récupère le jus. Leur composition et leur saveur varient selon les graines d'origine. Même s'ils ne sont pas comparables au lait animal, les laits végétaux constituent une bonne source de nutriments. Ils sont généralement pauvres en matières grasses et riches en protéines, et contiennent des vitamines et des minéraux. Comme ils ne renferment ni cholestérol, ni gluten, ni sucre, on peut les consommer dans le cadre des régimes. Ils se cuisinent de la même manière que les laits animaux.

Le lait de vache est riche en lipides et difficile à digérer, parfois même allergisant. Essayez les laits végétaux, riches en protéines et en minéraux.

La châtaigne : ne l'oubliez pas quand arrive l'automne. Car la châtaigne contient des sucres lents, très énergétiques, des vitamines du groupe B et des minéraux en quantité. C'est un aliment de l'effort et un antistress tout à fait remarquable.

La fraise : très riche en eau, elle contient de la vitamine C en quantité importante (77 mg pour 100 g), ainsi que des vitamines du groupe B et du bêta-carotène. Sa teneur en potassium en fait un fruit diurétique, et comme elle est pauvre en calories, elle est tout à fait indiquée dans le cadre d'un régime amincissant, à condition bien sûr de ne pas noyer ces fruits sous la crème ou le sucre. Enfin, elle contient des composants qui nettoient les cellules hépatiques. Une cure de fraises, au printemps, est excellente pour détoxiquer l'organisme après l'hiver.

Les autres fruits rouges : framboise, mûre, cassis, groseille, airelle…, ils sont tous peu caloriques, riches en vitamine C et en potassium. Ils sont donc tonifiants et diurétiques. En plus, ceux qui ont une couleur bleutée (cassis, myrtille) contiennent des anthocyanidines qui renforcent les parois des veines et protègent contre l'apparition des varices.

La figue : comme le pruneau, elle aide à combattre la constipation. Elle contient en effet des fibres en quantité, et exerce une action directe sur les muscles qui provoquent les contractions intestinales.

Les fruits secs : noix, noisette, amande, pistache..., sont des fruits très riches, c'est vrai. Mais ce n'est pas une raison pour ne pas en manger car ils sont aussi très riches en nutriments. Ils contiennent notamment de la vitamine E de bonne qualité, ainsi que des sels minéraux (magnésium, potassium, calcium, sélénium, zinc...). Pour calmer les petites faims de l'après-midi, mieux vaut une poignée de fruits secs qu'un paquet de gâteaux secs !

Le melon : il est plein d'eau et contient peu de sucre, c'est donc un excellent fruit minceur. D'autant qu'il est riche en potassium, donc diurétique. Il a des vertus anti-âge grâce à son bêta-carotène, mais aussi son lycopène et son glutathion, deux autres substances reconnues pour leur fonction antioxydante.

délices pétillant

La pomme : elle a la réputation d'être anti-cholestérol. C'est vrai : la pectine qu'elle contient en quantité piège les sels biliaires et favorise la baisse et la stabilisation du taux de cholestérol sanguin. En plus, elle renferme de la quercétine, une substance qui s'oppose à la formation de caillots dans les artères. On trouve dans la pomme un mélange de minéraux et de vitamines bien équilibré, qui la rend utile à tous les âges. Elle possède aussi une particularité : crue, elle est antidiarrhéique, cuite, elle devient légèrement laxative.

Le raisin : c'est le fruit de la légèreté, de la détoxication et de la jeunesse. Si vous le mangez assez mûr, le raisin contient surtout du fructose, un sucre qui passe lentement dans le sang. Comme il est riche en potassium et pauvre en sodium, il est très diurétique. Faites-en une cure à l'automne, c'est excellent pour nettoyer l'organisme des toxines de l'été et le préparer pour l'hiver. Ses pépins contiennent des antioxydants puissants, que l'on retrouve dans le vin rouge (pas plus de trois verres par jour).

ÉGAYEZ VOS PLATS SUCRÉS ET SALÉS : N'OUBLIEZ PAS LES FLEURS !

Depuis toujours, dans les campagnes, on se délecte de beignets de fleurs d'acacia ou de violettes enrobées de sucre. Les beignets de fleurs de courgette sont même un must très prisé de la gastronomie romaine.

De nombreuses fleurs ont des saveurs fines et délicates, qui se marient facilement avec les autres aliments. Les pétales de souci, à la fois doux et poivrés, relèvent les salades fades. Ceux de capucine, plus fins, peuvent se parsemer sur les potages. Les desserts s'enrichissent volontiers de quelques pétales de rose qui leur donnent un parfum d'Orient. Pensez aussi aux violettes, pivoines, coquelicots, pensées, boules de mimosa…

Évitez de les faire cuire, contentez-vous d'en saupoudrer sur les plats, chauds ou froids, au moment de servir.

Mais attention : ne mangez pas n'importe quelle fleur car certaines sont toxiques. Avant de les consommer, renseignez-vous !

Les céréales et assimilés

Le couscous : il s'agit ici de la graine, qui donne son nom au plat. Elle est fabriquée à partir de la semoule de blé dur. C'est une bonne source de sucres lents, riche en vitamines du groupe B. Le couscous complet contient en plus des minéraux. C'est un aliment sain, si on ne l'associe pas à des sauces trop grasses. On peut l'utiliser en accompagnement, comme les pâtes ou le riz.

Le maïs : il contient du potassium, du magnésium, du phosphore et, surtout, de la vitamine B9. Mangez-le grillé ou simplement bouilli, c'est délicieux et très sain. Il renferme également des fibres. Précuit, en conserve, il garde ses qualités mais perd un peu de ses nutriments.

Le pain : on l'a longtemps accusé de tous les maux, entre autres de faire grossir. C'est un tort. Car le pain est un véritable aliment. Il possède bien des

qualités nutritionnelles, à condition de ne pas en manger beaucoup lors d'un repas par ailleurs complet. Le pain intégral est fabriqué à partir de farine complète (on moud le grain de blé entier, avec son enveloppe) ; le pain complet ou semi-complet est fait à partir de farine partiellement raffinée ; le pain au son est enrichi en son de blé (l'enveloppe de la

graine) ; le pain blanc, quant à lui, est préparé avec de la farine raffinée, qui a perdu une grande partie de ses vitamines et minéraux, et même ses fibres. Mieux vaut manger du pain complet ou semi-complet, plus nutritif et plus riche en fibres (attention ! le pain intégral irrite l'intestin). Faites-en un véritable aliment : préparez par exemple des tranches de pain grillées assaisonnées à l'huile d'olive et à l'ail (bruschetta italienne) ; ou substituez-le aux pâtes ou au riz en accompagnement d'un ragoût de légumes…

Les pâtes : elles sont, elles aussi, faites avec de la semoule de blé. Leurs glucides sont absorbés lentement par l'organisme (comme ceux du pain). Elles fournissent donc de l'énergie au corps pendant longtemps. C'est un des plats préférés des enfants et des adolescents, profitez-en : faites-en le centre de leurs repas et accompagnez-les de légumes ou de sauce tomate pas trop grasse et d'un peu de fromage râpé. Cela constitue un repas complet.

Le riz : on trouve du riz blanc ou du riz brun. Le premier a été débarrassé de son écorce. Le second est plus riche en nutriments, notamment des vitamines du groupe B, du magnésium et du potassium. Le riz exerce une action équilibrante sur le système nerveux et régularise la tension artérielle. Contrairement aux autres céréales, il ne contient pas de gluten et convient donc aux personnes qui y sont allergiques.

Il existe aujourd'hui une grande variété de pains (au son, à plusieurs céréales, aux fruits secs, complet ou semi-complet). Variez-les souvent !

Les poissons et fruits de mer

Le hareng : il contient jusqu'à 18 % de lipides. Comme ses congénères des mers froides, ces lipides sont en grande partie des oméga 3, particulièrement bénéfiques pour les artères et le cerveau. Il contient également du potassium, du fer et de l'iode. Mangez-le de préférence frais.

Le thon : comme il est au bout d'une longue chaîne alimentaire, il concentre malheureusement tous les métaux lourds marins. Malgré cela, le thon reste conseillé car il est généralement pêché loin des zones à risque. Il a une forte teneur en protéines de bonne qualité et renferme 13 % de lipides. Le thon rouge est le plus riche en oméga 3. Il contient aussi des vitamines A, B et D. Évitez de le manger cru ou congelez-le rapidement avant pour éviter tout risque de parasitose. En conserve, préférez le thon au naturel.

La sardine : c'est un poisson semi-gras, avec seulement 5 % de lipides. Mais ceux-ci sont de bonne qualité. La sardine renferme une mine de nutriments variés : protéines, sels minéraux, vitamines A, D et E… Et, malgré tout cela, elle est peu calorique. En boîte, elle est plus grasse. Mais si vous achetez des sardines à l'huile d'olive, vous aurez une double portion de bons acides gras.

Le saumon : avec 9 à 10 % de bons acides gras, c'est un excellent poisson. Évitez le saumon fumé, qui contient des molécules cancérigènes. Préférez le saumon frais, préparé à la vapeur.

La truite : on trouve rarement, aujourd'hui, de vraies truites sauvages de rivière. Les truites d'élevage ont, cependant, un bon statut nutritionnel : 22 % de bonnes protéines et 8 % d'excellents acides gras. La truite contient beaucoup moins de sels minéraux que les poissons de mer, mais il lui reste encore du phosphore en quantité raisonnable.

La crevette : comme ses cousins le crabe, la langouste et le homard, la crevette est riche en protéines. Tous contiennent du sélénium (mention très bien pour le homard) et du zinc. Enfin, ces crustacés sont riches en cuivre et renforcent les défenses immunitaires.

L'huître : c'est la première source de zinc (59 mg pour 100 g). L'huître est donc conseillée particulièrement aux hommes, dont elle améliore les performances sexuelles et la fertilité.

Les viandes

Toutes les viandes sont source de protéines de bonne qualité. Certaines sont plus grasses que d'autres, et cette différence n'est pas négligeable car leurs lipides sont généralement saturés. Mieux vaut donc choisir des viandes maigres. Cependant, dans une même bête, la teneur en matières grasses varie d'un morceau à l'autre. Côté micronutriments, la viande rouge apporte du fer facilement assimilable. Toutes les viandes contiennent un peu de sélénium et de zinc.

La viande a la réputation d'être un aliment riche en graisses. C'est vrai, mais sa teneur en lipides dépend de l'animal ainsi que du morceau choisi. Préférez le veau ou les volailles.

Le saviez-vous ? Le fer issu de la viande, dit hémitique, est mieux assimilé par l'organisme que celui issu des végétaux.

L'agneau : 12 % de matières grasses dans l'épaule, 9 % seulement dans le gigot.
Le bœuf : 12 % de matières grasses dans une entrecôte normale, et jusqu'à 20 % si elle est très grasse. Mais on compte seulement 6 à 8 % de gras dans le faux-filet ou le steak.
Le porc : s'il y a jusqu'à 25 % de matières grasses dans les côtes ou le rôti de porc, le filet mignon est l'une des viandes les plus maigres, avec seulement 3 à 5 %. Mais évitez le travers de porc (30 %) et les saucisses (jusqu'à 40 %). Quant au jambon cuit, quand on ôte le gras et la couenne, il ne lui reste que 5 à 8 % de matières grasses.
Le veau : c'est, en règle générale, une viande assez maigre, avec 4 à 8 % selon les morceaux.
L'oie et le canard : voilà deux exceptions dans le règne animal, car ces animaux contiennent des acides gras insaturés. Côté cholestérol et protection des artères, vous pouvez donc en manger, même si certains morceaux contiennent jusqu'à 25 % de lipides. Ces deux volailles renferment beaucoup d'acide urique et sont déconseillées à ceux qui souffrent de calculs rénaux.
Les autres volailles : pintade, faisan, dinde, poulet sont des viandes peu grasses, profitez-en. Mangez-les sans la peau et évitez de les faire rôtir dans leur gras.

Les laitages

Tous les laitages apportent leur ration de calcium, un nutriment indispensable à tous les âges pour garantir une bonne solidité osseuse. Mais ce n'est pas une raison pour en abuser car ils sont bourrés de mauvais acides gras. D'autant qu'on trouve aussi du calcium dans certains légumes.
Le beurre et la crème : tous deux sont moins gras que l'huile (82 % de lipides dans le beurre et 35 % dans la crème). Mais ils contiennent des acides gras

LES ŒUFS

Les protéines de l'œuf sont les plus complètes et parfaitement équilibrées en acides aminés. L'œuf contient aussi du calcium et un éventail de vitamines et minéraux en petite quantité. Vous pouvez en manger (deux œufs par repas) jusqu'à trois fois par semaine, sauf si vous souffrez d'un excès de cholestérol, car les œufs en contiennent. Mangez-en alors une fois par semaine. Évitez de les faire frire, préférez-les à la coque, mollets ou durs.

saturés, néfastes pour les artères. Le beurre est une bonne source de vitamine A, à condition de rester raisonnable (pas plus de 15 g par jour) et de ne pas le faire cuire. La crème peut parfois remplacer l'huile dans les sauces de salade ou le beurre dans les pâtes, mais n'en abusez pas non plus.

Les fromages : les fromages sont très caloriques et contiennent de mauvais acides gras en quantité. Si vous pouvez vous en passer, faites-le. Sinon, réservez-les pour des moments d'exception et n'en mangez jamais à la fin d'un repas au cours duquel vous avez mangé de la viande.

Le lait : à l'âge adulte, nous n'avons plus besoin de boire du lait. Certains thérapeutes l'accusent de tous les maux.

D'autres se contentent de prêcher la prudence. De fait, à partir de l'âge de 7 ans, nous perdons une enzyme indispensable pour assimiler certaines grosses molécules du lait. N'en abusez pas et évitez surtout le café au lait, particulièrement indigeste.

Les yaourts : ce sont les seuls laitages que nous devons manger. La fermentation qui transforme le lait en yaourt se produit grâce à l'intervention de bactéries qui nous veulent le plus grand bien. Elles recolonisent notre flore intestinale, responsable d'une bonne assimilation des nutriments, d'un bon transit et d'une bonne immunité. Ces mêmes bactéries font aussi baisser le taux de cholestérol. Préférez les yaourts allégés (comme le lait, d'ailleurs) car les substances chimiques polluantes éventuellement présentes sont associées aux lipides. En débarrassant les laitages de leurs matières grasses, on les débarrasse aussi de leurs polluants.

Les assaisonnements

Restent tous les ingrédients que l'on peut utiliser pour cuisiner : huile, vinaigre, ail, oignon, aromates... Il ne faut surtout pas s'en priver, car tous ont des vertus nutritionnelles ou thérapeutiques.

Les huiles : toutes les huiles sans exception contiennent 99,99 % de lipides (le reste est un ensemble de vitamine E et de quelques traces de nutriments). La différence réside dans la composition de ces lipides. En règle générale, les huiles végétales sont riches en acides gras insaturés, hormis l'huile de coco et l'huile de palme, très peu utilisées en France. Mais chacune possède un taux particulier d'acides gras mono-insaturés ou poly-insaturés. Pour avoir suffisamment des uns et des autres, mieux vaut les varier.

– L'huile d'arachide : elle contient 48 % d'acides gras mono-insaturés et 28 % d'acides gras poly-insaturés. Elle est riche en vitamine E.

DES ACIDES GRAS ÉTRANGES

Les margarines sont préparées à partir de graisses animales (huile de baleine) ou végétales (palme), toujours riches en acides gras saturés. Elles sont donc aussi mauvaises pour nos artères que le beurre.
En plus, les traitements nécessaires à leur fabrication donnent naissance à des acides gras « trans », inconnus dans la nature et qui ne veulent pas de bien à nos organismes. Mieux vaut donc les éviter, sauf les pâtes à tartiner spécialement conçues pour lutter contre l'excès de cholestérol. Celles-là ne contiennent pas d'acides gras « trans » et sont enrichies en bons acides gras et en stérols végétaux, qui piègent le cholestérol en excès et entretiennent les parois artérielles.

ÉPICEZ VOTRE QUOTIDIEN

Les saveurs des épices sont parfois puissantes, mais il suffit d'une pincée pour rehausser la saveur d'un plat. Chacune possède des vertus. Voici quelques exemples :

– Le safran est tonifiant et digestif. Il calme les douleurs gastriques et intestinales, et est apaisant. Dans les pays méditerranéens, on le dit aphrodisiaque. Préférez les filaments de safran au safran en poudre : ils ont plus de saveur et leur action thérapeutique est plus marquée.

– La noix muscade : on l'utilise généralement dans la purée. C'est justifié, car elle facilite la digestion des féculents. En plus, elle soulage l'aérophagie et stimule les fonctions cérébrales. Mariez-la avec tous les légumes, les gratins, les ragoûts.

– Le gingembre : on le consomme comme le poivre, soit gris (avec l'écorce), soit blanc (épluché). Le gingembre gris est plus piquant, le blanc plus savoureux. Les deux s'ajoutent aux plats, soit frais et râpés ou en fines lamelles, soit secs et en poudre. Il est tonifiant, stimule l'intellect et combat la fatigue, et soutient le système immunitaire. Il est aussi réputé aphrodisiaque dans les pays d'Orient.

– L'huile d'olive : elle contient 70 % d'acides gras mono-insaturés et 11 % d'acides gras poly-insaturés. Choisissez-la d'excellente qualité, « vierge extra » et de première pression à froid, afin que ses acides gras ne soient pas abîmés par les traitements.

– L'huile de sésame : elle contient 38 % d'acides gras mono-insaturés et 43 % d'acides gras poly-insaturés. Elle a une délicate saveur d'amandes grillées.

– L'huile de soja : elle contient 23 % d'acides gras mono-insaturés et 57 % d'acides gras poly-insaturés. C'est une bonne huile d'assaisonnement.

– L'huile de tournesol : elle contient 20 % d'acides gras mono-insaturés et 63 % d'acides gras poly-insaturés. C'est l'une des huiles qui résistent le mieux à la cuisson (contrairement à l'huile d'olive, par exemple), car les acides gras poly-insaturés craignent moins la chaleur que les autres.

– Vous pouvez aussi essayer l'huile de noix, de noisette, de carthame, de graines de courge…

Les vinaigres : le vinaigre est le résultat de la fermentation d'une boisson alcoolisée. C'est pourquoi on trouve principalement du vinaigre de cidre et de vin. Autrefois, le vinaigre était un médicament que l'on prescrivait contre la goutte, l'embonpoint, les maladies de peau… Aujourd'hui, on l'utilise encore pour aider à l'assimilation des plats lourds et pour reminéraliser les personnes au squelette fragile. Les différentes saveurs des vinaigres relèvent les salades avec finesse : le vinaigre de framboise avec l'huile de sésame exalte des légumes vapeur tiède ; le vinaigre de figue avec l'huile d'olive accompagne avec bonheur des filets de poisson ; les vinaigres balsamiques, plus forts mais moins acides, se marient bien avec l'huile de noix ou de noisette. N'hésitez pas à faire des essais, vous serez surpris par la délicatesse de ces mélanges de parfums.

L'ail : c'est l'ami du cœur et des artères ; il fait baisser le taux de cholestérol et renforce les parois artérielles. Il freine la coagulation du sang et protège ainsi contre les accidents vasculaires. C'est aussi un antiseptique naturel puissant : il combat les champignons et les bactéries digestives. Il s'attaque aussi à cer-

tains virus, comme ceux de la grippe et de l'herpès. Enfin, des études ont montré que l'ingestion régulière d'ail prévient certains cancers, notamment les tumeurs digestives. Il suffit, pour profiter de ces bienfaits, de manger au moins une belle gousse d'ail par jour. Si vous n'appréciez pas l'ail, vous pouvez le consommer en gélules, comme un complément alimentaire.

L'oignon : il contient de nombreux nutriments, minéraux et vitamines. Il renferme de la quercétine, un antioxydant puissant protecteur des artères. Une étude finlandaise a montré que la consommation régulière d'oignon exerce un effet protecteur contre les maladies cardio-vasculaires. Comme il est légèrement diurétique, il aide à éliminer les toxines. Il soulage les inflammations articulaires, notamment l'arthrite. Il est reminéralisant et contribue au bon état du squelette. Enfin, il combat les infections. Il peut même améliorer la digestion si on ne le cuit pas dans trop de matières grasses.

Les herbes aromatiques : vous pouvez en user et en abuser, car elles ont toutes des vertus.

– Le romarin : il est antiseptique, stimulant, digestif, et calme les voies respiratoires… Il est très riche en huiles essentielles. C'est une vraie plante médicinale. Cela ne l'empêche pas d'être délicieux dans les marinades, les bouillons, les ragoûts, les légumes cuits à l'étouffée…

– Le thym : il possède à peu près les mêmes particularités que le romarin.

– Le laurier : c'est un antiseptique puissant, indispensable dans les marinades.

– La ciboulette : elle améliore la digestion et réduit les fermentations intestinales. Ajoutez-la à un peu de fromage blanc pour faire une sauce de crudités ou à des œufs brouillés en fin de cuisson.

– Le persil : c'est l'une des sources majeures de vitamine C. Mettez-en dans tous les plats quand vous êtes fatigué et à l'entrée de l'hiver pour stimuler vos défenses immunitaires.

– La coriandre : elle est digestive et dépurative. Elle a une action antioxydante. C'est aussi un stimulant de la circulation sanguine.

À CUIRE OU À SAUPOUDRER

Les herbes aromatiques les plus tendres (basilic, persil, menthe, aneth, coriandre…) supportent mal la chaleur. Pour profiter au mieux de leur goût, ajoutez-les en toute fin de cuisson ou, mieux encore, crues, dans les salades. Celles qui sont plus ligneuses (romarin, laurier, thym…) doivent au contraire être ajoutées en début de cuisson pour diffuser de manière optimale toute leur saveur.

Acheter, conserver, préparer...

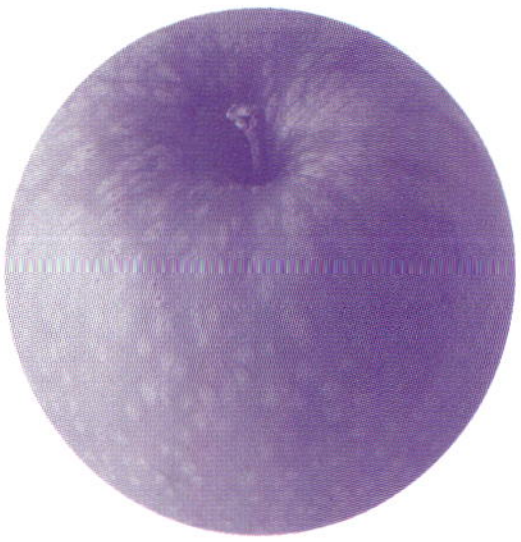

Pour faire le plein de santé et de tonus, il ne suffit pas de bien choisir ses aliments. Il faut veiller à ce qu'ils ne perdent pas leur contenu nutritionnel au cours des différentes étapes de leur préparation...

Pour choisir vos aliments frais, faites confiance à vos cinq sens. Regardez l'œil du poisson pour vérifier qu'il est bien frais. Goûtez un fromage avec le nez. Caressez du regard et des narines les melons, les pêches et les tomates pour vérifier leur qualité. Mais ne vous laissez pas abuser par les pièges du commerce de masse : les fruits les plus gros et les plus lisses ne sont pas forcément les meilleurs ; ce sont juste les mieux calibrés selon les normes de production, et souvent les plus chers. Les éventuelles tavelures ou les irrégularités de forme ne sont pas signe de mauvaise qualité. Il vaut mieux une tomate biscornue, mais rouge et ferme, que sa voisine bien ronde, mais plus pâle et plus molle. La première émane probablement d'un petit producteur qui arrose moins ses plantations et utilise moins d'engrais, alors que la seconde provient à coup sûr d'une production intensive où les légumes poussent à marche forcée. Et la première aura plus de saveur et de nutriments que la seconde.

Pour profiter au mieux des bienfaits des aliments, rien ne vaut la fraîcheur. Si vous le pouvez, faites de petites courses, plus souvent...

La conservation

Vous voilà rentré chez vous avec vos courses. Si vous désirez conserver la nourriture quelques jours sans qu'elle perde son contenu nutritionnel, veillez à quelques règles simples. Ces conseils portent surtout sur les fruits et légumes, qui sont les plus fragiles.

– Généralement, il vaut mieux conserver fruits et légumes au frais, au sec et à l'abri de la lumière. Les haricots verts perdent en une journée 10 % de leur vitamine C s'ils sont gardés au frais, et 30 % à température ambiante.

– Les carottes, navets, pommes de terre, supportent mieux la température mais ils détestent la lumière et l'humidité.

LES BIENFAITS DU BIO

Il n'y a plus de débat sur le sujet : l'agriculture bio a fait ses preuves en ce qui concerne sa rentabilité, son efficacité, son impact sur l'environnement[3]. La saveur des fruits et légumes sort elle aussi gagnante. Quant à leur contenu nutritionnel : « Les nutriments essentiels sont présents en quantité supérieure dans les aliments bio », affirme le Pr Henri Joyeux[4] à la suite d'une étude réalisée sous l'égide de l'INSERM. Les produits issus de l'élevage (viandes et laitages) et de l'agriculture bio (fruits, légumes et céréales) sont moins chargés en substances polluantes (engrais, pesticides, nitrates), moins gonflés d'eau, et leur concentration en vitamines et minéraux est supérieure.

On trouve aujourd'hui des produits bio (frais ou non) dans les magasins spécialisés, mais aussi dans les super- et hypermarchés. Pour être sûr qu'ils ont été produits en respectant le cahier des charges, très strict, qui donne droit à cette appellation, faites confiance au logo AB qui figure sur les emballages. Pour bénéficier de ce logo, un produit industriel (pâtes, biscuits…) doit contenir au moins 95 % d'ingrédients issus de l'agriculture biologique.

3 Voir l'étude publiée en avril 2001 par la très sérieuse revue scientifique *Nature*.
4 Chirurgien, professeur à la faculté de médecine de Montpellier, où il enseigne la cancérologie, la chirurgie digestive et la nutrition, et chef de consultation à l'Institut du cancer de Montpellier.

OUI AUX SURGELÉS !

La surgélation est un mode de conservation qui protège le contenu nutritionnel des aliments. Le plus souvent, les aliments sont surgelés sur le lieu de production, très frais. C'est notamment le cas des poissons surgelés en mer. Si vous consommez des plats cuisinés surgelés, lisez bien les étiquettes pour évaluer la quantité de gras et de sucre qu'ils contiennent. Quant aux aliments non cuisinés (poisson, viande, fruits, légumes...), vous pouvez ensuite les préparer à votre convenance. Il existe aussi des produits surgelés bio, notamment des légumes.

Gardez-les au sec, dans un placard ou, mieux, un cellier aéré.

– Certains fruits se conservent bien à l'air libre (pommes, poires) mais d'autres sont plus fragiles et perdent leurs vitamines très rapidement. Gardez au frais les fruits d'été et les fruits rouges (pas plus de deux ou trois jours).

– Viande et poisson doivent être consommés rapidement. Ne les gardez pas plus de deux ou trois jours, dans la partie basse de votre réfrigérateur.

Veillez à l'hygiène de votre réfrigérateur. C'est un milieu fermé et humide, que certains germes adorent. Nettoyez-le à fond deux fois par mois et lavez l'intérieur avec de l'eau légèrement javellisée.

La préparation

Ne laissez jamais tremper les fruits et légumes dans l'eau, surtout après les avoir épluchés : ils y perdraient certains nutriments. Rincez-les sous l'eau claire avant de les éplucher. Pelez-les ensuite en allant toujours du pédoncule vers le bas, ils s'oxyderont moins vite et seront moins altérés par l'air et la lumière.

Les types de cuissons

Les nutriments sont fragiles. Certains sont sensibles à la chaleur (acides gras), d'autres à l'eau (vitamines hydrosolubles), à la lumière ou à l'air (vitamines et minéraux). Pour éviter que les aliments ne perdent une grande partie de leur contenu nutritionnel au cours de la cuisson, il faut donc éviter la grande friture (la chaleur abîme les nutriments et certains fuient dans l'huile de friture), la cuisson à gros bouillon (encore la chaleur, plus une fuite dans l'eau), le four très chaud ou les grillades sur la flamme. Essayez de privilégier les cuissons santé.

– La vapeur douce : c'est la championne de la préservation nutritionnelle, à condition que l'eau frissonne seulement dans le récipient qui se trouve sous le panier à vapeur (moins de 90°). L'aliment est respecté dans sa composition, les vitamines qui sont enfermées dans les cellules ne sont pas emportées par la vapeur, alors que les graisses fondent et sont évacuées dans l'eau de cuisson.

– Les papillotes à four tiède : si le four chauffe à moins de 150°, la température des aliments à l'intérieur des papillotes reste en dessous de 100° et les nutriments sont préservés dans le jus de cuisson. Préparez plutôt vos papillotes dans du papier sulfurisé, pour éviter que les aliments acides (tomates, citron) n'attaquent l'aluminium.

– La cuisson à l'étouffée : il suffit de mettre les aliments dans un récipient dont le fond ne colle pas, avec très peu de gras (une cuillerée d'huile maximum) et d'eau (un demi-verre). Puis couvrez et laissez cuire à très petit feu. C'est un mode de cuisson qui respecte le contenu des aliments si on ne le fait pas durer trop longtemps. Vous pouvez ajouter des huiles végétales crues en fin de cuisson ainsi que des herbes aromatiques. Vous pouvez cuire de la même façon les compotes de fruits.

L'alimentation anti-stress

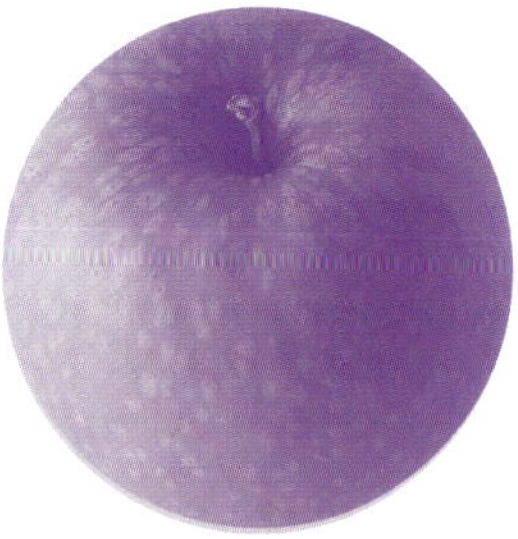

Pendant les moments de stress, l'organisme a besoin de recevoir des vitamines B, du magnésium, des acides aminés… L'alimentation peut lui apporter ces nutriments. Il résistera d'autant mieux aux pressions.

Dans les moments de stress, mieux vaut avoir un système nerveux et un cerveau dont les cellules sont bien nourries. Pour cela, veillez à l'apport en acides gras essentiels (les parois des cellules nerveuses en sont friandes) et aux sucres lents (c'est le carburant numéro un du cerveau). Les vitamines B sont aussi très importantes, ainsi que les minéraux (magnésium, calcium, sélénium…) et les acides aminés (le corps les utilise pour fabriquer les neurotransmetteurs).

Les aliments à privilégier

– **Les légumes :** avocat pour les acides gras, tous les légumes verts (épinards, choux, poireau, céleri…) pour les minéraux, les légumes secs (haricots, lentilles, fèves…) pour les vitamines B.
– **Les fruits :** ananas, agrumes, pomme, poire, banane… pour les sucres.
– **Les fruits secs :** les graines (amande, noix, noisette…) et les fruits séchés (figue, datte…) apportent des vitamines du groupe B, du sélénium, du magnésium, des sucres lents.
– **Les céréales :** toutes sont indiquées pour leur apport en vitamines B, en magnésium, et pour certaines en calcium.
– **Les aliments protéinés :** optez pour les poissons gras ou mi-gras (thon, saumon, maquereau, sardine…), les œufs, les coquillages et les volailles. Attention aux graisses cachées (charcuteries, viandes grasses) car le stress favorise la formation de plaques d'athérome dans les artères !
– **Les laitages :** pour bénéficier du calcium et des autres minéraux, sans absorber trop de graisses saturées, il vaut mieux choisir les fromages frais, les yaourts, les laits caillés…
– **Les huiles :** choisissez-les en fonction de leur apport en acides gras essentiels, de manière à bien équilibrer les mono-insaturés et les poly-insaturés.
– **Les desserts :** de nombreuses combinaisons sont possibles, avec les fruits frais, les fruits secs, le miel, et certains laitages qui apportent du calcium. Sans oublier le chocolat qui procure du magnésium.

POULET AUX AMANDES ET AUX FIGUES

Pour 6 personnes : 1 poulet de 1,5 kg, 2 oignons, 2 gousses d'ail, 6 figues fraîches, 2 cuil. à soupe d'huile de tournesol, 1/2 cuil. à café de cannelle, 1 cuil. à café de gingembre en poudre, sel et poivre, 1 cuil. à soupe de miel liquide, 200 g d'amandes émondées.

Découpez le poulet et débarrassez-le de sa peau. Épluchez les oignons et l'ail, et découpez-les en lamelles. Lavez les figues et coupez-les en deux. Dans la cocotte, faites rapidement dorer les morceaux de poulet dans l'huile de tournesol. Réservez-les. Dans l'huile de cuisson du poulet, faites revenir l'oignon et l'ail à feu doux. Lorsqu'ils sont blonds, remettez les morceaux de poulet, ajoutez la cannelle et le gingembre, salez et poivrez, remuez, couvrez et laissez cuire 15 minutes à petit feu en remuant de temps en temps. Puis versez le miel dans la cocotte, remuez et ajoutez les figues, puis les amandes. Couvrez de nouveau et laissez cuire encore 10 minutes, sans remuer, pour que les figues ne se défassent pas. Servez chaud, accompagné de couscous complet cuit à la vapeur, sur lequel vous verserez au moment de servir un filet d'huile de sésame.

Les plus santé :

Les amandes contiennent beaucoup de magnésium (260 mg pour 100 g) et d'acides gras mono-insaturés, tous deux indispensable au système nerveux pour faire face au stress. Les figues apportent des minéraux (calcium, fer...), ainsi que des glucides de bonne qualité qui servent de carburant au cerveau. Le couscous complet apporte des vitamines B et du sélénium.

L'alimentation minceur

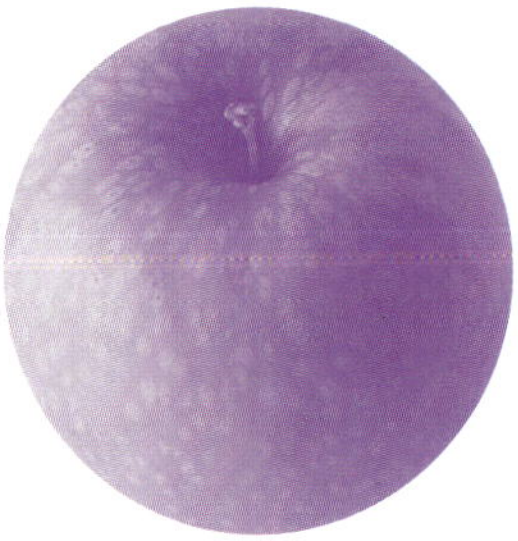

On peut mincir durablement sans vraiment faire de régime. Mieux vaut modifier ses habitudes alimentaires en profondeur. Mais rassurez-vous : cela ne signifie pas qu'il faille renoncer au plaisir, au contraire...

Pour mincir sans renoncer au plaisir, il faut veiller à choisir des aliments qui apportent beaucoup de nutriments, sans pour autant surcharger le corps avec un excès de lipides et de glucides. L'organisme sait aller puiser dans ses réserves (les cellules graisseuses, que l'on nomme « adipocytes ») l'énergie

AILES DE RAIE AUX CÂPRES

Pour 6 personnes : 6 ailes de raie moyennes, 1 bol d'herbes aromatiques variées (persil, basilic et ciboulette), 3 cuil. à soupe de vinaigre balsamique, 3 cuil. à soupe de vinaigre de cidre, 3 cuil. à soupe d'huile d'olive, sel et poivre, 1 petit pot de câpres au vinaigre.

Faites cuire les ailes de raie à la vapeur, en surveillant bien la température de l'eau (il ne faut pas qu'elle boue). Pendant ce temps, nettoyez les herbes aromatiques et ciselez-les finement dans le bol. Ajoutez les vinaigres, l'huile d'olive, le sel et le poivre, puis les câpres. Allongez avec 2 cuil. à soupe d'eau tiède.

Dès que les raies sont cuites, sortez-les, épongez-les avec un papier absorbant et étalez-les dans un plat. Couvrez-les avec la sauce froide et servez aussitôt, avec des légumes vapeur (carottes, navets, fenouil, courgettes, pommes de terre).

Les plus santé : la raie est un poisson peu gras, mais qui apporte de bonnes protéines. L'huile d'olive crue donne ses bons acides gras, et le persil sa dose de vitamine C. Les vitamines et minéraux contenus dans les légumes couvrent les besoins journaliers.

dont il a besoin. Mais il faut absolument lui apporter des protéines (il ne sait pas les fabriquer), des vitamines, des minéraux et des acides gras essentiels.
Il faut donc privilégier une nourriture diversifiée, riche en légumes, sans oublier quelques fruits. Il faut limiter les céréales et les légumineuses, sans les supprimer. Côté protéines, il vaut mieux mettre l'accent sur le poisson, les coquillages et les crustacés, ainsi que les viandes maigres. Enfin, il faut éviter les cuissons grasses et privilégier les huiles végétales crues, ainsi que les épices et les herbes aromatiques.

Les aliments à privilégier

– **Les fruits et légumes :** ceux à préférer sont peu caloriques, riches en nutriments (vitamines ou minéraux) et drainants pour faciliter l'élimination des toxines et de l'eau. Par exemple : l'asperge, le fenouil, le céleri, la tomate, le concombre, les épinards, le poireau, le raisin, la fraise, les agrumes…
– **Les viandes :** il faut consommer surtout des volailles, car elles contiennent moins de matières grasses que les autres viandes. Pensez aussi au veau et au filet mignon de porc.
– **Les poissons :** tous, ainsi que les coquillages et les crustacés, mais en évitant les sauces à la crème ou au beurre blanc et les mayonnaises…
– **Les épices et aromates :** tous !
– **Les matières grasses :** surtout des huiles végétales, variées et de préférence crues.
– **Les cuissons :** surtout à la vapeur, en papillotes et à l'étouffée.
– **Les desserts :** les fruits, les laitages allégés et les édulcorants permettent de concocter des desserts savoureux inattendus, avec l'aide de quelques essences aromatiques d'agrumes.

Les desserts ne sont pas à proscrire lors d'un régime amincissant : les fruits, les laitages allégés, les édulcorants… permettent aujourd'hui de préparer de délicieux desserts basses calories !

L'alimentation anti-âge

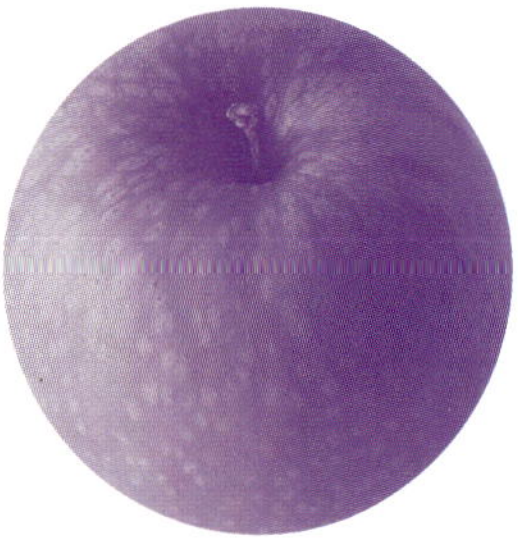

Le contenu de votre assiette ne repoussera pas indéfiniment les années. Mais il peut vous aider à éviter les désagréments de l'âge : troubles articulaires, pertes de mémoire, troubles du sommeil...

L'alimentation ne peut pas, à elle seule, arrêter le lent travail du temps sur les cellules. Cependant, les effets du vieillissement sur l'organisme sont accentués par les ravages que font les radicaux libres. Ces particules « folles » détruisent les cellules sur leur passage. Elles naissent normalement à la faveur du renouvellement cellulaire. Mais nous en produisons d'autant plus que nous mangeons mal, que nous fumons, que nous respirons un air pollué, que nous sommes stressés...

Heureusement, nous pouvons nous protéger contre ces minuscules bombes à retardement en consommant suffisamment de nutriments antioxydants : les vitamines A, C et E (et le bêta-carotène), le sélénium, le zinc, le lycopène (dans la tomate), les polyphénols (dans les pépins de raisin)... C'est notre organisme tout entier qui en profite. Du coup, les troubles habituels dus au vieillissement cellulaire se font moins nombreux : pertes de mémoire, rides, baisse de la vision et de l'audition, douleurs articulaires...

Pensez à protéger votre système cardio-vasculaire en privilégiant les bonnes graisses au détriment des mauvaises. L'excès de cholestérol est une maladie plutôt masculine jusqu'à 50 ans, mais, ensuite, les femmes courent les mêmes risques que les hommes. C'est dû à l'action protectrice des hormones sexuelles, qui se tarissent après la ménopause. Mesdames, pensez donc aussi aux aliments riches en phyto-hormones. Enfin, n'oubliez pas de faire le plein de calcium pour protéger votre squelette contre l'ostéoporose.

Les aliments à privilégier

– **Les fruits et légumes :** privilégiez la tomate, les fruits et légumes de couleur orangée (carotte, melon, potiron, abricot, mangue...), la fraise, les agrumes. Certains sont riches en calcium, ne les boudez pas : les épinards, les choux (surtout brocolis et choux de Bruxelles), la rhubarbe... Sans oublier, mesdames, les aliments riches en phyto-hormones, comme le soja.

– **Les céréales et les légumineuses :** mangez surtout des céréales complètes (riches en sélénium) et des graines riches en calcium (sésame, blé complet...).
– **N'oubliez pas :** les champignons, l'ail, l'oignon, riches en substances protectrices.
– **Les aliments protéinés :** évitez les viandes rouges trop grasses, préférez les volailles et le poisson (surtout le thon et les coquillages, très riches en zinc, mais aussi les poissons des mers froides pour leurs bons acides gras essentiels).
– **Les matières grasses :** misez sur les huiles végétales.
– **Les desserts :** on peut marier les fruits, les céréales complètes et les produits laitiers allégés avec du miel.
– **Les boissons :** vous pouvez boire chaque jour deux ou trois verres de vin rouge, pour profiter des polyphénols contenus dans les pépins de raisin.

MAGRETS DE CANARD AU SOJA

Pour 6 personnes : 3 magrets de canard, 2 carottes, 3 gousses d'ail, 1 gros oignon, sel et poivre, 300 g de champignons de Paris frais, 300 g de germes de soja, 1 cuil. à soupe de sauce soja.
Dégraissez les magrets et découpez-les en tranches fines. Faites-les revenir rapidement dans une poêle sans matière grasse. Réservez. Dans la même poêle, mettez les carottes, l'ail et l'oignon coupés en fines rondelles. Salez et poivrez, puis laissez cuire 3 minutes à couvert. Ajoutez les champignons coupés en lamelles et le soja, arrosez de sauce de soja et couvrez de nouveau. Laissez cuire 10 minutes. Enfin, posez les lamelles de canard sur les légumes, laissez-les chauffer 2 minutes sans couvrir et servez.
Les plus santé : les matières grasses du canard renferment de bons acides gras ; l'ail et l'oignon contiennent des antioxydants, ainsi que les carottes et les champignons ; le soja apporte ses hormones végétales.

L'alimentation anti-fatigue

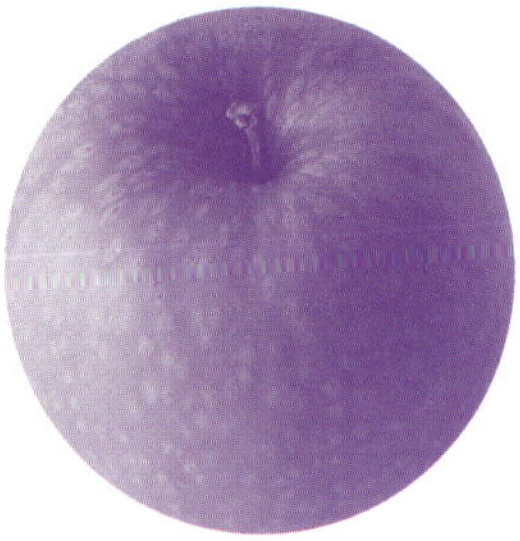

Lorsqu'on est fatigué, il faut se reposer. Mais, parfois, cela ne suffit pas, et la lassitude s'installe de façon durable. C'est le moment d'aller faire un tour au marché, pour faire le plein d'aliments anti-fatigue.

Pour chasser la fatigue, il faut apporter au corps tous les nutriments dont ont besoin les organes. D'abord, du sucre pour les cellules. Mais attention !, pas du sucre blanc qui accentuera la fatigue en puisant dans les réserves minérales. Préférez les sucres lents.

Certaines vitamines sont essentielles au tonus, comme la vitamine C et le bêta-carotène, la vitamine E et certaines vitamines du groupe B. Notre corps ne doit pas manquer non plus de minéraux (magnésium, calcium, zinc, manganèse, fer, cuivre, sélénium, chrome, iode...). L'alimentation anti-fatigue privilégie aussi les aliments riches en fer, car l'anémie ferreuse se manifeste par une intense fatigue.

Pour lutter efficacement et durablement contre la fatigue, privilégiez les sucres lents qui distillent leur énergie à l'organisme sur une plus longue durée.

La fatigue nerveuse et cérébrale est souvent provoquée par une carence en acides gras essentiels. Le choix des graisses et leur mode de cuisson sont donc très importants. Enfin, une masse musculaire bien nourrie est garante d'un bon tonus physique. Il ne faut donc pas oublier les protéines, surtout le poisson.

Les aliments à privilégier

– **Les légumes :** tous, absolument tous, notamment cresson, betterave, carotte, chou-fleur, chou rouge, melon, citrouille, courgette, mais aussi les légumineuses (petit pois, lentilles, haricots...). Sans oublier l'ail et l'oignon pour assaisonner.
– **Les fruits :** tous les fruits, à choisir frais et de saison. Chacun apporte des vitamines et des minéraux spécifiques.
– **Les fruits secs :** amande, pruneau, figue... Pour leur richesse en glucides, en magnésium, en sélénium...
– **Les céréales :** choisissez-les de préférence complètes (pâtes, riz, épeautre,

avoine, quinoa...). Elles sont indispensables à l'apport énergétique et donc au bon fonctionnement de l'organisme.

– **Les matières grasses :** surtout des huiles végétales, dont on varie l'origine pour bénéficier de multiples saveurs et d'apports en acides gras différents.

– **Les laitages :** évitez les laitages gras, mais mangez des yaourts et du fromage blanc allégé pour le calcium et les bonnes bactéries intestinales.

– **Les viandes :** des viandes rouges maigres (pour le fer), des volailles et des viandes blanches (pour les protéines).

– **Les produits de la mer :** poissons, coquillages, crustacés... Tous les produits de la mer sont bons car ils contiennent de bons acides gras et beaucoup de minéraux et oligoéléments.

– **Les desserts :** on peut jouer à l'infini avec le miel, les fruits secs, les céréales complètes... Les desserts d'inspiration maghrébine, par exemple, sont d'excellents plats anti-fatigue, à condition de ne pas faire d'excès car ils sont très caloriques.

SALADE TIÈDE DE FRUITS SECS

Pour 6 personnes : 1 orange, 12 abricots secs, 6 pruneaux, 1 bâton de cannelle, 1 gousse de vanille, 2 fleurs d'anis étoilé, 1 pincée de gingembre en poudre, 1 cuil. à soupe de miel liquide, 2 pommes, 1 poignée d'amandes, 1 poignée de noix, 1 poignée de noisettes, 1 poignée de pistaches.

La veille au soir, pressez l'orange et mettez les abricots et les pruneaux à tremper dans le jus. Ajoutez le bâton de cannelle, la gousse de vanille, les fleurs d'anis étoilé, le gingembre et le miel. Laissez reposer toute la nuit.

Le lendemain, pelez les pommes et découpez-les en petits cubes. Égouttez les pruneaux et les abricots, et conservez le jus. Dans un saladier, mélangez-les aux cubes de pommes. Émondez les fruits secs, découpez-les et ajoutez-les. Filtrez le jus dans lequel les abricots et les pruneaux ont trempé et faites-le réduire dans une casserole pendant quelques minutes, jusqu'à ce qu'il épaississe un peu. Versez-le sur les fruits et servez sans attendre.

Vous pouvez consommer cette salade tiède de fruits secs avec du fromage blanc allégé, que vous aurez fouetté en y ajoutant 2 gouttes d'huile essentielle d'orange.

Les plus santé : cette salade apporte de l'énergie pour longtemps, ainsi que des vitamines. Les épices ajoutent un coup de pouce tonique.

L'alimentation anti-cholestérol

Contraireement aux idées reçues, une bonne alimentation anti-cholestérol n'est pas un régime dénué de matières grasses. Au contraire ! Mais il faut privilégier les graisses qui aident le corps à fabriquer du bon cholestérol au détriment du mauvais.

Le cholestérol n'est pas un ennemi absolu. Il est beaucoup plus grave d'en manquer que d'en avoir trop. Heureusement, les maladies de carence sont rares. Nous sommes beaucoup plus exposés à l'excès de cholestérol, qui risque de boucher les artères et de provoquer des maladies cardio-vasculaires sérieuses. Ce cholestérol, notre corps le fabrique à partir des graisses que nous absorbons. Il est constitué de lipides qui circulent dans le sang en s'accrochant à deux types de molécules. Certaines sont chargées d'apporter le cholestérol aux cellules et de le déposer devant leur porte (LDL, ou mauvais cholestérol). Les cellules se

PAPILLOTES DE SAUMON À LA VANILLE

Pour 6 personnes : 6 filets de saumon, 3 gousses de vanille, 6 fleurs d'anis étoilé, sel et poivre, le jus de 1 orange, le jus de 1 citron.

Préparez 6 morceaux de papier sulfurisé. Dans chacun, mettez un filet de saumon sur lequel vous déposerez 1 demi-gousse de vanille incisée par le milieu, 1 fleur d'anis étoilé, du sel et du poivre. Pressez l'orange et le citron ensemble, puis arrosez les filets avec ce jus. Fermez les papillotes et faites-les cuire à four moyen (150 °C / th. 5) pendant 10 à 15 minutes (selon la taille des filets). Servez chaud, avec de la graine de couscous à la vapeur arrosée d'huile d'olive.

Les plus santé : le saumon contient de bons acides gras, renforcés par l'huile d'olive du couscous, lequel apporte des glucides lents. La cuisson au four tiède protège les acides gras.

servent et l'excédent reste sur place. C'est là qu'interviennent les autres molécules (HDL, ou bon cholestérol) dont le rôle est de débarrasser les artères de ces dépôts excédentaires. Tant que nous avons davantage de HDL que de LDL, le nettoyage se fait bien, même si le taux global de cholestérol est élevé. Mais si le taux de LDL est trop élevé, les déchets s'accumulent et finissent par boucher les artères. On estime que le taux de mauvais cholestérol (LDL) ne doit pas dépasser deux fois celui du bon (HDL).

Il faut donc privilégier les aliments qui contiennent des bonnes graisses, à partir desquelles notre corps fabrique du bon cholestérol, et limiter au maximum ceux qui contiennent des mauvaises graisses. En plus, il faut manger des fruits et légumes frais, pour les nutriments, et surtout pour les fibres alimentaires qui accélèrent le transit et influencent la réabsorption des sels biliaires, lesquels agissent sur la synthèse du cholestérol par le foie. Enfin, ne vous privez pas de céréales et de légumineuses : elles permettent de diminuer les doses de protéines animales tout en assurant une source d'énergie et de protéines.

Les aliments à privilégier

– **Les matières grasses :** consommez des huiles végétales crues pour leur apport en bons acides gras, notamment de l'huile d'olive, qui s'oppose à l'action du mauvais cholestérol dans les artères.
– **Les viandes :** fuyez les viandes grasses et les charcuteries. Mangez de temps en temps des viandes maigres et des volailles.
– **Le poisson :** là, vous pouvez y aller ! Privilégiez les poissons gras, qui contiennent des bons acides gras et font baisser le taux de cholestérol sanguin. Attention aux crustacés, qui sont riches en cholestérol !
– **Les céréales :** faites-en la base de votre alimentation. Mangez de la viande deux fois par semaine, du poisson trois fois, et organisez vos autres repas autour d'un plat de céréales (riz, pâtes, quinoa…).
– **Les légumes et les fruits :** tous sont bénéfiques, avec une mention spéciale pour le soja, qui contient de la lécithine, une substance qui améliore l'absorption des graisses et freine l'oxydation de celles qui sont déjà déposées dans les artères. Pensez aux dérivés du soja pour remplacer les produits laitiers déconseillés (lait de soja, crème, tofu).

L'alimentation sensuelle

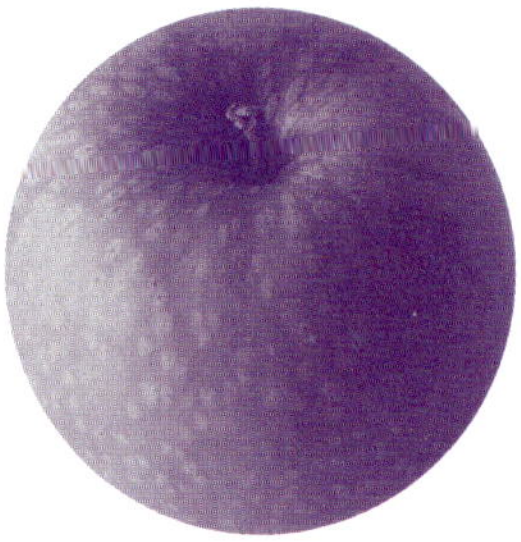

Même si votre alimentation ne peut pas transformer radicalement votre personnalité érotique, des mets bien choisis peuvent pimenter votre désir et celui de votre partenaire. Pensez-y !

Une vie sexuelle épanouie nécessite un organisme en bon état : particulièrement le cerveau qui est aux commandes du désir et du plaisir ; les muscles et les articulations largement sollicités ; le système cardiovasculaire qui joue un rôle fondamental dans les modifications des organes sexuels nécessaires à la jouissance. Pour toutes ces raisons, il vaut mieux avoir une alimentation saine, variée et bien équilibrée.

Mais ce n'est pas tout. D'abord, certains nutriments interviennent directement dans l'acte sexuel : le zinc, indispensable à la sexualité masculine ; les acides gras essentiels, qui favorisent une bonne

CUISSES DE GRENOUILLE AUX ÉPICES

Pour 2 personnes : 500 g de cuisses de grenouille surgelées, 1 cuil. à soupe d'huile d'olive, 2 gousses d'ail, 1 oignon, 1 gros poivron rouge, sel, poivre concassé, 1 clou de girofle, noix muscade râpée, 1 morceau de gingembre frais.

Dans une cocotte, faites revenir les cuisses de grenouille décongelées dans l'huile d'olive pendant 2 minutes. Ajoutez l'ail en lamelles, l'oignon et le poivron en petits cubes. Salez. Laissez cuire quelques minutes en remuant. Puis ajoutez le poivre concassé, le clou de girofle et la noix muscade. Baissez le feu, couvrez et laissez cuire 10 minutes. Ôtez le couvercle, ajoutez le gingembre râpé, puis arrêtez le feu. Servez chaud avec des pommes de terre vapeur.

Les plus santé : les cuisses de grenouille et les épices préparent les organes sexuels à l'action. Le poivron et les pommes de terre sont riches en vitamine C. Ces dernières fournissent de l'énergie pendant plusieurs heures.

circulation des messages sensoriels ; la vitamine E, qui agit directement sur l'hypophyse, la glande responsable de la sécrétion des hormones sexuelles ; la vitamine C, qui renforce les parois des vaisseaux sanguins et favorise un afflux sanguin important dans la zone génitale pendant l'acte.

Les aliments à privilégier

– **Les coquillages et les crustacés :** notamment l'huître pour le zinc.
– **Les fruits secs :** ils apportent à la fois des glucides lents pour l'énergie, des acides gras essentiels de bonne qualité et de la vitamine E.
– **Les agrumes et le kiwi :** pour la vitamine C, ainsi que du persil en quantité.
– **Les aliments protéinés :** préférez le poisson et la volaille à la viande rouge.
– **Les cuisses de grenouille :** elles contiennent de la cantharidine, une substance qui renforce l'érection et le gonflement clitoridien.
– **Évitez les repas lourds et gras :** une digestion ralentie ne favorise pas les ébats et les délices sensoriels.
– **Allez-y doucement avec l'alcool :** si un petit verre aide à faire fondre la glace, trop d'alcool produit l'effet inverse.

Les aphrodisiaques

Certains condiments et épices sont réputés aphrodisiaques.
– **Le gingembre :** il accroît l'afflux sanguin dans les organes génitaux, indispensable au désir et au plaisir. Consommez-le de préférence frais, ou cuit.
– **La cannelle :** elle stimule la sécrétion des hormones sexuelles. Vous pouvez en mettre dans les desserts, mais aussi dans les plats de viande ou de légumes.
– **La noix muscade :** elle provoque un afflux sanguin dans la zone génitale.
– **L'ail :** on sait aujourd'hui que l'allicine contenu dans ses gousses stimule la circulation du sang dans les petits vaisseaux de la verge et du clitoris, facilitant et prolongeant l'érection.
– **Et aussi :** le piment qui réchauffe, le safran qui colore, le clou de girofle et la sarriette qui parfument...

L'alimentation du cerveau

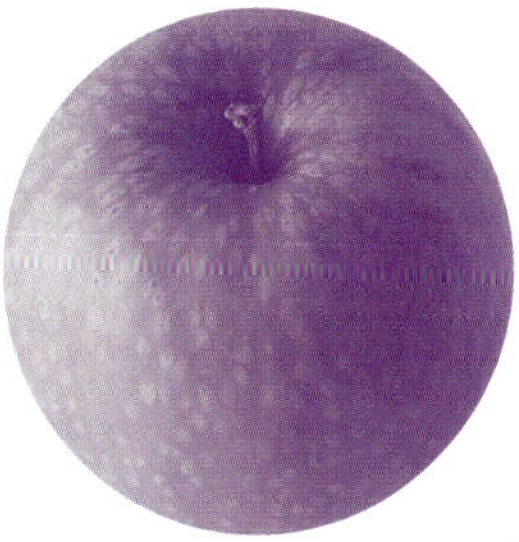

Le cerveau est le plus gros consommateur de nutriments de tout l'organisme. Lorsqu'il a besoin de quelque chose, il se sert en priorité, quitte à aller puiser pour cela dans les réserves des autres organes. Mieux vaut donc le nourrir correctement.

Notre cerveau est un organe glouton. Il a besoin de tout : des protéines pour pouvoir fabriquer les neurotransmetteurs qui font circuler les informations entre les neurones ; des glucides lents pour avoir de l'énergie en permanence ; des vitamines du groupe B, notamment les B6, 9 et 12, qui stimulent la mémoire ; de la vitamine C qui dope globalement les fonctions cérébrales ; du fer qui lui apporte l'oxygène puisé dans la respiration ; du magnésium et du calcium qui favorisent le passage régulier de l'influx nerveux entre les cellules ; des acides gras pour entretenir ses membranes cellulaires et faire en sorte que les informations circulent avec fluidité entre les cellules… Enfin, il ne faut pas oublier les antioxydants (sélénium, vitamines A, C et E) pour ralentir le vieillissement cellulaire. Autant dire que le cerveau a besoin d'une alimentation saine, équilibrée et variée. C'est à ce prix que vous entretiendrez votre mémoire, votre vigilance, votre concentration, mais aussi votre résistance au stress et votre sommeil.

Les aliments à privilégier

– **Les poissons :** mangez beaucoup de poissons gras pour les acides gras essentiels, particulièrement des harengs, qui apportent, en plus, de la vitamine B12.
– **Les fruits secs :** ils regorgent de vitamines du groupe B, de bons acides gras et de glucides lents. Sans oublier la vitamine E.
– **Les céréales :** consommez-en pour les minéraux (notamment le sélénium si elles sont complètes) et les glucides lents.
– **Les huiles végétales :** optez pour l'huile de noix, de noisette, de sésame, de carthame… Ajoutez-les crues à vos plats afin que les acides gras restent rapidement assimilables.
– **Les agrumes et le kiwi :** pour la vitamine C qu'ils contiennent.
– **La viande rouge :** c'est la meilleure source de fer. Mais n'en abusez pas et choisissez des viandes maigres comme le rumsteck.
– **Évitez les excitants :** alcool, café, tabac… S'ils donnent un coup de fouet

sur le moment, celui-ci est rapidement suivi par un coup de pompe qui vous pousse à renouveler la dose. C'est ainsi que l'on finit par boire douze cafés par jour, en ayant tout de même l'esprit embrumé. Une mention spéciale pour le thé : vous pouvez en boire plusieurs fois par jour car le thé est rempli d'antioxydants qui favorisent un bon entretien cérébral.

ÉMINCÉ DE POULET AUX NOIX DE CAJOU

Pour 6 personnes : 6 blancs de poulet, 2 poignées de noix de cajou, 1 gros bouquet de persil, 3 cuil. à soupe d'huile de noix, 3 gousses d'ail, 2 grosses tomates très mûres.

Émincez les blancs de poulet. Dans une cocotte, mettez-les à cuire à feu doux dans 1 cuillerée d'huile de tournesol. Ajoutez les gousses d'ail émincées, salez (légèrement), poivrez. Remuez et couvrez. Laissez cuire 5 minutes. Ajoutez les noix de cajou, puis les tomates épluchées et coupées en dés. Laissez cuire une dizaine de minutes à découvert pour que l'eau des tomates s'évapore. Au dernier moment, hors du feu, saupoudrez avec le persil ciselé finement et arrosez d'huile de noix. Servez accompagné de quinoa, une céréale au délicieux goût de noisette.

Les plus santé : le poulet et les noix de cajou contiennent du fer pour l'oxygénation du cerveau. Les noix renferment en plus des minéraux en quantité, ainsi que des lipides de bonne qualité et quelques glucides lents pour l'énergie. L'ail favorise la circulation sanguine dans le cerveau. Les tomates apportent du lycopène pour freiner le vieillissement cérébral. Enfin, l'huile de noix renforce les parois neuronales et le persil donne un coup de fouet grâce à sa très forte teneur en vitamine C.

L'alimentation de l'immunité

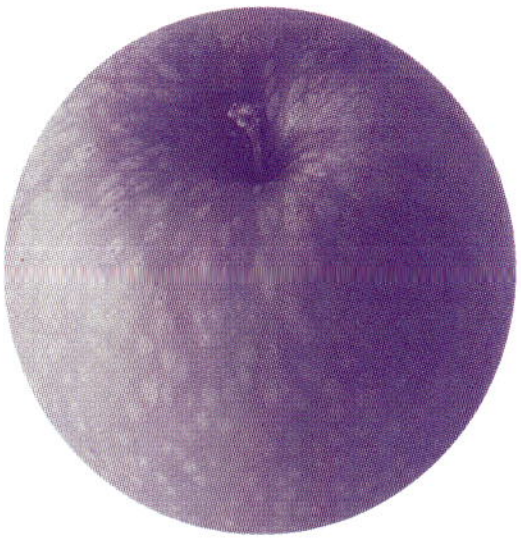

Pour ne pas être malade en hiver (et même le reste de l'année), il faut avoir un système immunitaire efficace. Lui aussi a besoin de certains nutriments pour fonctionner à plein régime. Et comme il vaut mieux prévenir, autant commencer par là.

Notre système immunitaire est une véritable armée de petits soldats qui montent la garde pour interdire l'entrée de notre corps à tous les intrus : bactéries, virus, champignons… Cette armée est constituée de globules blancs, cantonnés dans des casernes (nos ganglions lymphatiques) ou en activité (circulant dans le sang). Ceux-ci ont besoin de nutriments.

Les globules blancs qui composent notre système immunitaire ont besoin de nutriments pour agir.

D'abord, des protéines : il faut compter 40 à 70 g par jour pour qu'un adulte de taille moyenne ait une immunité solide (soit 200 à 300 g de poisson ou de viande, ou l'équivalent en céréales et légumineuses). Les globules blancs ont aussi besoin d'énergie, comme toutes nos cellules, et ils la trouvent dans les glucides lents (pâtes, riz…). Enfin, ils préfèrent les bons acides gras aux mauvais.

Une partie de la bataille immunitaire se déroule dans nos intestins, où des bactéries amies assurent une première ligne de défense contre les intrus. Pour qu'elles soient vigoureuses, il nous faut des fibres (qui accélèrent le transit) et des yaourts (pour amener de nouvelles souches bactériennes). Côté vitamines, toutes sont bonnes à prendre : la A assure l'humidification des muqueuses qui piègent les germes dans le nez, les yeux et la gorge ; la E participe à la fabrication de certaines substances immunitaires, comme l'interleukine ; la C participe à la production des anticorps et à la division des globules blancs ; celles du groupe B sont impliquées dans différentes étapes du processus immunitaire. Sans oublier les minéraux : le cuivre, le chrome, le sélénium… Il faut donc manger des fruits et légumes frais à tous les repas.

Les aliments à privilégier

– **Le poisson :** en règle générale, préférez-le à la viande.
– **Les huiles végétales crues :** pour l'apport en protéines et en bons acides gras.
– **Les yaourts :** pour entretenir la flore intestinale.
– **Les céréales :** pour l'énergie et pour les protéines (en association avec une légumineuse).
– **Les fruits et légumes :** consommez-les pour leurs vitamines. Avec une mention spéciale pour certains : les choux ont une action antibactérienne, tout particulièrement les brocolis, qui sont en plus immunostimulants ; la framboise contient de l'acide tannique, un antiviral naturel puissant ; les noix, amande et noisette sont très riches en cuivre ; les agrumes et le kiwi apportent de la vitamine C.
– **Les graines germées :** soja, alfalfa, millet, lentilles, fenugrec, orge… L'activité enzymatique intense de la germination leur donne une extraordinaire richesse nutritionnelle. Elles contiennent toutes les vitamines indispensables au système immunitaire.

Vous pouvez acheter vos graines dans les magasins de produits diététiques et les faire germer vous-même, sur un morceau de coton légèrement humide.

QUINOA AUX LÉGUMES

Pour 6 personnes : 1 cuil. à soupe de tournesol, 1 oignon, 3 gousses d'ail, 1 poivron vert, 2 carottes, 2 branches de céleri, 1 bouquet de brocolis, 2 courgettes, sel et poivre, 300 g de quinoa, 3 cuil. à soupe d'huile de sésame, 1 gros bouquet de coriandre et de ciboulette.
Pelez les légumes et découpez-les en petits dés. Dans une cocotte qui n'attache pas, faites chauffer l'huile de tournesol et faites-y revenir les légumes à petit feu en commençant par l'oignon, l'ail et le poivron, puis les carottes, le céleri, les brocolis et les courgettes. Salez, poivrez, remuez et laissez cuire à couvert. Pendant ce temps, faites cuire votre quinoa, à couvert, dans deux fois son volume d'eau bouillante salée. Égouttez-le et ajoutez-le aux légumes. Remuez, puis éteignez le feu. Ajoutez l'huile de sésame et les aromates finement ciselés et servez.
Les plus santé : les légumes apportent un éventail complet de vitamines, auxquelles les brocolis ajoutent leur action immunostimulante. Les céréales contiennent des minéraux et des glucides lents. L'huile de sésame renferme des bons acides gras. Enfin, les aromates stimulent légèrement l'action immunitaire.

L'alimentation qui nettoie

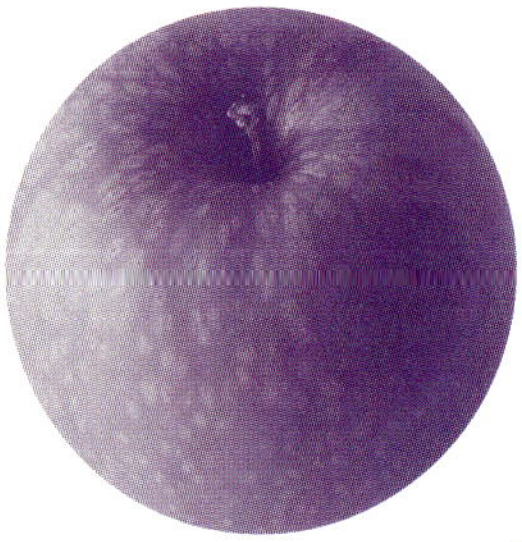

Notre corps produit des déchets que nous évacuons régulièrement. Cependant, parfois, les mécanismes s'engorgent et les toxines s'accumulent, provoquant fatigue, boutons, rétention d'eau... Une petite cure de détoxication s'impose.

Notre métabolisme cellulaire produit des déchets qui sont régulièrement évacués. Le gaz carbonique est emporté par le sang jusqu'aux poumons. Les autres déchets (urée, acide urique...) sont acheminés vers les organes émonctoires (foie, reins, peau...) où ils sont triés et dirigés vers la sortie (urine, selles, transpiration). Ce système est performant tant que nous n'accumulons pas les erreurs nutritionnelles. Mais une alimentation trop grasse ou trop sucrée, une vie trop sédentaire, finissent par encrasser notre organisme qui ne parvient plus à se débarrasser assez vite de ses déchets. Le stress n'arrange rien à l'affaire, car il augmente

LA DIÈTE DE TROIS JOURS

Si votre organisme est très encrassé, offrez-lui une mono-diète. Commencez par éliminer de votre alimentation les laitages et protéines, puis les matières grasses et les céréales (sur deux à trois jours). Lorsque vous en êtes à une alimentation uniquement végétale (fruits et légumes), vous pouvez commencer votre diète. Pendant une journée au moins (24 heures) et trois jours au plus, ne mangez qu'un aliment ayant un fort pouvoir drainant (fraise, raisin, poireau, céleri...) sans aucun assaisonnement. Puis réintroduisez un à un les autres aliments jusqu'à reprendre une alimentation normale (d'abord les céréales, puis les matières grasses et enfin les protéines).
Au début de la cure, vous aurez mauvaise haleine, vous aurez peut-être des boutons et de légers maux de tête. Patientez. Au sortir de votre diète, vous vous sentirez reposé, le teint frais, l'immunité stimulée.

la production des toxines et freine l'activité des organes émonctoires.
Il faut donc, de temps en temps, aider l'organisme à se décrasser en lui offrant une petite cure de détoxication. Les premiers aliments impliqués dans ce nettoyage sont les fruits et légumes : certains sont diurétiques et accélèrent l'élimination rénale, d'autres agissent sur les cellules du foie ou sur le transit intestinal. Le simple fait de manger pendant quelques jours des quantités importantes de ces végétaux, crus ou cuits à la vapeur et assaisonnés d'un peu d'huile crue et d'un jus de citron, en évitant les sucres rapides et les viandes grasses, suffit à éliminer le surplus de déchets courants.

Les fruits et légumes à privilégier

Voici les principaux végétaux sur lesquels vous pouvez compter.
– **La fraise :** elle a une action directe sur les cellules hépatiques qu'elle aide à se régénérer. Elle contribue à l'élimination de l'acide urique. Elle contient de nombreux minéraux et beaucoup de vitamine C, ce qui la rend tonifiante au sortir de l'hiver.
– **La cerise, le melon, la framboise :** ce sont des fruits gorgés d'eau et diurétiques. La cerise est, en plus, légèrement laxative, alors que la framboise augmente la transpiration.
– **Le raisin :** il est très énergétique car il contient différentes sortes de glucides (certains rapides, d'autres lents). Il facilite la digestion, stimule les contractions de l'estomac et exerce un effet diurétique puissant. Il contribue à régulariser le taux d'acidité urinaire.
– **L'artichaut :** c'est un grand ami du foie et le meilleur draineur des cellules hépatiques. Associez-le au radis noir, lui aussi très dépuratif.
– **L'asperge :** c'est un diurétique puissant. En plus, elle contient un principe actif qui accélère la régénération cellulaire des organes.
– **Le céleri :** c'est un draineur général qui nettoie le sang de ses déchets et aide les reins à les éliminer.
– **Le poireau :** il est doté de longues fibres qui nettoient les intestins comme un véritable balai. Il est légèrement diurétique et accélère l'élimination des déchets par les reins.

Les compléments alimentaires

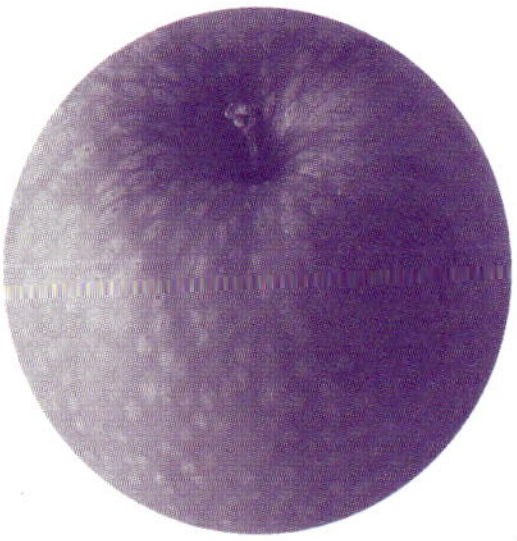

Manger sain, c'est indispensable au bien-être et à la santé. Mais, de temps en temps, nous sommes confrontés à des épreuves que notre organisme a du mal à gérer malgré nos efforts : période stressante, hiver rigoureux, fatigue tenace… Les compléments alimentaires peuvent alors nous aider à passer ces caps difficiles.

Même si vous faites attention à votre équilibre alimentaire, vous n'êtes pas à l'abri d'une carence. L'agriculture actuelle, focalisée sur le rendement, ne favorise pas le contenu nutritionnel des fruits et légumes. D'autres aliments perdent une partie de leurs nutriments pendant leur conditionnement. Enfin, nos conditions de vie (stress, tabac…) augmentent notre consommation de vitamines et de minéraux. Une petite cure de compléments alimentaires deux ou trois fois par an suffit à prévenir ces risques.

DES APPORTS RECOMMANDÉS

Les pouvoirs publics ont publié la liste des apports journaliers recommandés (AJR) pour les principaux micronutriments. Vitamines et minéraux se sont ainsi vu attribuer des quantités optimales, grâces auxquelles nous pourrions nous maintenir en bonne santé. Ces chiffres constituent des moyennes et ne tiennent pas compte des conditions particulières. En effet, pendant la grossesse, les femmes consomment davantage certains nutriments. Les fumeurs ont besoin de quantités beaucoup plus importantes de vitamine C. Les personnes qui pratiquent un sport intense ou ceux qui traversent des moments de stress violent ont également intérêt à augmenter les doses. Les AJR figurent sur les emballages de nombreux produits alimentaires et de compléments alimentaires, à côté des quotas couverts par la consommation de ces produits.

Les super-aliments

Ces aliments sont particulièrement riches en micronutriments. Ce sont pourtant de véritables aliments, même si souvent nous avons perdu l'habitude de les consommer comme tels. C'est le cas de la gelée royale produite par les abeilles, de la levure, du lait de jument, de la spiruline, du petit-lait… Ils s'utilisent en cure, généralement de trois semaines. Selon leur action, il vaut mieux les consommer avant le début de l'hiver (pour stimuler le système immunitaire), au début du printemps (pour drainer l'organisme et chasser la fatigue). On peut aussi suivre trois semaines de cure à chaque changement de saison.

– **La gelée royale :** c'est une sorte de gelée blanche produite par les abeilles ouvrières pour nourrir les larves de la ruche. Au bout de trois jours, ces êtres minuscules voient leur poids multiplié par mille grâce à cet extraordinaire élixir. Les futures reines, elles, continuent à être nourries de cette façon pendant toute leur vie, ce qui les rend beaucoup plus grandes et plus résistantes que leurs consœurs. Elles vivent aussi bien plus longtemps ! La gelée royale ralentit le vieillissement, accélère le renouvellement cellulaire, combat la fatigue, active la production des globules rouges, améliore l'humeur, soulage les états inflammatoires, stimule l'immunité. Elle a en plus une action antibiotique directe. Elle contient les huit acides aminés essentiels, un éventail complet de minéraux et de vitamines, et de l'acétylcholine (un neurotransmetteur qui régule le rythme cardiaque et la dilatation des artères). On trouve de la gelée royale naturelle en petit pot ou conditionnée en ampoules ou en gélules.

Les abeilles sont nos alliées : outre leur délicieux miel, elles nous apportent également du pollen et la gelée royale !

– **Le pollen :** avec le pollen qu'elles collectent, les abeilles confectionnent des petites boules qu'elles roulent puis agglomèrent avec leurs sécrétions. Ces petites boules contiennent des vitamines et des minéraux, mais aussi un principe actif accélérateur de croissance, des enzymes, des éléments antibiotiques. Vous pouvez consommer ce pollen en cure pour renforcer vos défenses immunitaires avant l'hiver, pour dissiper l'anxiété ou lutter contre la fatigue. On trouve du pollen frais ou du pollen sec, à consommer le matin à jeun. Le pollen frais est plus efficace (c'est notamment une source exceptionnelle de sélénium) mais il se conserve moins bien.

– **La levure :** dans les années 1930, elle devint un véritable phénomène de mode grâce à l'intervention d'un célèbre diététicien américain, Gayelord Hauser. En 1934, l'armée suisse en donna systématiquement à certains de ses soldats et constata qu'ils étaient plus résistants à la fatigue et aux microbes que les autres. La levure est un champignon microscopique qui se développe à une vitesse vertigineuse sur les céréales. C'est grâce à elle que le blé fermente pour donner du pain. Elle est très riche en vitamines et en minéraux. Elle contient notamment des vitamines du groupe B, de la vitamine E, du phosphore, du potas-

sium, du chrome, du sélénium, du zinc… Ainsi que des protéines et des glucides lents. Elle renforce l'immunité, combat la fatigue, la déprime, les troubles cutanés et digestifs. Elle renforce la peau et les cheveux. On peut la consommer en paillettes (saupoudrées sur les potages, les salades, les plats de légumes) ou en comprimés.

– **Le lait de jument :** le lait de cet animal fit la force des armées de Gengis Khan qui ravagèrent l'Europe à la fin du XIIe siècle. Lui-même vécut jusqu'à 72 ans environ, une longévité exceptionnelle pour l'époque. Le lait de jument est directement assimilable par l'organisme humain, même adulte, ce qui n'est pas le cas pour le lait de vache. Sa composition est très proche de celle du lait humain, mais avec deux fois moins de matières grasses. Il est très riche en bons acides gras, en vitamine C, en minéraux (calcium, phosphore, magnésium, potassium) et en substances immunostimulantes. Il soulage également la fatigue, régénère la flore intestinale, améliore l'état de la peau. C'est un excellent produit pour accompagner les périodes de convalescence et accélérer la récupération. On peut boire du lait de jument frais si on habite près d'une ferme qui en produit ou le consommer en gélules.

– **La spiruline :** c'est une algue bleue, microscopique, que les Aztèques consommaient pour compenser le manque de protéines dans leur alimentation. Elle en contient de grandes quantités, ainsi que des vitamines A, B et E, du fer, du phosphore, du magnésium, du calcium… Elle renferme aussi d'excellents acides gras, notamment le gamma-linolénique. Depuis les années 1950, plusieurs études lui ont été consacrées en milieu hospitalier. Elles ont montré que la spiruline prévient les carences nutritionnelles, ralentit le vieillissement

SAISON PAR SAISON

Même si vous ne souffrez pas de troubles particuliers, vous pouvez faire une cure de compléments alimentaires à chaque changement de saison, pour aider votre organisme à s'adapter à la période.

– En hiver, choisissez les nutriments qui renforcent l'immunité (vitamine C, cuivre, sélénium…).

– Au printemps, préférez ceux qui dopent le système nerveux fatigué par l'hiver (vitamines du groupe B, potassium…).

– En été, c'est le moment de protéger votre peau du soleil (vitamine A, bêta-carotène, vitamine E…).

– En automne, faites le plein de tonus en prévision de l'hiver (magnésium, calcium, vitamine C…).

cellulaire et prévient l'excès d'acide urique. On la trouve conditionnée en gélules ou en comprimés.

– **Le petit-lait :** c'est le liquide blanchâtre qui surnage parfois à la surface des yaourts ou dans lequel baignent les fromages blancs à la faisselle. Autrefois, c'était une boisson appréciée (on le buvait comme du petit-lait !).

Le saviez-vous ? Le petit-lait contenu dans les faisselles fait baisser le taux de cholestérol.

Aujourd'hui, cette habitude s'est perdue peut-être parce que le petit-lait frais doit être consommé rapidement. C'est dommage, car c'est un aliment très intéressant : il fait baisser le taux de cholestérol sanguin, régénère la flore intestinale, régularise le transit, prévient l'arthrose, améliore la circulation sanguine, soulage les maladies de peau... Il ne contient plus de caséine (la molécule responsable des allergies au lait) et peut donc être bu par tous sans risque. Il est très riche en vitamines et en minéraux, pauvre en sodium et en matières grasses. Il contient de l'acide orotique qui améliore l'assimilation des autres nutriments. On trouve du petit-lait séché, en granulés.

Les compléments vitaminiques

Ce sont des associations de vitamines et de minéraux, auxquelles on ajoute parfois des acides gras essentiels ou des extraits de plantes. Certains ont une action globale sur l'organisme, dont ils rechargent les réserves nutritionnelles. D'autres ont des compositions adaptées à des situations précises : problèmes de sommeil, protection de la peau contre le soleil, surmenage, nervosité...

Ces compléments alimentaires sont d'autant plus efficaces que les vitamines et minéraux qui les composent sont d'origine naturelle. La vitamine C, par exemple, est mieux assimilée si elles provient de l'acérola (une petite cerise originaire du Chili) ou du cynorhodon (le fruit de l'églantier). Elle n'énerve pas, contrairement à la vitamine C de synthèse. La vitamine E synthétique n'est pas assimilée par le cerveau. Le magnésium d'origine marine agit plus rapidement et plus durablement.

Ces compléments sont dosés de manière à recharger les réserves vitaminiques et minérales sans surcharger l'organisme. Certaines formules répondent aux besoins des enfants ou des personnes âgées.

La diététique énergétique chinoise

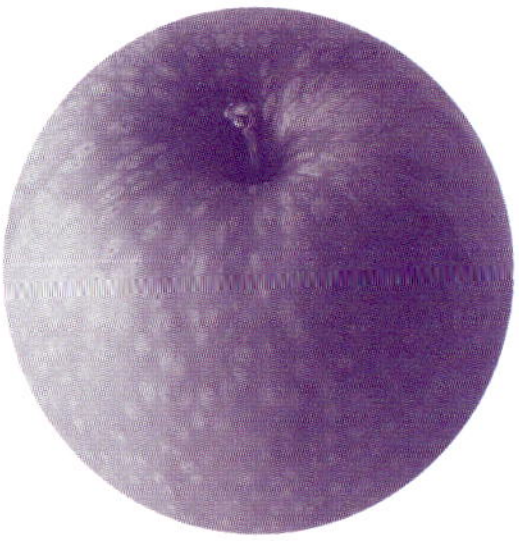

La médecine traditionnelle chinoise a développé une diététique fondée non sur la teneur nutritionnelle des aliments, mais sur leur contenu énergétique. Bien choisis, ceux-ci sont capables de rééquilibrer nos déficits énergétiques et de soulager les maux qui en découlent.

La médecine chinoise repose sur un principe simple : tout ce qui vit est animé par une énergie vitale. Les déséquilibres de cette énergie provoquent la plupart des maladies (voir p. 282). Pour rétablir la circulation énergétique, les thérapeutes chinois utilisent les plantes, le qi gong, l'acupuncture… et surtout l'alimentation.

Stimuler, calmer

Dans la diététique énergétique chinoise, il n'est pas question de protéines ou de vitamines. Il s'agit de choisir les aliments en fonction de leur potentiel énergétique, de manière à stimuler l'énergie faible, ou à calmer l'énergie en excès.

Chaque aliment possède une nature énergétique : froid, chaud, tiède… S'il est froid (yin), il calmera les excès (maladies yang). S'il est chaud (yang), il stimulera et compensera les manques (troubles yin). À cela s'ajoute une autre dimension énergétique axée sur les cinq éléments, les cinq clés symboliques de la pensée chinoise : le bois, le feu, la terre, le métal et l'eau. Les principaux méridiens d'énergie et les fonctions organiques qu'ils alimentent sont liés à ces cinq éléments : le bois gère le foie, le feu le cœur, la terre la rate, le métal les poumons, et l'eau les reins (voir dessin page suivante).

Le plein de saveurs

Les aliments sont, eux aussi, attachés à ces éléments (voir encadré page suivante), en fonction de leur saveur. Ce terme ne désigne pas leur goût, mais leur nature énergétique. Ainsi, par exemple, l'abricot est amer et la pêche piquante. Il existe cinq saveurs, chacune attachée à un élément : les aliments acides sont liés au bois et au méridien du foie, les aliments amers au feu et au méridien du cœur ; les aliments doux à la terre et

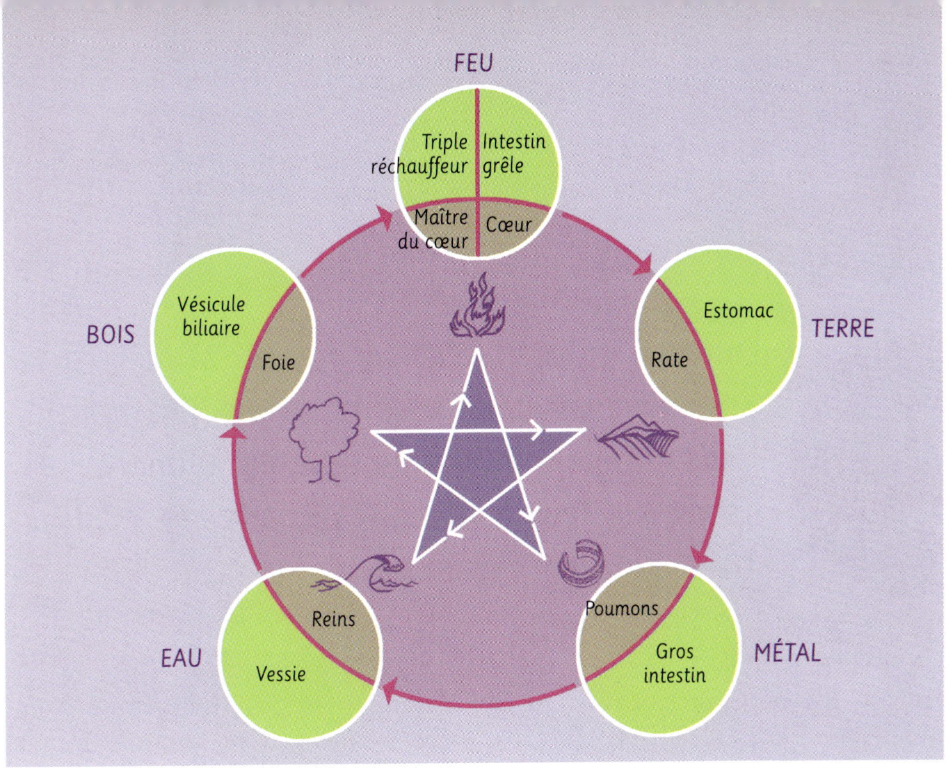

au méridien de la rate, les aliments piquants au métal et au méridien des poumons, les aliments salés à l'eau et au méridien des reins.

Yin et yang

Ainsi les aliments, les maladies et les méridiens sont liés. Les applications thérapeutiques qui en découlent sont simples : si vous souffrez d'une maladie yang du cœur (excès d'énergie dans le méridien du cœur), vous choisirez des aliments yin (froids) et amers. Vous soignerez l'hypertension artérielle en mangeant du poisson et des céréales, et en limitant la viande et les excitants. Si vous souffrez d'une maladie yin du cœur (manque d'énergie dans ce méridien), vous choisirez des aliments yang (chauds) et amers comme l'agneau, l'abricot, la roquette.

QUELQUES ALIMENTS COURANTS...

– À l'élément bois sont associés les aliments de saveur acide : oseille, chou, navet, prune, riz, poulet.
– À l'élément feu sont associés les aliments de saveur amère : échalote, abricot, blé, viande de mouton.
– À l'élément terre sont associés les aliments de saveur douce : carotte, raisin, maïs, poissons d'eau douce.
– À l'élément métal sont associés les aliments de saveur piquante : oignon, pêche, avoine, cheval.
– À l'élément eau sont associés les aliments de saveur salée : pomme de terre, châtaigne, haricots secs, porc, poissons de mer.

La diététique ayur-védique

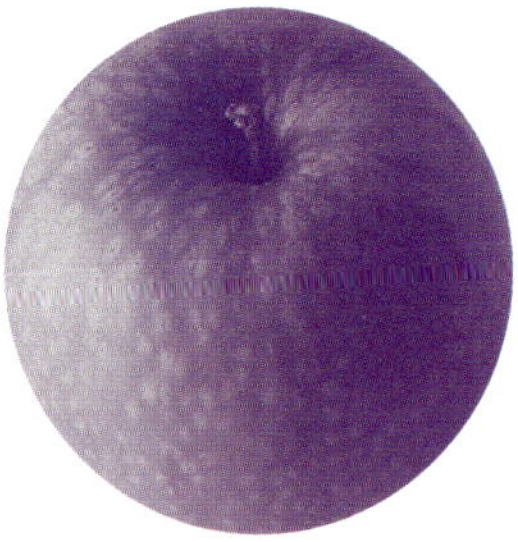

Du côté de la tradition indienne, la diététique s'habille de couleurs différentes. On y parle aussi d'éléments et de saveurs, mais ce ne sont pas les mêmes que dans la médecine traditionnelle chinoise.

Depuis des millénaires, en Inde, des préceptes médicaux enseignent aux hommes les règles d'une vie saine et sereine. L'alimentation y tient une place importante. L'ayur-veda (c'est le nom de la médecine traditionnelle indienne) repose sur un principe essentiel : tout ce qui se trouve dans l'Univers se trouve dans l'être humain et tout ce qui se trouve dans l'être humain se trouve dans l'Univers. Nous pouvons donc utiliser tout ce que la nature met à notre disposition pour rééquilibrer nos santés vacillantes.

Des éléments, des constitutions…

La tradition indienne reconnaît cinq éléments : le feu, l'eau, la terre, l'air et l'éther. Ces cinq éléments se combinent entre eux pour former les trois constitutions de base : l'éther et l'air forment Vatta (le vent), l'eau et le feu Pitta (la bile), la terre et l'eau Kapha (le flegme).

Ces trois principes de base sont présents dans tout être vivant. Lorsqu'ils sont en équilibre, nous sommes en bonne santé, mais si, par mégarde, un déséquilibre apparaît, la maladie guette à plus ou moins long terme.

Dans la médecine indienne, tout est question d'équilibre entre les trois constitutions de base : Vatta (le vent), Pitta (la bile) et Kapha (le flegme).

Nous avons tous une constitution dominante, qui prend légèrement le pas sur les deux autres. En la régulant pour l'empêcher d'occuper trop de place, nous pouvons prévenir la plupart des maladies courantes.
Si cette constitution dominante prend vraiment le dessus, des traitements plus musclés parviennent à la mettre en sourdine. L'alimentation est l'un des outils majeurs permettant de rétablir l'équilibre rompu, avec le jeûne, les plantes, le yoga, les massages…

Une médecine de saveur

Les aliments et les épices sont classés en fonction de leur saveur : douce, salée, amère, piquante, astringente (acide). Ces saveurs sont liées aux cinq éléments et, à travers eux, aux trois constitutions de base. Lorsqu'on connaît sa constitution dominante, on peut composer ses repas de manière à ne pas trop « nourrir » cette constitution. Ainsi, une personne de type Kapha (flegme) devra manger peu d'aliments doux ou salés, car ces saveurs sont liées aux éléments eau et terre qui constituent Kapha.
Il faut faire très attention à ce qu'on mange pendant la saison liée à sa constitution de base. L'été, par exemple, est lié à l'élément feu. Une personne de type Pitta (bile), dont la constitution est associée au feu, devra surveiller son alimentation de près en été car c'est la saison pendant laquelle elle court les plus grands risques de déséquilibres.

L'heure du feu

L'heure à laquelle on mange est également importante. Les journées sont rythmées par le jeu des éléments. L'heure idéale pour se lever est l'heure du brahmane, une heure et demie à deux heures avant le lever du soleil. C'est une heure de type vent, d'élément air, qui stimule les mouvements du corps et facilite l'élimination. Il faut donc boire un grand verre d'eau dès qu'on se réveille. L'air cède ensuite la place à l'eau, puis au feu lorsque le soleil est à son zénith. C'est le moment où l'énergie est en mouvement, où le corps peut brûler et assimiler les aliments. C'est donc l'heure idéale pour prendre le repas le plus important de la journée.

Prenez l'habitude de composer vos repas en fonction de votre constitution dominante, de façon à la réguler.

L'ESPRIT AUSSI…

La diététique ayur-védique met aussi l'accent sur la manière de manger. Le corps et l'esprit doivent être présents. Il faut rester à l'abri du stress et des sentiments perturbateurs : colère, jalousie, peur… Il ne faut manger ni trop vite ni trop lentement. La nourriture est une énergie et le comportement précité est nécessaire pour qu'elle soit assimilée. D'une manière générale, la recherche de la santé implique l'observation de préceptes moraux. On ne peut pas cultiver le bien-être et prévenir les maladies si l'on nourrit des sentiments agressifs envers son voisin ou si l'on a des conflits avec sa famille.

Un allié précieux : l'eau

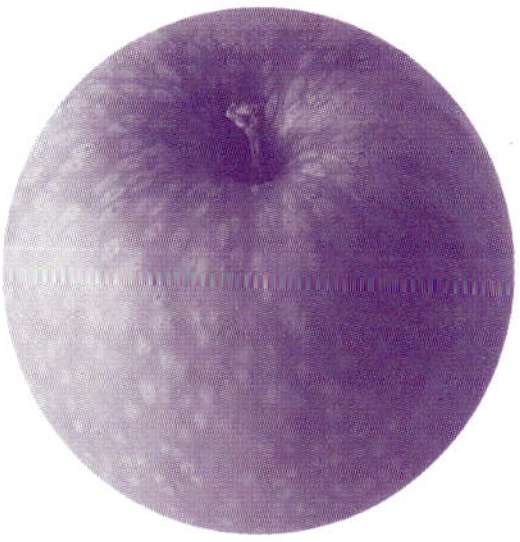

Le message nous est asséné depuis des décennies et nous avons fini par l'entendre : il faut boire un litre et demi d'eau par jour si l'on veut rester en forme. L'eau est un aliment essentiel dont nos organismes ne peuvent se passer.

Notre corps est comme une grande maison qui se salit en permanence. Il faut y faire le ménage régulièrement. La solution la plus efficace est de boire chaque jour suffisamment d'eau. Les médecins et les diététiciens conseillent généralement un litre et demi par jour. En fait, nous avons besoin d'environ deux litres et demi d'eau par vingt-quatre heures pour compenser nos pertes en eau quotidiennes, mais l'alimentation nous en apporte environ un litre (grâce aux fruits, aux légumes…). Nous perdons de l'eau à chaque minute par la respiration et la transpiration, le reste est éliminé par les reins.

ON PEUT « LAVER » L'EAU

– Les adoucisseurs : ce sont des systèmes de filtration qui chassent le calcaire en remplaçant le calcium et le magnésium de l'eau par du sel. Cette eau protège les appareils ménagers contre l'encrassement, mais elle n'est pas conseillée à la consommation.
– Les purificateurs : ils assainissent l'eau de toutes les substances polluantes, nitrates en tête. Il en existe une large gamme, depuis les systèmes généraux qui purifient toute l'eau de la maison jusqu'aux simples carafes à filtre ou aux appareils que l'on place sur un robinet. Les procédés à osmose inverse sont les plus performants, mais aussi les plus chers. Les procédés à charbon actif ou à résine échangeuse d'ions sont efficaces à condition de changer régulièrement les filtres pour qu'ils ne se transforment pas en nids à microbes.

De l'eau jusque dans nos os

Notre corps est composé à près de 70 % d'eau. Celle-ci est présente dans nos liquides organiques : sang, lymphe, larmes, sucs digestifs... Mais également dans tous nos tissus : les organes, les muscles, les muqueuses, les ongles, les cheveux... Même nos os en renferment 30 % ! Quand au cerveau, il bat tous les records avec plus de 80 % d'eau.

L'eau est un solvant très efficace, capable de recueillir et de transporter toutes sortes de substances, (minéraux, vitamines, toxines...). Lorsque nous l'avalons, nous absorbons avec elle des substances solubles dont notre corps a besoin. Lorsque nous l'évacuons, nous chassons avec elle des substances qui nous encombrent. Nos reins filtrent jour et nuit 120 ml de sang par minute, qu'ils débarrassent des substances inutiles ou toxiques. L'urine se charge de ces toxines et les évacue. Si nous ne buvons pas assez, notre corps ne dispose pas de liquide en quantité suffisante pour éliminer tous les déchets filtrés par les reins. L'organisme s'encrasse peu à peu.

Boire avant d'avoir soif

Nous disposons d'un système performant pour nous rappeler à l'ordre lorsque nous oublions de boire : la soif. C'est un signal déclenché par le cerveau dès qu'une zone du corps manque du précieux liquide. Lorsqu'on a la bouche sèche, notre corps manque déjà d'eau. Or, un déficit en eau de 2 % provoque une chute des performances allant jusqu'à 20 %. Et si notre déficit en eau atteint les 5 %, c'est l'épuisement total.

Pensez à varier les eaux minérales que vous buvez, pour profiter de leurs bienfaits spécifiques.

C'est pourquoi il faut boire avant d'avoir soif. Il est conseillé de boire souvent des petites quantités car l'organisme parvient mieux à gérer un apport hydrique régulier. Le soir, avant de vous coucher, buvez un grand verre d'eau : cela aidera votre organisme à travailler pendant votre sommeil. Le matin au réveil, un autre verre aidera à évacuer les toxines produites pendant la nuit.

Voyage au pays des eaux

Reste à choisir l'eau que vous allez consommer. En France, l'eau du robinet est saine sur le plan bactériologique. Elle est débarrassée de ses germes, si besoin est à grand renfort de chlore. C'est pour cette raison qu'elle a un goût désagréable dans certaines régions.

LA VIE EST NÉE DANS L'EAU

La vie est née dans l'eau le jour où une première cellule s'est formée et a commencé à se multiplier. Tous les textes religieux s'en font l'écho. « Le souffle de Dieu couve à la surface des eaux », peut-on lire dans la Genèse. « Tout était eau », disent les textes hindous. Pour le Coran, l'homme est issu d'« une eau se répandant ». Quant au taoïsme, l'un de ses textes fondateurs rappelle qu'au début « les vastes eaux n'avaient pas de rives ». L'eau est l'origine et le futur de toute vie. Car l'eau ne se renouvelle pas. Elle est sans cesse recyclée par la nature pour resservir, à l'infini. Lorsque vous mettez les mains sous l'eau qui coule du robinet, vous êtes en relation avec la nuit des temps. Cette eau a été bue et rejetée il y a des millions d'années par les dinosaures. Cela mérite bien qu'on y prête attention et qu'on évite de la gaspiller, de manière à ne pas hypothéquer le capital des générations futures.

Cependant, selon les nappes souterraines dont elle provient et les terrains qu'elle traverse pour parvenir jusqu'à votre robinet, elle peut être chargée de particules indésirables : calcaire, nitrates… C'est pourquoi il peut être utile de « laver » l'eau que l'on consomme chez soi. Il existe pour cela deux types d'appareils : les adoucisseurs et les purificateurs (voir encadré p. 94).

Vous pouvez aussi consommer de l'eau en bouteille. Sur les étiquettes, on peut lire soit « eau de source », soit « eau minérale ». Les une comme les autres ne subissent aucun traitement avant d'être mises en bouteille, mais seules les eaux minérales ont une composition minérale constante et des propriétés précises, reconnues par le ministère de la Santé, qui leur délivre un visa d'exploitation.

Voici quelques eaux minérales courantes et leurs propriétés.

– **Évian :** elle est faiblement minéralisée et pauvre en sodium. Elle s'adapte à tous les âges et à tous les régimes alimentaires.

– **Vittel, Hépar :** elles sont très riches en calcium et surtout en magnésium. Elles préviennent la décalcification et possèdent des vertus apaisantes.

– **Volvic :** elle est faiblement minéralisée, mais elle contient des oligoéléments métalliques, notamment de la silice, qui participe à l'entretient du squelette.

– **Contrex :** elle est riche en sulfate et pauvre en sodium. C'est une eau très diurétique qui désintoxique l'organisme et accélère l'élimination des déchets.

– **Badoit :** riche en bicarbonate, elle facilite la digestion.

– **Mont Roucous :** bien que peu minéralisée, elle possède un bon équilibre et une grande pureté. Elle est très utilisée en milieu hospitalier.

– **Vittel :** elle est pauvre en sodium, assez riche en magnésium. C'est une bonne eau de consommation courante.

– **Saint-Yorre :** elle est très chargée en minéraux, notamment en sodium, ce qui la fait déconseiller en cas d'hypertension artérielle.

Ni trop, ni trop peu

Certains ont pour l'eau une compulsion comparable à celle que d'autres ont pour l'alcool ou la drogue. Ces potomaniaques (c'est leur nom officiel) en boivent jusqu'à 6 litres par jour. Cet excès peut s'avérer aussi néfaste que la carence. Lorsque les reins n'ont plus rien à éliminer, la diurèse se ralentit. Si l'on continue à absorber de l'eau en quantité, l'organisme finit par se gorger de liquide. Il peut ainsi se noyer dans son liquide intérieur. C'est ce que l'on appelle l'« encéphalite hydrique », qui provoque un délire confusionnel et peut conduire au coma. Sans aller jusqu'à ces extrêmes, n'oubliez pas de boire régulièrement. Votre bien-être en dépend.

La saveur des tisanes d'antan

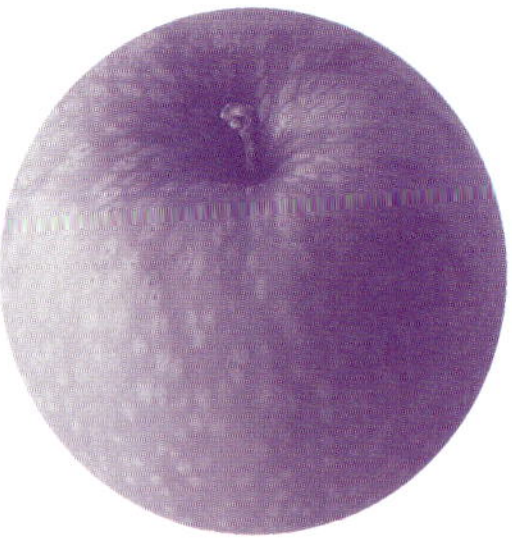

En ajoutant à l'eau quelques plantes bien choisies, on transforme le simple fait de boire en moment de plaisir, de partage, de convivialité. Non contentes d'être délicieuses, certaines tisanes sont thérapeutiques.

Les plantes médicinales constituent la base de toutes les tratements traditionnels. La médecine est probablement née le jour où, au fond d'une caverne, une femme a jeté une poignée de simples dans un chaudron pour soulager les maux d'un de ses proches. De la Chine ancienne à l'Inde, du Tibet à l'Amérique du Sud, elles continuent à soigner.

En Occident, les plantes médicinales se sont parées d'atours médicamenteux pour continuer à nous plaire ; aujourd'hui, on les consomme en gélules, en comprimés, en ampoules… Pourtant, la tisane a encore de beaux jours devant elle. On ne peut pas faire plus simple : il suffit d'une théière, d'un peu d'eau chaude et de quelques feuilles.

L'ÂME DES PLANTES

Moitié guérisseurs, moitié sorciers, les chamans entrent en transe pour débusquer, dans un au-delà mystérieux et magique, la cause réelle des maladies, puis ils demandent à une plante de bien vouloir donner sa vie pour soigner un malade. On rencontre ce genre de pratique au fond de l'Afrique aussi bien que chez les tribus indiennes d'Amérique du Sud ou chez les peuples sibériens.
Dans le chamanisme, les plantes ont leur place dans le monde invisible où elles disposent d'une essence subtile, quelque chose qui ressemble à une âme. Dans cette vision de l'Univers, les plantes sont considérées comme nos égales. Tous les êtres vivants ont une place et aucune hiérarchie ne permet aux uns de s'approprier les autres.

Des feuilles, des fleurs, des tiges...

Les plantes médicinales sont des organismes complexes, qui diffusent leurs principes actifs dans tous leurs tissus. Les Anciens utilisaient toujours les plantes entières afin de profiter au maximum de leurs vertus. Aujourd'hui, on sait mieux dans quelles parties de la plante se trouvent les substances curatives. C'est pourquoi on utilise les feuilles de la verveine, l'écorce du saule, les bourgeons du pin ou les fleurs de la camomille.

Certaines espèces ont même des vertus différentes selon la partie de la plante que l'on utilise. Le tilleul, par exemple, a des feuilles calmantes et antispasmodiques, alors que son aubier (la partie du bois située juste au-dessous de l'écorce) a une effet plutôt drainant, diurétique et hypotenseur.

Quelques tisanes qui font du bien...

Certaines plantes médicinales sont puissantes et demandent à être absorbées sous surveillance. Il en est même qui sont interdites à la vente. Voici quelques plantes que vous pouvez consommer sans risque.

– **Le thé :** ne vous déplaise, le thé est une vraie plante médicinale. C'est la boisson la plus consommée au monde. Qu'il soit noir ou vert, il provient de la même plante, une variété de camélia. Le thé noir est roulé et fermenté avant d'être séché alors que le vert est séché tel qu'il a été cueilli. On trouve aussi du thé blanc, très cher : ce sont des très jeunes feuilles, cueillies à la main à un moment précis de la pousse et mises à sécher. Le thé est une boisson diurétique, digestive, dépurative. Il aide à l'élimination des toxines pendant les régimes amincissants et contient des flavonoïdes qui protègent les veines et diminuent le risque de maladies cardio-vasculaires. Il est aussi riche en antioxydants et en substances anticancéreuses. Enfin, le thé contient de la caféine, de la théophylline et de la théobromine, toutes trois stimulantes. Si vous êtes sensible à la caféine, buvez votre thé très infusé : les tanins qui se dégagent et lui donnent sa couleur foncée neutralisent l'activité de la caféine.

– **La mélisse :** on l'appelle aussi « menthe citronnée » ou « citronnade ». Elle a une délicieuse saveur acidulée. On la prépare en infusion, à raison d'une cuillerée à soupe pour un grand bol d'eau. Elle est apaisante, antispasmodique, digestive. C'est une excellente tisane du soir.

Pour préparer tisanes et infusions, évitez d'utiliser un récipient en aluminium. En effet, ce métal altère les vertus thérapeutiques des plantes. Mieux encore, achetez une tisanière !

– **Le romarin :** si vous appréciez sa saveur forte, ne vous en privez pas car c'est une plante très bénéfique. Elle se prépare en décoction : mettez une cuillerée à soupe de plante dans un demi-litre d'eau froide, amenez à ébullition, puis laissez infuser 10 minutes hors du feu. Lorsqu'on en boit peu (une tasse), il est calmant. Mais si on augmente les doses (trois tasses par jour), il devient tonique. Il est aussi digestif et antibiotique.

– **La reine-des-prés :** cette belle fleur contient un principe actif qui a donné naissance à la célèbre aspirine. Elle agit, comme ce médicament, contre les douleurs et la fièvre. Elle est aussi légèrement diurétique. On la consomme en infusion, à raison de 20 g de fleurs pour un demi-litre d'eau.

– **La verveine :** il en existe plusieurs variétés. La plus agréable au goût est, hélas, la moins puissante. Mais la verveine citronnée possède une saveur si savoureuse qu'elle mérite bien qu'on lui fasse une place dans la pharmacopée quotidienne. Elle est en outre digestive et sédative. C'est une excellente tisane du soir, surtout après les repas un peu trop copieux ou arrosés. On la prépare

DÉCOCTION OU INFUSION ?

Selon la plante que vous utilisez, vous devrez la préparer en infusion ou en décoction.

– L'infusion : c'est la plus simple à préparer : vous faites chauffer de l'eau puis vous la versez, frémissante (pas bouillante), sur les plantes que vous avez mises au fond d'une théière. Vous laissez infuser une dizaine de minutes en moyenne, puis vous filtrez et vous buvez.

– La décoction : il faut faire bouillir la plante pour qu'elle délivre ses principes actifs et sa saveur, puis on laisse reposer une dizaine de minutes avant de filtrer. Le temps de chauffe varie selon les espèces. Parfois, il est même conseillé de faire tremper la plante dans l'eau froide avant de faire chauffer le tout.

– Évitez de sucrer vos tisanes : si la saveur naturelle ne vous plaît pas, ajoutez à votre tisane une plante plus savoureuse, comme la mélisse, la verveine ou la menthe. Le sucre perturbe l'assimilation des principes actifs de la plante. Si vraiment la saveur sucrée vous manque, ajoutez une petite cuillerée de miel.

en infusion, avec une cuillerée à café pour une tasse d'eau.

– La menthe : elle pousse comme du chiendent dans les jardins, les terrains sauvages ou sur le bord des routes. C'est une plante de saveur agréable, que l'on prépare en infusion à raison d'une cuillerée à café pour un bol d'eau. Elle est digestive, prévient la formation des gaz intestinaux, soutient l'activité du foie et de la vésicule biliaire, calme la toux… Elle a même une action légèrement antalgique. Mais attention ! certaines personnes sont très sensibles à ses principes actifs et ont du mal à s'endormir lorsqu'elles en boivent le soir. Si c'est votre cas, n'en consommez pas après 16 heures.

– Le tilleul : en tisane, on consomme ses fleurs qui ressemblent à des bouquets de feuilles ornées de petites boules. Il a une saveur plus fade que les plantes précédentes, mais tout de même agréable. Il est anxiolytique et digestif. Vous pouvez en boire plusieurs tasses par jour, sans risque de somnolence. Préparez-le en infusion, à raison d'une cuillerée à café pour une tasse d'eau.

Le bien-être grâce aux fleurs

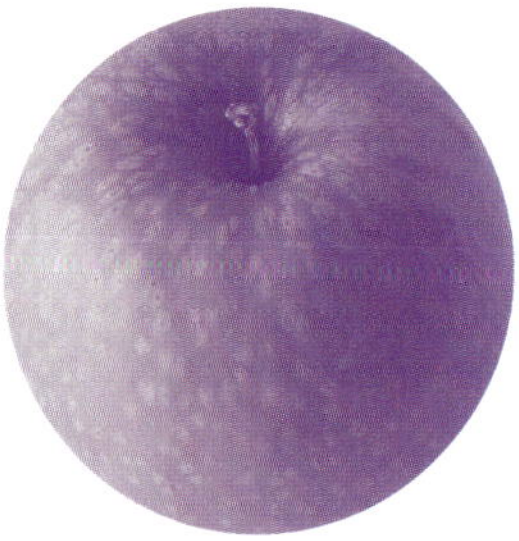

Les élixirs de fleurs apaisent nos émotions. Ils ont été mis au point au début du XXe siècle par un médecin anglais, Edward Bach. La peur, l'angoisse, la timidité..., ne leur résistent pas.

C'est un médecin anglais, le Dr Edward Bach, qui a découvert les vertus des fleurs au début du XXe siècle. Cet infatigable chercheur traquait, dans la nature, le médicament capable de soulager à la fois les maux du corps et ceux de l'âme. Car, pour lui, c'était une évidence : toutes les maladies ont une dimension mentale et émotionnelle. Pratiquant la médecine psychosomatique avant l'heure, il affirmait que l'attitude psychique est essentielle au processus de guérison. Et il savait de quoi il parlait, puisqu'il s'était guéri d'un cancer alors même que ses confrères médecins l'avaient déclaré incurable.

IL SUFFIT DE QUELQUES GOUTTES

Les élixirs floraux se présentent sous forme de flacons compte-gouttes. On absorbe quelques gouttes de l'élixir chaque jour (trois ou quatre suffisent). On peut aussi en verser dans l'eau du bain ou les appliquer en massage sur une zone sensible (la nuque, le plexus solaire, les tempes...). Pour que leur effet se fasse sentir, la cure doit généralement durer quatre semaines. On peut en donner sans risque aux enfants.

Toute l'énergie curative des fleurs

C'est ainsi que, de recherche en observation, il s'intéressa aux fleurs, la partie la plus subtile des plantes, la plus aboutie, porteuse de toute l'énergie du végétal. Il commença par recueillir la rosée posée sur les pétales dans les rayons de soleil du matin, voyant là une sorte de dilution spontanée. Pour cet homéopathe, c'était l'aboutissement d'un processus naturel. Il fit des tests sur ses patients et obtint des résultats. Il mit au point un procédé de fabrication proche de cette dilution naturelle. Ainsi naquirent les 38 élixirs floraux du Dr Bach.

Définitions succintes des états associés aux Fleurs de Bach

01 - AGRIMONY (Aigremoine) : Cache ses soucis derrière un masque jovial, clown triste.
✿ ***Accepter ses qualités et ses défauts, se montrer tel que l'on est.***

02 - ASPEN (Tremble) : Peur vague, difficile à nommer, appréhension.
✿ ***Confiance et sécurité.***

03 - BEECH (Hêtre) : Critique, intolérant, caustique.
✿ ***Indulgence, compréhension, acceptation des différences.***

04 - CENTAURY (Centaurée) : Soumission, faiblesse, ne sait pas dire «non».
✿ ***Servir avec sagesse et discernement, volonté.***

05 - CERATO (Plumbago) : Manque de confiance dans son intuition, s'en remet à l'avis d'autrui.
✿ ***Renouer avec sa certitude intérieure.***

06 - CHERRY PLUM (Prunus) : Peur de «craquer», de perdre le contrôle de soi, impulsif.
✿ ***Apaisement et sang-froid en toute circonstance, lucidité.***

07 - CHESTNUT BUD (Bourgeon de Marronnier) : Répète les mêmes erreurs sans tenir compte de l'expérience vécue.
✿ ***Compréhension et intégration des leçons de l'expérience.***

08 - CHICORY (Chicorée) : Amour possessif, donne pour recevoir.
✿ ***Don de soi.***

09 - CLEMATIS (Clématite) : Inattention, rêverie, préoccupation, absence.
✿ ***Réaliste, présent, inspiré.***

10 - CRAB APPLE (Pomme Sauvage) : Honte, sentiment de saleté, attaché à des détails.
✿ ***Acceptation de soi, purification des pensées.***

11 - ELM (Orme) : Accablement, dépassé par l'ampleur de la tâche.
✿ ***Capable, efficace, confiant, assuré.***

12 - GENTIAN (Gentiane) : Mélancolie, découragement devant le moindre obstacle, pessimiste.
✿ ***Confiance et persévérance.***

13 - GORSE (Ajonc) : Sans espoir, «A quoi bon !», «Ça ne sert à rien»
✿ ***Foi, espoir et certitude.***

14 - HEATHER (Bruyère) : Egocentrique, préoccupé de soi exclusivement.
✿ ***Altruisme, désintéressement, écoute de l'autre.***

15 - HOLLY (Houx) : Haine, envie, jalousie, suspicion, colère.
✿ ***Esprit généreux, compréhensif, tolérant.***

16 - HONEYSUCKLE (Chèvrefeuille) : Lié au passé, nostalgie, regrets.
✿ ***Vivre son présent riche de l'histoire.***

17 - HORNBEAM (Charme) : Manque d'entrain, difficulté à se lancer dans l'action.
✿ ***Aide à démarrer, fleur du «starter».***

18 - IMPATIENS (Impatiente) : Impatient, rapide, irritable, précipité, seul.
✿ ***Détendu, tolérant et doux envers les autres.***

19 - LARCH (Mélèze) : Manque de confiance, persuadé de l'échec.
✿ ***Déterminé, capable, sans crainte du résultat.***

20 - MIMULUS (Muscade) : La peur au quotidien, timidité, crainte identifiable.
✿ ***Force tranquille et humour.***

21 - MUSTARD (Moutarde) : Tristesse sans raison apparente, mélancolie soudaine.
✿ ***Stabilité, paix intérieure, humeur égale.***

22 - OAK (Chêne) : Continue à lutter malgré tout.
✿ ***Force, patience, courage, constance, mesure.***

23 - OLIVE (Olivier) : Epuisement, tout devient effort, au bout du rouleau.

✿ ***Ressourcement et énergie retrouvée.***

24 - PINE (Pin Sylvestre) : Culpabilité, scrupules, se sentir responsable de tout.

✿ ***Jugement sain, humilité.***

25 - RED CHESTNUT (Marronnier rouge) : Peur pour les autres, «mère poule».

✿ ***Avoir confiance dans l'expérience vécue par autrui.***

26 - ROCK ROSE (Hélianthème) : Peur panique, terreur.

✿ ***Grand courage, oubli de soi, force de volonté.***

27 - ROCK WATER (Eau de roche) : Rigide envers soi, avoir des principes stricts, souci de perfection personnelle, idéaliste.

✿ ***S'accorder de la joie de vivre, garder un esprit souple.***

28 - SCLERANTHUS (Alène) : Indécision et incertitude dans le choix entre deux possibilités.

✿ ***Résolution, choix, équilibre.***

29 - STAR OF BETHLEEM (Ornithogale) : Chagrin, peine ; bouleversé.

✿ ***S'ouvrir à la consolation, libération et paix intérieure.***

30 - SWEET CHESTNUT (Châtaignier) : Vide moral épouvantable, «nuit noire de l'âme».

✿ ***Renaître, s'ouvrir à la lumière, contrôler les émotions.***

31 - VERVAIN (Verveine) : Sur-régime, sur-enthousiaste, veut convaincre, en fait trop.

✿ ***Modération, «Etre» plutôt que «Faire».***

32 - VINE (Vigne) : Autoritaire, dominateur, cherche à imposer ses idées.

✿ ***Respect d'autrui, autorité sage et compréhensive.***

33 - WALNUT (Noyer) : Sensible aux ambiances, influences, idées extérieures.

✿ ***Constance, identité, protection.***

34 - WATER VIOLET (Violette d'eau) : Fier, distant, condescendant.

✿ ***Mettre discrètement ses capacités au service d'autrui.***

35 - WHITE CHESTNUT (Marronnier blanc) : Idées fixes, «petit vélo» dans la tête.

✿ ***Esprit calme, orientation constructive des pensées.***

36 - WILD OAT (Fol avoine) : Insatisfaction de qui ne trouve pas sa voie, manque de ligne directrice.

✿ ***Talent, ambition, affirmation de sa raison d'être, discernement.***

37 - WILD ROSE (Eglantier) : Résignation, fatalisme, passivité.

✿ ***Dynamique, avisé, enthousiaste.***

38 - WILLOW (Saule) : Boudeur, amer, rabat-joie, victime, ressentiment, susceptibilité.

✿ ***Reconnaître ses responsabilités, manifester son humour, exprimer sa joie de vivre.***

39 - RESCUE : mélange de 5 élixirs de fleurs (Cherry Plum - Clematis - Impatiens - Rock Rose - Star of Bethleem) pour des situations ou événements du quotidien susceptibles de malmener l'harmonie émotionnelle.

RESCUE Cream en tubes de 27 g : Association des 5 Fleurs du Rescue + Crab Apple dans une crème légère, peu grasse, à appliquer en externe par petites quantités.
(Base de la crème : produits naturels du monde de la ruche : cire d'abeille, pollen ; eau de source ; agents de texture...).

D'autres ont poursuivi ses recherches. On trouve aujourd'hui des élixirs fabriqués à partir de plantes australiennes, californiennes, alpines...

Peur, angoisse, déprime...

Voici quelques élixirs parmi les 38 mis au point par le Dr Bach.

– **Le chêne, pour s'affirmer :** cet élixir convient aux personnes qui ont du mal à montrer leurs faiblesses et qui portent les problèmes des autres sur leurs épaules. Il les aide à montrer sereinement leurs limites, à affirmer leurs différences, à équilibrer les facettes de leur personnalité.

– **Les bourgeons de marronnier, pour tirer les leçons du passé :** cet élixir aide les personnes qui sont toujours confrontées aux mêmes problèmes, comme si elles n'arrivaient pas à tirer les leçons de la vie. Il améliore leur capacité d'adaptation et leur permet de vivre pleinement l'instant présent. Leur évolution devient plus rapide et leur angoisse reflue.

– **La muscade, pour ne plus appréhender le quotidien :** cet élixir soulage les personnes qui ont toujours peur. La crainte de la maladie, de la souffrance, de l'accident, de la pauvreté..., cesse de les paralyser. Il convient aussi aux enfants qui ont peur du noir. L'élixir de muscade les aide à se sentir moins fragiles, moins démunis face à l'existence.

– **La charme, pour retrouver goût à la vie :** lorsqu'on vient de traverser des moments difficiles, on se retrouve parfois épuisé, physiquement et mentalement. On n'a plus d'entrain. L'élixir de charme redonne de l'énergie et de l'enthousiasme, il modifie en douceur le regard que l'on porte sur la vie. Il donne envie d'agir et de s'investir.

– **L'orme, pour éviter les coups de blues :** cet élixir convient aux personnes qui oscillent entre optimisme et désespoir. Elles sont entreprenantes, passionnées, puis, sans raison apparente, plongent dans la détresse. Il leur permet de mieux gérer leurs responsabilités, les aide à prendre des décisions plus justes, à ne plus se laisser entraîner par leur enthousiasme au-delà de leurs capacités réelles.

L'ouïe

Chapitre 3

Il nous est impossible de fermer les oreilles. Nous ne pouvons donc pas nous isoler des bruits extérieurs. Toutefois, nous pouvons modifier la façon dont nous les percevons. Certains sons choisis peuvent même nous soigner ! Apprivoisez vos oreilles, et vous ferez de l'ouïe un nouvel instrument de bien-être…

Qu'entendons-nous par là ?

Un pavillon, un cornet, quelques osselets qui s'entrechoquent, un nerf auditif... Il suffit d'un dispositif assez simple pour que le monde nous soit audible. Mais entendre n'est pas écouter. Pour que l'ouïe nous apporte plaisir et équilibre, nous devons y ajouter un brin de conscience...

Nous ne prêtons pas souvent attention aux sons, sauf pour écouter de la musique. C'est dommage... L'ouïe est une porte ouverte sur le monde qui nous met en relation avec des espaces qui échappent aux autres sens, notamment à la vision. Faites-en l'expérience : rendez-vous dans un lieu que vous connaissez bien (votre balcon, un jardin public, une rue où vous aimez vous promener, un coin de nature que vous appréciez), asseyez-vous confortablement et fermez les yeux. Essayez de repérer les bruits, de les reconnaître, de trouver leur source... Vous découvrirez cet environnement familier sous un autre jour.

Les bruits extérieurs ne représentent pas tous une agression. Écoutez le chant des oiseaux, le ressac de la mer ou le souffle du vent...

Comment perçoit-on les sons ?

Nos oreilles sont des instruments à la fois simples et sophistiqués. La partie externe, le pavillon, se présente comme un cornet destiné à recueillir les sons et à les diriger vers le conduit auditif. Là, ils rencontrent rapidement un obstacle : le tympan. Cette membrane vibre et transmet ses vibrations à une chaîne de trois osselets : le marteau, l'enclume et l'étrier. Deux petits muscles assurent la transmission des vibrations reçues par les osselets à l'oreille interne. Dans ce véritable labyrinthe, les vibrations poursuivent leur chemin. Elles traversent la cochlée et le limaçon qui les transforment en impulsions nerveuses susceptibles de voyager le long du nerf auditif. Et c'est le grand départ, direction le cortex cérébral, où les sons vont être analysés, échantillonnés, comparés,

UN SYMBOLE QUI VOYAGE

Dans toutes les cultures du monde, l'oreille possède une dimension symbolique importante. Elle est toujours liée à la communication, le plus souvent avec le divin. Le dieu hindou Ganesha, représenté avec une tête d'éléphant, dirige ses larges oreilles en direction de l'intelligence cosmique, de la voix supérieure. D'ailleurs, dans les traditions orientales, les oreilles sont le signe visible de la sagesse. Bouddha est figuré avec de longs lobes d'oreille qui pendent jusque sur ses épaules. Le philosophe chinois Lao-Tseu, auteur d'un des textes fondateurs du taoïsme, avait, paraît-il, des oreilles longues de 7 pouces. Comme si le fait d'être à l'écoute des autres et du monde était un signe d'évolution spirituelle... En Afrique, il s'y ajoute une dimension sexuelle : le pavillon de l'oreille représente la verge, et le canal auditif le vagin. La parole ensemence l'être spirituel, comme le sperme l'être matériel.

associés... Les sons que nous entendons sont donc « réinterprétés » par notre cerveau.
Nos ancêtres préhistoriques faisaient grand usage de l'ouïe. La perception des sons environnants leur permettait de guetter les éventuels dangers mieux que la vision. L'écoute était le plus sûr moyen d'obtenir des informations fiables sur l'environnement. Aujourd'hui, nous privilégions la vue avant tout. Nous sommes assaillis en permanence de messages visuels, notamment publicitaires, qui capturent toute notre attention au détriment des autres *stimuli* sensoriels.

> **À la préhistoire, l'ouïe relevait davantage de l'instinct de survie.**

Cependant, nous continuons à être en permanence confrontés à un environnement sonore. Le plus calme des paysages titillera encore nos oreilles avec le chuintement d'un ruisseau ou le gazouillis intermittent d'un oiseau. Le silence absolu, tel qu'il est « fabriqué » dans les caissons d'isolation sensorielle, nous est insupportable. C'est même une véritable torture !

Entendre ou écouter ?

Ces sons, nous pouvons nous laisser envahir par eux, sans y prêter attention, ou devenir acteurs de l'audition. C'est toute la différence entre entendre et écouter. Entendre, c'est se laisser pénétrer par un environnement sonore sans chercher à dissocier les sons, sans les identifier ni les juger. Écouter, c'est diriger son attention et ses fonctions intellectuelles sur une source sonore. Écouter et entendre ont des applications différentes. Il est bon de savoir simplement entendre lorsqu'on s'offre un moment de détente avec un disque d'opéra que l'on aime particulièrement. Il n'est pas utile alors de chercher à étudier les qualités sonores de la flûte ou de juger la qualité vocale de la chanteuse. Les vibrations sonores pénètrent en nous et provoquent une émotion sans que notre pensée consciente intervienne. En revanche, lorsqu'un ami nous raconte ses déboires amoureux, nous devons être présents à ce que nous entendons, attentifs, de manière à pouvoir lui répondre et le soutenir.
Le passage entre ces deux niveaux d'écoute se fait souvent de manière instinctive : lorsque nous sommes en

UN FŒTUS DANS L'OREILLE

Regardez de près le pavillon d'une oreille : son dessin ressemble à celui d'un fœtus dans le giron maternel, prêt à naître, jambes et bras repliés, tête en bas. C'est cette observation qui a conduit certains médecins à considérer la région auriculaire comme une zone réflexe, au même titre que la plante des pieds ou l'iris. Nous aurions, sur l'oreille, des points énergétiques correspondant au reste du corps. En stimulant certains de ces points avec une aiguille, comme on le fait en acupuncture, on peut soulager de nombreux troubles. L'auriculothérapie (c'est le nom de cette technique) a notamment fait ses preuves dans le sevrage tabagique.

train de traverser au passage pour piétons et qu'une voiture arrivant à vive allure freine brutalement au dernier moment, le crissement caractéristique des pneus nous alerte en une fraction de seconde, changeant sur-le-champ l'attention que nous portons à notre environnement sonore. C'est grâce à ce basculement immédiat que nous pouvons réagir face au danger. Comme nos très lointains ancêtres…

Le simple fait d'apprendre à écouter et à entendre, à des moments différents, vous aidera à faire de la fonction auditive un véritable instrument de bien-être : de détente autant que de concentration. Vous développerez des qualités auditives incomparables, vous pourrez faire des sons vos alliés au lieu de les subir, comme nous le faisons la plupart du temps. Vous pourrez par exemple vous abstraire d'un milieu bruyant ou bien focaliser votre attention, lorsque vous l'estimerez nécessaire, sur la source sonore de votre choix. Vous pourrez savourer le monde les yeux fermés…

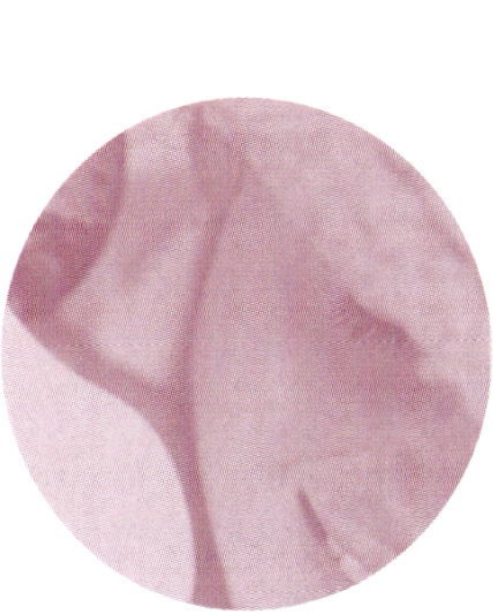

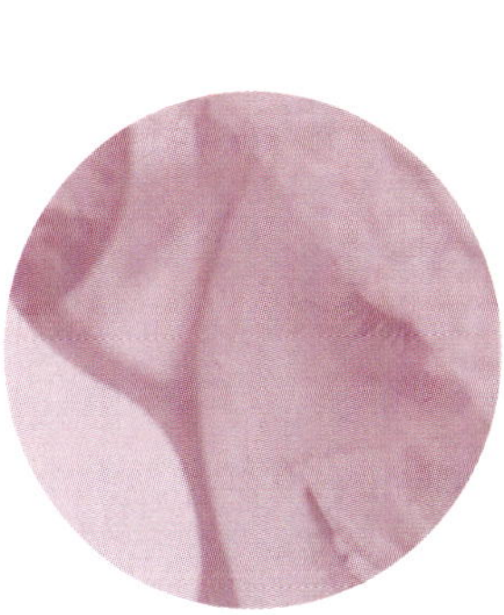

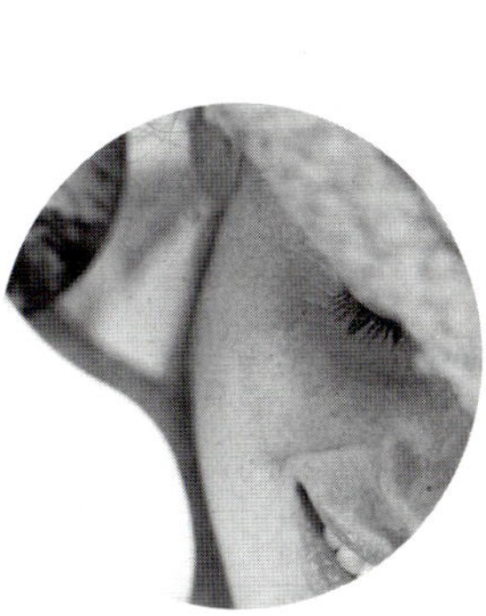

Sons, émotions, souvenirs

Certaines sonorités nous émeuvent alors que d'autres nous irritent. C'est que les sons font résonner nos souvenirs les plus lointains. Jusqu'à notre vie intra-utérine... Si la musique adoucit les mœurs, c'est peut-être parce qu'elle nous rappelle les rythmes et les mélodies que nous entendions alors...

Les piaillements des écoliers dans cette cour d'école font plaisir à celui-ci, car ils lui rappellent une période heureuse de son existence. Mais, pour son voisin, ce bruit sera proche de l'horreur tant il lui fera revivre les affres qu'il a traversées pendant sa scolarité. Les sons ont un pouvoir d'évocation puissant. Ils font naître en nous des émotions parfois contradictoires. Cela ne vient pas des sons eux-mêmes, mais de la façon dont notre cerveau les reçoit et les interprète. C'est que nous entendions déjà pendant notre vie intra-utérine.

Qu'entend le fœtus ?

L'ouïe est l'un des premiers sens à se développer. Au cours du cinquième mois de gestation, le fœtus perçoit très clairement les sons et il y réagit. Il distingue mieux les vibrations plus graves de la voix paternelle, mais le timbre plus aigu de la mère résonne à l'intérieur de la formidable caisse de résonance qu'est le corps maternel. Le fœtus discerne nettement ses battements cardiaques et même le ronronnement du placenta. Car le placenta émet en permanence un bruit de fond que les chercheurs ont découvert, à leur grande surprise, en tentant d'enregistrer les sons perçus par le fœtus. Bébé entend lorsqu'on chante, parle ou qu'on écoute de la musique. Et il mémorise. Une étude effectuée au Japon a montré que les enfants dont la vie intra-utérine s'était déroulée près de l'aéroport d'Osaka étaient calmés, après la naissance, par le bruit des avions.

Cela explique pourquoi, aussi loin que remontent nos souvenirs, certains sons nous ont horripilés, attristés, déprimés ou au contraire détendus et émus. *In utero*, nous étions baignés dans les hormones maternelles. Quand notre mère était joyeuse, heureuse ou détendue, nous nagions dans des hormones de bien-être,

mais quand elle était triste ou en colère, nous baignions dans des hormones de stress. Les bruits sont associés, au plus profond de notre être, à ces sensations. Il y a fort à parier que les mamans concernées par l'étude japonaise n'étaient pas stressées par le bruit des avions…

Le pouvoir des sons

Toute notre vie auditive se déroule sur le même modèle. Les sons que nous percevons sont comparés à ceux que nos avons déjà perçus. S'ils sont proches d'un modèle, l'émotion associée émerge aussitôt. L'éventail des sons s'élargit au fur et à mesure des années, mais le mode d'échantillonnage reste le même. C'est ce qui explique la disparité énorme entre les effets que produisent les sons sur différents individus. Il suffit que le bruit des vagues sur les rochers soit associé à une expérience de peur pour qu'à jamais cet environnement sonore réveille une sensation de malaise.

« PSYCHANALYSE DE LA CHANSON »

C'est le titre d'un livre écrit par le psychanalyste Philippe Grimbert[5]. Il y explique que notre attirance pour la chansonnette est née pendant notre vie intra-utérine, lorsque nous étions bercés par « un bien modeste orchestre, tout juste capable de charmer l'oreille en formation avec une musique de chambre d'enfant, mais tout de même composée de trois éléments : la rythmique des battements du cœur fœtal associés à ceux du cœur maternel, et la mélodie de la voix d'une chère maman chantant sur la ligne de basse de la voix paternelle. Voilà ce qui vous a bercés, vous qui vous pensiez isolés dans une bulle de pur silence. Les rumeurs de la vie, les mots d'amour, les drames et les bonheurs familiaux, tout vous est parvenu sous une forme musicale ».

5 Les Belles Lettres/Archimbaud, 1999.

L'ouïe et le bien-être

Il nous est possible de modifier les émotions que les sons font naître en nous : conserver les bonnes, apprivoiser les mauvaises. Nous pouvons ainsi, peu à peu, utiliser l'univers sonore pour notre bien-être. D'autant que les vibrations des bruits touchent aussi le reste du corps. Les sons nous caressent...

Nous possédons d'étonnantes facultés de discrimination sonore que nous utilisons rarement. Faites-en l'expérience : où que vous soyez, fermez les yeux un instant et laissez-vous pénétrer par les bruits environnants. Puis focalisez votre attention sur l'un d'eux. Immédiatement, les autres sons semblent refluer. Si vous modifiez votre point de fixation, l'équilibre sonore suivra ce mouvement. Vous pourrez ainsi constater que, même si tous les individus présents au même instant dans le même environnement sonore reçoivent les mêmes vibrations, chacun peut ensuite en tirer profit à sa façon.

Lorsque vous portez votre attention sur un son, les autres perdent de leur intensité. Nous pouvons ainsi nous abstraire d'un milieu trop bruyant.

Comment utiliser les sons pour se sentir bien ?

Pour pactiser avec les sons, il faut faire chaque jour quelques minutes d'exercice sensoriel. Choisissez un disque que vous appréciez et qui vous apaise (classique, jazz). Allongez-vous dans un endroit calme, fermez les yeux et écoutez. Portez votre attention sur un des instruments. Essayez de suivre uniquement cette ligne musicale. Si des pensées parasites vous assaillent, ne les repoussez pas, laissez-les vous traverser sans vous y attarder et concentrez-vous de nouveau sur la source sonore que vous avez choisie. Cet exercice vous apprendra à exercer votre attention, à la diriger sur un objet précis. Vous aurez plus de facilité, ensuite, à vous abstraire d'un milieu bruyant pour éviter la fatigue ou à percevoir sans tendre l'oreille une conversation dans un milieu très animé.

Les sons qui font vibrer le corps et l'âme

Les sons ne pénètrent pas seulement en nous par les oreilles. Notre corps tout entier baigne dans les vibrations sonores, même si nous ne les ressentons généralement pas. Il faut qu'une musique soit extrêmement puissante pour que l'on sente dans son corps les vibrations produites par certains sons, particulièrement les plus bas.

Selon les textes traditionnels de la médecine chinoise, l'énergie des sons s'adresse aux différents organes. Au-delà du corps, c'est notre être tout entier qui est touché. Les philosophies orientales parlent des chakras, sortes de portes d'entrée de l'énergie. Nous en possédons sept, depuis la base (sur le périnée) jusqu'au sommet (sur le haut du crâne). Chaque chakra est associé à une note. En la prononçant longuement, dans un souffle, on peut faire résonner le chakra concerné et le débloquer si l'énergie n'y circule pas librement.

LES BRUITS DE LA NATURE

Certains sons ont un pouvoir évocateur qui échappe, dans la majeure partie des cas, aux expériences individuelles. Rares sont les personnes qui supportent mal le chant des oiseaux ou le murmure d'une cascade. C'est que ces sons résonnent profondément en nous et éveillent une émotion archaïque, primaire, qui nous ramène à notre rapport ancestral avec la nature. C'est pour cette raison que la relation avec les éléments naturels (vent, bruits d'eau, chants d'oiseaux...) est porteuse de détente et d'apaisement. Si vous n'habitez pas près d'une source, aux abords d'une forêt ou en bordure d'une plage, vous pouvez tout de même profiter de ces sons en ayant recours aux enregistrements de bruits naturels.
Il en existe de nombreux. Certains sont associés à des musiques relaxantes qui, mêlées aux sons naturels, augmentent leur pouvoir apaisant.

Chanter, la voix de l'équilibre

Chanter, émettre des sons, ressentir en soi leurs vibrations, entendre les sons que la voix produit à l'extérieur… Le simple fait de chanter fait intervenir notre corps tout entier. C'est même une véritable thérapie. Redécouvrez la vie en chantant…

Dans certaines sociétés traditionnelles, les tâches de la vie quotidienne se font en fredonnant ou en psalmodiant, comme si la voix soutenait le travail du corps. Les enfants chantent spontanément, seuls ou entre eux. Dans toutes les religions, le chant est un instrument de concentration et de relation avec le principe divin. Alors n'hésitez pas : chantez seul, chantez avec vos amis, organisez des soirées de chansons, improvisez un karaoké chez vous…

Que se passe-t-il dans le corps ?

Quand nous chantons, le corps tout entier participe à l'exercice. Les muscles du visage et de la bouche, la langue, les cordes vocales, le larynx, le pharynx, les poumons, les muscles thoraciques, le diaphragme, les muscles abdominaux… L'ensemble du corps est sollicité à travers la posture : pour pouvoir émettre un son clair et puissant, il faut que le cou soit bien droit, dans le prolongement de la colonne vertébrale, et la tête parfaitement en équilibre au sommet du cou de manière à ne pas crisper les épaules. Ainsi, l'air peut sortir librement.

Le son est produit par le passage de l'air expiré à travers le larynx. Cet ensemble de cartilages et de muscles renferme les cordes vocales, faussement nommées puisqu'elles ne ressemblent en rien aux cordes d'un violon. Ce sont de petits muscles qui mesurent entre 15 et 25 mm. Plus elles sont tendues, plus elles vibrent vite et plus le son produit est aigu. À l'inverse, lorsqu'elles se détendent, elles vibrent plus lentement et le son devient grave.

Le son est ensuite modulé par la caisse de résonance de la bouche qui le forme comme un potier façonne sa glaise. La puissance du son et sa tenue dépendent de la quantité d'air expulsé des poumons et de la force du souffle.

Chanter pour aller mieux

Le simple fait de chanter permet de stimuler le souffle, maîtriser la respiration, aiguiser la concentration. Les vibrations qui se répercutent dans le corps dynamisent les fonctions organiques. Les sons les plus aigus résonnent dans le haut du corps jusque dans le crâne. Ils stimulent le système nerveux, chassent les maux de tête et les idées noires. Les sons les plus graves résonnent, quant à eux, dans le bas du corps, favorisent la digestion, détendent les muscles des jambes et du bassin. On doit ces constatations à Marie-Louise Aucher, cantatrice et professeur de chant, qui a mis au point la psychophonie, une technique de développement personnel entièrement axée sur le chant. La psychophonie soulage les problèmes de posture, l'asthme, la déprime...

La psychophonie a également donné naissance au chant prénatal : les futures mamans chantent, en groupe, pour communiquer avec leur bébé et préparer l'accouchement. Le moment venu, elles peuvent émettre des sons capables de détendre les muscles du périnée et de stimuler les contractions utérines. Après la naissance, elles continuent à chanter pour leur bébé afin d'établir une continuité sensorielle. Le père peut participer à ces cours, afin d'entrer en relation avec son bébé avant la naissance.

LES ENNEMIS DE LA VOIX

La voix peut se casser, s'érailler... Ses pires ennemis sont l'alcool (il modifie le son de la voix) et le tabac (il fragilise les cordes vocales). Il faut faire attention également aux infections microbiennes de la zone rhino-pharyngée. L'inflammation provoque des œdèmes qui empêchent les cordes vocales de vibrer. On est alors enroué ou aphone. Si vous avez la voix enrouée plus de deux semaines, consultez un spécialiste.

Les pouvoirs de la musique

La musique et la médecine sont intimement liées. Depuis des millénaires, en Inde comme en Chine, au fond des forêts d'Afrique comme sur les sommets des Andes ou les dunes des déserts, les hommes soignent les maux avec des notes. Aujourd'hui, la science occidentale redonne à la musique sa dimension thérapeutique.

Tout le monde a déjà fait l'expérience du pouvoir de la musique. Vous rentrez chez vous énervé par une dispute avec un de vos amis. Vous tournez en rond, vous pestez, puis vous décidez d'écouter un peu de musique. Vous choisissez un disque calme et apaisant, vous vous allongez sur un divan et, peu à peu, vous sentez la tension qui s'évapore. Vos préoccupations restent les mêmes, mais la pression nerveuse s'est évanouie et vous voyez la situation avec plus de lucidité. Vous êtes mieux à même de réagir, de prendre des décisions. Peut-être même prenez-vous votre téléphone pour appeler votre ami et poursuivre la discussion plus calmement.

Parfois, vous vous réveillez péniblement le matin. Vous avez du mal à sortir de la torpeur du sommeil. Un café et une douche fraîche vous aident à émerger, mais les brumes ne se sont pas tout à fait dissipées. Vous allumez la radio et vous tombez sur une chanson rythmée, gaie, entraînante... Sans vous en rendre compte, vous vous mettez à chantonner. Vous voilà sorti de la gangue qui vous retenait prisonnier.

Apaiser, dynamiser

La musique exerce une action directe sur le corps et sur le psychisme. Les vibrations sonores agissent sur le cerveau, puis sur l'ensemble du corps. Diverses recherches ont montré que l'écoute de la musique modifie le rythme cardiaque, l'amplitude respiratoire, la digestion, la sécrétion des hormones cérébrales, la tonicité musculaire... L'état mental et émotionnel est, lui aussi, rapidement modifié par l'écoute d'une symphonie ou d'une chanson de rock.

Toutes les musiques n'agissent pas de la même manière : un morceau calme, lent, aux sonorités graves, ralentit le rythme cardiaque et augmente l'amplitude respiratoire, alors qu'un morceau rythmé, aigu, violent, a l'effet inverse. En outre, les goûts personnels modulent ces effets physiologiques.

La musique influence notre état physique et émotionnel en agissant sur le rythme cardiaque et l'amplitude respiratoire.

D'autres recherches ont porté sur des données plus précises : l'impact précis des harmonies, des tempos, des mélodies, des chœurs, des différents instruments... Aujourd'hui, la musicothérapie (la thérapie par la musique) repose sur des bases théoriques solides.

Des guérisseurs aux chirurgiens

Ces constatations, les guérisseurs, chamans ou médecine-men de toutes les civilisations les ont effectuées depuis des millénaires. Dans la médecine traditionnelle de l'Égypte ancienne, on délivrait les potions accompagnées de chants sacrés. Dans la médecine de l'Inde ancienne, la musique était un instrument thérapeutique à part entière. En Occident, la musique et les chants avaient été relégués au rang de gestes magiques et écartés par la médecine moderne. Il a fallu attendre le milieu du XXe siècle pour qu'ils retrouvent leur place. Et quelle place ! La musicothérapie est pratiquée aujourd'hui dans les établissements hospitaliers pour préparer les patients aux interventions chirur-

gicales ou pour accompagner l'accouchement. Dans les cabinets privés, on l'emploie pour lutter contre certaines douleurs chroniques, pour soulager l'anxiété et la déprime… Les enfants en bénéficient eux aussi : on soigne ainsi leur hyperactivité, leur déprime ou leurs problèmes de concentration.

Seul ou en groupe

Il existe plusieurs techniques de musicothérapie. La plus simple se pratique en séances individuelles. Chaque séance se déroule en trois étapes. D'abord, le patient écoute un morceau qui correspond à l'état d'esprit dans lequel il se trouve, de manière à cristalliser son émotion ; ensuite, un deuxième morceau, neutre, calme l'émotion réveillée ; enfin, un troisième amène le patient à ressentir une émotion de remplacement. On peut ainsi passer de l'anxiété au calme, ou de la peur à la confiance. D'autres techniques cherchent plutôt à développer l'expression et la créativité ou à créer des états de relaxation profonde. Les séances sont en général précédées de tests qui permettent de savoir comment le sujet répond aux différents types de musiques. Cela permet au thérapeute de choisir le matériel musical avec lequel il va travailler, souvent en collaboration avec le patient. Certains thérapeutes enregistrent des cassettes individuelles que l'on peut emporter chez soi à l'issue de la séance, afin de continuer le travail à la maison. Il existe aussi des séances de groupe, qui reprennent les modalités des séances individuelles en y ajoutant la dynamique du groupe.

La pratique, même amateur, d'un instrument de musique ou du chant apporte un réel bien-être qui s'ajoute aux bienfaits que procure l'écoute de la musique.

AMUSEZ-VOUS, JOUEZ…

Écouter de la musique, c'est bien. En jouer, c'est encore mieux. Inutile pour cela d'être un virtuose. Abandonnez vos inhibitions et laissez-vous aller. Tapez sur des tumbas ou des djembés, apprenez quelques accords de guitare ou de piano. Le but n'est pas de devenir un maître en la matière, mais de vous faire plaisir et de profiter de ce que la musique peut vous apporter. Si vous le pouvez, associez-vous à d'autres, jouez en groupe : vous ajouterez une dimension conviviale à votre bien-être.

Les méditations sur le son

Méditer, c'est chercher en soi la source du bien-être. Le plus souvent, on médite dans le calme afin que les bruits extérieurs ne viennent pas perturber le silence mental. Cependant, on peut aussi utiliser les sons comme support de méditation : ceux que l'on émet comme ceux que l'on reçoit.

Pour méditer, il est conseillé de trouver un lieu calme à l'abri du bruit et de la fureur du monde. Les dojos zen où l'on pratique la méditation en groupe sont généralement d'une sérénité absolue, comme les temples bouddhistes. Cependant, on peut encore méditer dans un environnement bruyant.

LE « OM » DES HOMMES

Le son « om » est l'une des clés de la méditation bouddhique. On le prononce à voix très basse, en expirant et en faisant durer le plus longtemps possible la consonne finale. Outre son action sur la concentration, il fait résonner des points particuliers du corps et facilite l'ouverture des chakras.

Écouter pour arrêter de penser

Il suffit de se mettre en posture de méditation (voir p. 288). On respire profondément en focalisant toute son attention sur le souffle qui entre et sort des narines. Lorsque le calme intérieur s'est installé, on amène à soi un à un les sons environnants, on les isole du reste, on les caresse mentalement, comme on le ferait d'un animal, et on les laisse repartir. Ce travail permet à la fois de faciliter la concentration, puisque le mental est occupé, et de modifier le caractère agressif de certains sons environnants.

Avec un peu d'entraînement, il est possible de pratiquer la méditation même dans un lieu bruyant.

La puissance des mantras

Certaines méditations font appel aux mantras. Ce sont des syllabes ou des phrases rituelles que l'on répète à l'infini, à voix haute, sur l'expiration. Le mental est d'abord concentré sur ces paroles, puis il est porté par la répétition incessante, ce qui permet d'atteindre plus rapidement un état de silence mental. Les mantras sont très fréquents dans le bouddhisme et l'hindouisme. On peut aussi les utiliser pour approfondir la concentration lorsqu'on pratique le yoga.

Le stress et le bruit

Même si on peut apprivoiser l'environnement sonore, notre tolérance au bruit a des limites. Il arrive que les sons environnants soient stressants au point de devenir insupportables. Au-delà d'un certain seuil, les lésions de l'oreille sont irréversibles. Notre organisme tout entier est perturbé par les bruits trop violents. Notre sommeil en pâtit, la fatigue s'installe... Heureusement, il existe des parades...

Entre le doux murmure du vent dans les feuilles d'automne et le vacarme assourdissant d'une fonderie, il y a quelques dizaines de décibels de différence. C'est tout. C'est beaucoup. Car si le premier bruit est un facteur de détente, de plaisir et de bien-être, le second est synonyme de nuisance, de douleur et de labeur pénible. Dans le premier cas, l'auditeur est dans un environnement bénéfique pour sa santé physique et mentale alors que, dans le second, il se trouve plongé dans un état de stress qui grignote peu à peu ses défenses contre la maladie.

Le bruit est considéré par les Français comme leur principale source de stress.

La cause de stress n° 1

Dans plusieurs sondages, les Français ont désigné le bruit comme première source de stress. En milieu urbain, l'environnement sonore est considéré comme la nuisance principale. C'est ainsi que le bruit est responsable chaque année de plusieurs milliers d'accidents du travail. Les consultations médicales sont beaucoup plus nombreuses en zone bruyante qu'en zone calme. L'excès de bruit ne met pas seulement en danger l'appareil auditif, auquel il peut causer des dommages irréversibles, il affecte aussi l'organisme tout entier. Il provoque des symptômes généraux (fatigue, altération du sommeil...) ainsi que des troubles spécifiques. On sait par exemple qu'une exposition récurrente à un bruit intense provoque une hausse de la pression arté-

L'ÉCHELLE DES DÉCIBELS

Le décibel est l'unité de mesure de l'intensité des bruits. Voici quelques exemples :

– de 0 à 30 : c'est le niveau sonore idéal pour le repos nocturne. Il correspond à des bruits très bas ;

– de 30 à 60 : à cette intensité, un environnement sonore de jour est encore calme. 50 décibels correspondent à une conversation normale perçue à environ un mètre, 60 décibels, au seuil au-delà duquel un environnement devient bruyant et fatigant ;

– de 60 à 80 : la fatigue guette ! 70 décibels, c'est à peu près ce que dégage un poste de radio réglé à un fort volume dans une pièce fermée ;

– de 80 à 120 décibels : on entre dans une zone dangereuse pour la santé. 90 décibels, c'est le niveau sonore d'une cantine scolaire à l'heure du déjeuner. 100, c'est ce que dégage un marteau piqueur ;

– au-delà de 120 décibels, le bruit est intolérable et les lésions qu'il provoque sont irréversibles. Le bruit le plus intense obtenu en laboratoire est de 210 décibels. À ce niveau, les matériaux se fissurent.

rielle et une augmentation du taux de cholestérol sanguin. Une exposition régulière à plus de 65 décibels, huit heures par jour, entraîne une perturbation de l'équilibre hormonal.

À chacun son seuil de tolérance

Nous nous habituons pourtant au bruit. Ceux qui vivent dans un environnement bruyant le savent bien. Au début, le bruit de la circulation ou le fracas des avions trouble le sommeil. Puis le mental s'habitue, on parvient à s'endormir, les nuisances sonores ne nous réveillent plus la nuit… pendant un temps. Car l'organisme, lui, continue à recevoir les vibrations sonores perturbantes qui poursuivent leur lent travail de sape. C'est même au moment où on s'y est habitué que le bruit devient le plus perturbant, car on n'a plus conscience de la cause de nos troubles et on ne peut plus s'en protéger.

Cependant, nous ne réagissons pas tous de la même manière aux nuisances sonores. Rappelez-vous : chaque son est interprété par le cerveau et relié à une émotion. Si le bruit d'une forgerie vous rappelle des moments heureux passés dans le même environnement, il vous sera moins pénible qu'à celui pour qui cela n'est rattaché à rien d'agréable. Cela peut constituer une protection physiologique contre le bruit, jusqu'à un certain point. Car certaines perturbations sont trop importantes pour pouvoir être modulées par cette dimension psychologique et émotionnelle.

L'accoutumance au bruit est un leurre : si notre mental s'habitue pour un temps, notre corps, lui, continue de subir une agression et les troubles demeurent.

Nous ne sommes pas égaux face au bruit : le seuil de tolérance varie selon les individus.

Les limites à ne pas dépasser

Pour mesurer la nuisance d'un bruit, les spécialistes prennent en compte de nombreux éléments : la nature du bruit, son intensité bien sûr, sa fréquence, mais aussi la façon dont le sujet le perçoit et ce qu'il représente pour lui. Et, parfois, cela aboutit à des choses étonnantes. Un monsieur appelle un jour un organisme spécialisé pour se plaindre du bruit produit par un atelier mécanique installé de l'autre côté de la clôture de son jardin. Une équipe se rend sur place pour évaluer la nuisance afin de prendre éventuellement des mesures de protection. Il fut impossible d'enregistrer le bruit de l'atelier qui était couvert par le vacarme des chants d'oiseaux nichés dans les arbres du jardin. Mais ce bruit-là ne gênait pas les habitants du lieu.

Il n'en demeure pas moins qu'au-delà d'un certain seuil le bruit est intolérable. Un individu soumis 10 minutes à un niveau sonore de 120 décibels met en moyenne une demi-heure pour s'en remettre. Si l'exposition dure une heure et demie, il lui faudra 36 heures pour retrouver une audition normale. Le problème est pire lorsque l'usure auditive est lente et sournoise. Quelqu'un qui travaille dans un atelier où le niveau sonore atteint en permanence 65 décibels commence à perdre de ses capacités auditives au bout de quatre ans.

Certes, on ne peut pas toujours déménager ou changer de métier sous prétexte qu'on a du mal à supporter le bruit. Mais il est possible de se protéger (voir encadré ci-dessous). Dans les lieux sensibles, comme les abords des autoroutes et des aéroports, des associations d'usagers font pression sur les autorités locales pour obtenir des installations de protection (murs anti-bruit, couverture des autoroutes...). N'hésitez pas à les rejoindre.

DES SOLUTIONS EFFICACES

Si vous habitez ou si vous travaillez dans un environnement bruyant, n'hésitez pas à prendre des mesures pour vous protéger. Demandez conseil à un spécialiste de l'isolation phonique, qui établira un diagnostic de votre habitation et vous proposera des solutions adaptées. En voici quelques-unes.

– Posez des matériaux isolants sur les murs, notamment dans la chambre à coucher.

– Installez des fenêtres à double vitrage et isolation phonique.

– Si vous n'êtes pas sujet à des allergies, protégez vos fenêtres avec des tentures épaisses qui occultent le bruit.

– Les bouchons d'oreille sont efficaces. Il existe aujourd'hui différents modèles, en mousse expansive ou en matière synthétique, qui prennent la forme du canal auditif en une dizaine de secondes et l'obturent complètement.

L'univers profond du silence

Même s'il est illusoire de rêver à un silence total, il est possible de cultiver des moments de quasi-silence. En exigeant régulièrement le calme chez soi, en fréquentant des lieux de recueillement, en recherchant, aussi, le silence intérieur...

Le bruit incessant qui nous entoure, agréable ou désagréable, nous éloigne du silence propice au travail sur soi. La recherche du silence intérieur est au cœur de toutes les pratiques spirituelles : la prière des chrétiens ou des musulmans, la méditation des bouddhistes ou des pratiquants zen... Ces moments où l'on s'efforce de faire taire son mental sont un extraordinaire instrument de ressourcement, que l'on peut utiliser même si l'on n'est pas croyant. Certes, dans le cadre de la religion, on pratique pour se rapprocher de Dieu. Mais on peut opérer de la même manière pour se rapprocher de soi-même. Pour faire la paix avec soi. Car le vacarme dans lequel nous vivons, surtout en milieu urbain, nous éloigne de ce que nous portons en nous de juste et de vrai. Et le bien-être passe aussi par une réconciliation avec cette part de soi que l'on néglige trop souvent. Lorsqu'on la cultive, on développe une meilleure résistance au stress, une forme de sérénité, une meilleure gestion des émotions, ainsi qu'une intuition plus aiguisée. Du coup, la confiance en soi s'améliore et les relations avec les autres deviennent plus justes.

La maîtrise du souffle permet de calmer le flot incessant des pensées, laissant la place à un silence intérieur qui libère des préoccupations. Vous en ressortirez régénéré.

Faire le silence autour de soi

Quel que soit l'environnement dans lequel on vit, il est toujours possible d'y faire baisser le niveau sonore. Surtout lorsqu'on vit en famille. Vous pouvez par exemple instaurer, une fois par semaine, une heure de silence commun. À un moment choisi d'un commun accord (pendant le week-end, par

Pour calmer le flot des pensées, il ne faut pas lutter contre elles. Mieux vaut les laisser passer sans s'y attacher.

exemple), chacun doit s'efforcer de limiter au maximum ses mouvements, ses déplacements dans la maison, et s'abstenir de faire le moindre bruit. Vous pouvez en profiter pour faire une petite séance de relaxation ou de méditation. D'autres préféreront se livrer à une activité artistique (peindre, modeler...). L'essentiel est que cette plage de temps permette à chacun d'entrer en soi à la recherche du silence mental. C'est, pour les enfants, une bonne façon d'apprendre à vivre en groupe en respectant les autres.

Vous pouvez aussi vous offrir des parenthèses en fréquentant les lieux de culte en dehors des heures des offices. Entrez dans une église : vous serez surpris par le calme qui y règne même si elle se trouve dans un quartier très bruyant. Asseyez-vous dans un coin sombre et prenez le temps nécessaire pour que vos pensées se ralentissent. Vos tensions s'apaiseront progressivement et vous verrez votre vie sous un jour totalement nouveau.

FAIRE LE SILENCE EN SOI

La respiration est l'outil essentiel du silence intérieur. Où que vous soyez, fermez les yeux et concentrez-vous sur votre respiration. Sentez le vent de l'inspir et de l'expir qui caresse le bord de vos narines. Lorsque des pensées viennent vous perturber, efforcez-vous de les laisser passer et de vous reconcentrer sur votre souffle. Plus vous pratiquerez cet exercice, plus le calme se fera en vous rapidement.

Savoir écouter les autres

C'est par les oreilles que nous percevons ce que les autres ont à nous dire. C'est par les oreilles que les autres reçoivent ce que nous leur disons. Elles sont un des deux organes essentiels de la communication. Mais entendre n'est pas écouter. Surtout dans ce domaine…

Les oreilles sont l'instrument par lequel s'est transmise la tradition orale pendant des millénaires, avant que la naissance de l'écriture place la vision au premier plan. C'est grâce à l'ouïe que l'homme a pu évoluer en bénéficiant de l'acquis des générations précédentes. Au fil des millénaires, la communication humaine s'est faite de plus en plus sophistiquée. Pourtant, il ne suffit pas toujours de parler pour être entendu. Pour communiquer, il faut être deux : un émetteur et un récepteur du message. Chacun est responsable pour moitié de la compréhension du propos.
L'écoute est une qualité particulière que certains individus possèdent spontanément. Pour les autres, il faut un brin d'apprentissage. Comme l'explique Jacques Salomé[6] : « La relation est une écharpe, avec ses deux extrémités. Chacun tient un bout de l'écharpe entre ses mains et il est responsable de ce qu'il en fait. »

Apprendre à écouter

Il ne suffit donc pas de parler pour être entendu, et encore moins pour être écouté et compris. Certaines personnes semblent en permanence tournées vers l'intérieur d'elles-mêmes, sourdes aux autres, à leurs émotions, à leurs problèmes, alors que d'autres paraissent toujours prêtes à offrir une oreille attentive à leurs interlocuteurs, qui se sentent non seulement entendus, mais compris, soutenus, sans pour autant être jugés.
C'est cela, l'écoute : s'ouvrir à la parole de l'autre en s'abstenant de le juger, même intérieurement. Si cet autre nous demande notre avis, il sera bien temps de le lui donner. Savoir écouter est un

6 Psychosociologue, formateur en relations humaines, auteur entre autres de *Pour ne plus vivre sur la planète Taire* (2003) et *T'es toi quand tu parles* (1991), Albin Michel.

LE LANGAGE DES GESTES

L'oreille n'est pas la seule réceptrice de la communication. L'œil a aussi sa part. Une étude menée par un chercheur américain, Albert Meharabian, a montré que la partie verbale d'un message intervient à 45 % dans la communication (mots et intonation confondus) alors que le langage gestuel couvre les 55 % restants. Lorsque le discours de quelqu'un ne nous inspire pas confiance, c'est souvent que ses gestes sont en contradiction avec ses mots. Inconsciemment, nous avons perçu cette opposition. À l'inverse, une personne très convaincante sait instinctivement ajuster ses mouvements et sa posture à son discours.

acte de générosité, de disponibilité. On se met en retrait, on offre sa présence au discours de l'autre, on s'abstient de parler de soi. C'est une façon d'autoriser l'autre à s'exprimer, à livrer des choses de lui-même en se sentant accepté dans ce qu'il ressent. Une véritable écoute ne rend pas muet pour autant. Mais ce que l'on exprime aide l'interlocuteur à affiner son discours, à aller au bout de ce qu'il cherche à formuler.

Oser s'affirmer, exprimer clairement ses désirs est un signe de lucidité, d'estime de soi et de sincérité.

Oser dire « non » pour mieux se faire entendre

Lorsque quelqu'un vous a bien écouté, compris, accepté, soutenu, vous vous sentez plus disponible pour l'écouter à votre tour. On entre ainsi dans une véritable communication dans laquelle chacun a sa place.

Mais parler de soi n'est pas toujours chose facile. Pour certains, c'est même un cauchemar. Ils n'osent pas s'exprimer ou, au contraire, ne savent le faire que dans l'explosion émotionnelle. Le simple fait de dire « non », par exemple, relève parfois de l'exploit. On a peur de perdre l'amour et l'estime de l'autre si l'on ose lui dire qu'on n'est pas d'accord. On oublie au passage que, dans ce « non », on ne rejette pas l'autre tout entier. On oppose un refus ponctuel à une demande, à une attente. C'est tout. Or, plus on est clair dans l'expression de ses désirs, plus on est compris et accepté. Il faut cesser de croire que les autres ne nous aimeront plus sous prétexte que nous ne répondons pas à toutes leurs attentes. En outre, le fait de dire « non », simplement, sans agressivité, est une marque de lucidité et de sincérité. Tous les « oui » prononcés ensuite envers la même personne n'en auront que plus de valeur. Ils seront reçus eux aussi comme des messages lucides et sincères.

Apprenez à dire « non ». Grâce à ce simple mot, vous affirmerez votre personnalité et votre volonté. En outre, par la suite, tous vos « oui » prendront un véritable sens.

Parler pour aller mieux

La parole, clairement proférée et surtout sincèrement écoutée, est même un vrai médicament. C'est la base de toutes les thérapies qui passent par la parole : psychothérapie, psychanalyse freudienne ou lacanienne, psychologie analytique jungienne... Dans tous les cas, la parole est au centre de la cure. Le fait même de mettre en mots ses maux, devant une personne neutre qui sait écouter (voir encadré ci-dessous), déclenche des prises de conscience qui permettent de dépasser les blocages.

Les différences résident dans la place qu'occupent les deux protagonistes (le praticien peut être assis derrière son patient allongé ou les deux interlocuteurs peuvent être assis face à face) ou dans l'intervention du thérapeute (certains psychanalystes lacaniens n'interviennent jamais dans la séance, laissant le patient s'exprimer et trouver seul le chemin de son mieux-être, alors que d'autres parlent, exposent un point de vue susceptible d'aider le patient dans son travail d'investigation intérieure).

Les thérapies de la communication

Certaines thérapies cherchent à rétablir une communication plus saine et plus juste entre les êtres. Les thérapies de couple mettent souvent l'accent sur les problèmes de communication entre mari et femme. D'autres, comme la programmation neurolinguistique, sont très utilisées dans les entreprises pour apprendre au personnel à mieux communiquer, de manière à rendre l'ensemble du travail plus efficace. Voici les principales.

– **La PNL (programmation neurolinguistique) :** elle a été mise au point en 1972 par John Grinder, professeur de linguistique, et Richard Bandler, mathématicien et psychothérapeute. Au lieu de rechercher les causes profondes et cachées de nos problèmes, la PNL s'intéresse à leurs modalités. Le thérapeute aide le patient à mettre le doigt sur ses véritables difficultés et sur la manière

L'« ÉCOUTE FLOTTANTE »

Les psychanalystes pratiquent l'« écoute flottante ». Ils ne cherchent pas à suivre le fil cohérent du discours. Ils n'écoutent pas l'histoire qu'on leur raconte, mais s'attachent à repérer, dans les mots choisis et les images utilisées, des répétitions, des récurrences, auxquelles ils peuvent trouver un sens. Ils parviennent ainsi à entendre tout ce que l'inconscient du patient exprime, derrière son discours conscient.

dont il les exprime. Puis il lui propose de programmer des objectifs de transformation précis et de faire la liste des moyens qui sont à sa disposition pour changer. Le patient se construit ainsi une nouvelle ligne de conduite, qu'il doit mettre en œuvre progressivement. Peu à peu, de nouveaux comportements viennent remplacer les anciens et les problèmes s'effacent. On apprend ainsi à mieux écouter les autres, à entendre ce qu'ils ne disent pas à travers leur ton et leurs intonations. Puis on s'entraîne à adapter son comportement et son discours à ce que l'on a perçu.

– **L'analyse transactionnelle :** elle a été élaborée dans les années 1950 aux États-Unis par Éric Berne, un psychiatre désireux d'ouvrir la psychanalyse à un public plus large. Cette méthode entraîne le sujet à observer ses « transactions », c'est-à-dire l'ensemble des comportements qui lui servent à communiquer avec les autres. L'analyse transactionnelle part du principe que notre personnalité repose sur trois pôles : nous portons en nous un enfant, un parent et un adulte. Selon les moments, c'est l'un ou l'autre de ces états qui prend le dessus. Lorsqu'on n'ose pas dire non à un patron abusif parce qu'on est paralysé par la peur, c'est l'enfant blessé qui se manifeste. Lorsqu'on se dispute sans cesse avec son conjoint parce qu'on critique tout ce qu'il fait, c'est le parent normatif qui s'exprime. Le but de la thérapie est de rendre à chacun la place qui lui convient : l'enfant libre pour exprimer ses émotions et sa créativité ; le parent pour respecter les règles indispensables à la vie en groupe ; l'adulte pour concrétiser les rêves de l'enfant libre. La communication devient ensuite beaucoup plus simple et efficace.

L'analyse transactionnelle est fondée sur les trois états du « moi » : l'enfant, le parent et l'adulte.

PALABRES, PARLOTTES...

Les règles de communication ne sont pas les mêmes dans toutes les cultures.

Dans les pays arabes, le fait de tourner le dos à quelqu'un est vécu comme une insulte. En Afrique, la parole a une importance capitale. C'est le continent des interminables palabres sur la place des villages, où se règlent verbalement les problèmes de la communauté. Même dans le commerce, un accord verbal a plus de valeur qu'un contrat écrit. On n'y communique pas seulement avec des mots, mais aussi avec toutes sortes d'onomatopées qui expriment clairement les émotions. Chez les Dogon du Mali, il existe même deux langues : la parole « claire », qui appartient aux membres du clan, et la parole « cachée », réservée à la communication avec les étrangers.

– Le psychodrame de Moreno : cette technique a été mise au point dans les années 1920 par Jacob Moreno, un jeune psychosociologue roumain. Elle propose de mettre en scène les problèmes auxquels on est confronté et de jouer soi-même tous les rôles de chaque scène afin de modifier le point de vue que l'on porte sur les situations et la façon que l'on a d'y réagir. Une autre version (le psychodrame analytique) propose une mise en scène différente, même si le but reste le même : ce sont des thérapeutes qui interprètent les différents rôles secondaires autour du patient, jusqu'à ce que ce dernier profère un lapsus, un acte manqué, une parole révélatrice. Le travail analytique se fait ensuite à partir de cet élément perturbateur.

Apprendre à s'écouter soi-même

Si nous avons parfois du mal à écouter les autres, nous avons encore plus de difficultés à nous écouter nous-mêmes. Nous sommes trop souvent empêtrés dans une culpabilité qui nous interdit de nous faire plaisir. Du coup, nous avons tendance à confondre égoïsme et écoute de soi.

Dès notre plus tendre enfance, nous avons tous été plus ou moins façonnés par les désirs que nos parents ont projetés sur nous. Ils nous désiraient raisonnables alors que nous étions rêveurs. Ils nous voulaient sportifs alors que nous préférions lire au coin du feu. Ils nous imaginaient champions d'échecs alors que nous aimions jouer en pleine nature… Tout naturellement, les enfants tentent de coller aux désirs de leurs parents. Pour leur plaire, pour les satisfaire, pour se faire aimer d'eux. Nous avons donc pris à notre compte des désirs qui n'étaient pas les nôtres.
Il est impossible, quand on est parent, de s'abstenir de toute projection. Mais certains parviennent à laisser leur enfant s'exprimer et manifester ses propres désirs, alors que d'autres l'enferment sans le vouloir dans une véritable prison intérieure. Devenus adultes, ces enfants ont bien du mal à identifier leurs propres désirs. Comment, alors, pourraient-ils les exprimer et les vivre ? Ils passent ainsi leur vie l'âme entre deux chaises, plongés dans une insatisfaction constante dont ils ne parviennent pas à trouver l'origine.

D'abord, identifier ses désirs

Pour trouver l'équilibre et le bien-être, il faut absolument parvenir à identifier ses propres désirs. Il faut s'autoriser à devenir un être autonome, peut-être

Apprenez à écouter vos désirs, même s'ils sont éloignés de l'image que les autres ont de vous ou qu'ils cadrent mal avec les schémas sociaux.

très différent de ce que les autres ont décidé pour nous. D'autant qu'aux messages parentaux s'ajoutent les nombreux diktats sociaux qui nous poussent à nous conformer à une image précise. Mais sachez que cette image de nous n'est qu'un leurre.

Pour commencer, établissez une liste de vos désirs les plus fous : inscrivez pêle-mêle sur une feuille blanche vos rêves d'enfant, vos désirs d'adulte, vos projets les plus extravagants, vos tentations les plus irréalistes, mais aussi vos envies simples et abordables. Laissez passer

L'ORDONNANCE DES PLAISIRS

Le Dr Carl Simonton, cancérologue américain, fut l'un des premiers à mettre l'accent sur la dimension psychologique du cancer, tant en ce qui concerne le déclenchement de la maladie que son traitement. Il a mis au point une thérapie d'accompagnement qui s'est avérée très efficace. Dans son centre de soins, il recevait de nombreux patients déclarés « incurables » par la science. Il a obtenu une rémission pour près de 30 % d'entre eux et les autres ont vu leur espérance de vie multipliée par deux. Au programme, une psychothérapie, des séances de visualisation et… une ordonnance des plaisirs ! Il demandait à ses patients de faire une liste de plaisirs, des plus simples aux plus fous. Ensuite, chacun devait satisfaire quotidiennement au moins un de ces plaisirs.

quelques jours, puis relisez cette liste et éventuellement complétez-la. Ensuite étudiez-la attentivement et barrez les désirs qui vous semblent correspondre à votre éducation, à votre milieu familial ou à votre environnement social. Il vous restera quelques éléments qui vous appartiennent en propre. Ceux-là sont révélateurs de cette partie de vous-même qui s'est étiolée au fil des ans et qu'il va falloir régénérer.

Autorisez-vous des moments pour vous ressourcer : une sortie au cinéma en solitaire, une séance de hammam…

Ensuite, oser se faire plaisir

Une fois la sélection effectuée, il vous reste à mettre en pratique certains de ces désirs. Sur votre liste, il y en a certainement de réalisables. Et, si ce n'est pas le cas, demandez-vous pourquoi vous ne désirez que des choses impossibles. Peut-être est-ce simplement parce que vous ne vous autorisez pas à ressentir du plaisir…

Nous avons tous besoin de petits moments intimes, des instants qui nous appartiennent en propre, des parenthèses qui nous permettent d'échapper au monde environnant pour nous retrou-

QUELQUES TRUCS ANTI-CULPABILITÉ

– Arrêtez de considérer vos erreurs comme des fautes.
– Dès que vous vous sentez redevable vis-à-vis d'autrui, demandez-vous sincèrement si c'est justifié.
– Arrêtez d'endosser les fautes des autres et de réparer leurs erreurs à leur place.
– Ne confondez plus responsabilité et culpabilité.
– Cessez de minimiser l'importance de vos « bonnes » actions et d'amplifier celle des « mauvaises ».
– Acceptez l'idée que vous n'êtes pas parfait, comme tout le monde autour de vous. Et que vous n'avez pas l'obligation de l'être.
– Arrêtez de croire que vous êtes indispensable à vos proches.
– Acceptez les cadeaux que l'on vous fait, les services que l'on vous rend, le temps que l'on vous accorde.
– Et surtout, chaque fois que vous hésitez à vous faire plaisir, demandez-vous si cela fait vraiment du mal à quelqu'un. Vous constaterez que, la plupart du temps, vous pouvez vous faire plaisir sans nuire à quiconque.

ver. Même si vous avez une vie familiale et professionnelle bien remplie, accordez-vous de temps en temps un moment pour satisfaire votre plaisir, à votre rythme, sans vous préoccuper de quiconque.

Le piège de la culpabilité

Si nous avons tant de mal à nous écouter, à identifier nos désirs et à les satisfaire, c'est que nous sommes tous, peu ou prou, empêtrés dans la toile d'araignée de nos culpabilités inconscientes. Cette culpabilité est inscrite dans les fondements mêmes de notre société occidentale. Que nous soyons chrétiens ou non, nous portons le poids du péché originel, de cette faute commise par Ève qui a entraîné l'humanité dans sa chute. Nous portons sur le dos, le cœur et l'âme une croix qui ne nous appartient pas.

Certes, la culpabilité nous est indispensable : si nous n'avions aucune conscience des fautes que nous commettons et aucun désir de les réparer, nous vivrions dans un chaos perpétuel. Mais cette culpabilité réelle n'a rien à voir avec celle qui nous emprisonne. Notre culpabilité inconsciente ne s'ancre pas dans des fautes réelles. C'est un sentiment diffus qui imprègne ensuite tout ce que nous vivons.

Cette culpabilité nous interdit de nous faire plaisir, sous prétexte que nous ne le méritons pas. Elle peut aussi nous interdire de réussir, de suivre notre propre voie, parce que nous ne voulons pas déplaire à nos parents. C'est encore à cause d'elle que certains s'enferment dans des obligations intenables, toujours prêts à rendre service à tout le monde au mépris de leur fatigue et de leur plaisir. En sortir est un chemin long et patient, dont le premier pas est la prise de conscience.

L'odorat

Chapitre 4

Que seraient un bon repas sans les délicieux effluves qui nous aiguisent l'appétit, la campagne sans l'odeur du foin coupé, une promenade au bord de la mer sans le parfum de l'iode ? Une simple odeur est même capable de faire rejaillir un souvenir oublié. L'odorat est un instrument de bien-être incomparable…

Le nez en l'air...

L'appareil nasal est une petite merveille de technique qui nous permet de reconnaître des milliers de fragrances. Les odeurs savent nous prévenir du danger comme nous dire la beauté du monde. Elles jouent même un rôle dans la sexualité.

Imaginez un monde sans odeurs : triste, dénudé... Les personnes qui souffrent d'anosmie le savent bien. Ces personnes ne sentent rien, ou presque. C'est un trouble sensoriel plus fréquent qu'il y paraît, mais qui est souvent passé sous silence car, contrairement à la perte de la vue ou de l'ouïe, il n'entrave pas totalement la vie quotidienne. Cependant, la perte de l'odorat est très perturbante, bien au-delà de la carence de plaisir qu'elle provoque.

L'anosmie est une perte de l'odorat, totale ou partielle, provisoire ou permanente.

Impossible alors d'être averti du danger du feu ou d'une fuite de gaz. Impossible aussi de profiter des mille saveurs olfactives d'un bouquet de roses ou d'un gâteau fraîchement sorti du four. Impossible, enfin, d'être saisi brutalement par un souvenir enfoui, oublié, ramené à la surface par un effluve.

Comment perçoit-on les odeurs ?

L'odorat est un sens multiple. Il est intimement lié au goût. Lorsque nous mangeons, nous recevons les informations autant par les narines que par les papilles gustatives. Cela n'empêche pas l'odorat de fonctionner de manière autonome, lorsque les récepteurs olfactifs sont stimulés indépendamment des récepteurs gustatifs. Nous comptons environ 30 millions de récepteurs olfactifs, logés dans la muqueuse nasale sur une surface qui n'excède pas celle d'un timbre-poste. Ces récepteurs sont activés directement par des molécules chimiques qui flottent dans l'air. Celles-ci pénètrent dans les narines en même temps que l'air inspiré. Environ 4 % de cet air vient caresser la muqueuse olfactive dans laquelle sont concentrées les cellules réceptrices. C'est largement suffisant pour nous saturer d'odeurs : nos cellules sont si

LES ODEURS DE L'AMOUR

L'odorat joue un rôle essentiel dans la sexualité. Nos émois sensuels entraînent en nous la production de molécules odorantes, les phéromones, qui attirent l'autre et participent à son excitation. En 1980, un chercheur a imprégné certains fauteuils d'un théâtre avec une phéromone masculine, puis il a observé la façon dont les spectateurs choisissaient leur siège. Ils furent tous occupés par des femmes. Intrigué, il retenta l'expérience auprès d'un échantillon masculin en leur demandant de noter des photos de femmes dont certaines étaient imprégnées d'une phéromone féminine. Tous ont mieux noté ces clichés, alors que les femmes étaient moins belles. Un véritable dialogue olfactif se noue ainsi entre les deux partenaires, sans qu'ils en aient conscience. Les odeurs corporelles évoluent en même temps que le désir grandit, participant à la montée vers le paroxysme de l'orgasme. Puis les sécrétions de phéromone cessent. Mais l'imprégnation hormonale des deux corps et les effluves qu'ils dégagent participent à l'attachement mutuel. Le sentiment est donc, lui aussi, coloré par les odeurs…

sensibles qu'il suffit d'une seule molécule pour provoquer en nous une sensation olfactive.

Les cellules olfactives sont munies de cils qui viennent « chercher » les molécules odorantes dans l'air. Ensuite, elles traduisent ce stimulus en informations électriques qu'elles envoient vers le système nerveux, lequel les achemine jusqu'au cerveau. Une fois arrivées, les informations sont aiguillées vers leur zone de traitement et la sensation olfactive est consciemment perçue.

Chaque odeur est composée d'un cocktail de molécules chimiques : on en compte plus de 500 dans le parfum du café, la moitié environ dans celui du beurre. Un nez bien entraîné peut reconnaître 10 000 odeurs.

Un lien avec le divin

Dans certaines sociétés traditionnelles, le nez est considéré comme un outil de communication avec les dieux. C'est en absorbant par le nez des poudres de plantes hallucinogènes que les chamans parviennent à entrer dans la transe qui les fait sortir de leur état de conscience normal pour accéder à une nouvelle dimension de l'esprit. Il arrive même que les poudres magiques préparées à cet effet soient fabriquées avec des museaux d'animaux.

« Comme l'œil, le nez est un symbole de clairvoyance, de perspicacité, de discernement, mais plus intuitif que raisonné », peut-on lire dans le *Dictionnaire des symboles*[7]. « Pour les Bambara, le nez est, avec la jambe, le sexe et la langue, l'un des quatre ouvriers de la société. Organe du flair, il décèle les sympathies et les antipathies. Il oriente les désirs et les paroles. » On retrouve ces associations dans notre langage quotidien. Ne dit-on pas en effet qu'on « ne peut pas sentir » quelqu'un lorsqu'on éprouve de l'antipathie pour lui ? Et quand on ne peut vraiment plus supporter cette personne, ne l'a-t-on pas « dans le nez » ? C'est sans doute parce que l'odorat joue un rôle dans la communication…

Communication olfactive

Les animaux se flairent pour se reconnaître. Pour marquer leur territoire, ils laissent derrière eux des substances odorantes qui signaleront, aux narines des autres, les limites qu'il ne faut pas dépasser. C'est pour cette raison que les chats se font les griffes dans différents coins de la maison ou que les chiens urinent quelques gouttes ici et là dans le jardin et le long de la rue.

Nous aussi, nous communiquons par les odeurs. Certes, les parfums dont nous nous parons masquent nos odeurs animales, mais ils ont la même fonction. Certaines personnes se parfument au point de laisser derrière elles un sillage odorant que certains vont trouver délicieux et d'autres désagréable, selon ce que les odeurs leur évoquent inconsciemment, en fonction de leur histoire et de leurs souvenirs.

Sentir et ressentir

Lorsqu'on entre dans l'intimité d'une personne, l'olfaction se fait plus subtile. Une maman est capable de reconnaître entre mille son nourrisson rien qu'en humant sa peau. Une personne amoureuse fait de même avec l'objet de son émoi. Mais que le désamour s'installe et les odeurs corporelles qui paraissaient délicieuses deviennent d'un coup repoussantes. L'émotion colorait l'odeur corporelle pour en faire un parfum. Lorsque l'émotion change, l'odeur redevient ce qu'elle est.

Sentir et ressentir sont intimement mêlés. Dans son roman *le Parfum*[8], Patrick Süskind fait de son héros, Grenouille, un homme monstrueux, totalement dénué d'émotions mais doté d'un odorat hors du commun. Grenouille ne ressent rien, mais il hume comme personne. Heureusement, ce genre d'individu n'existe pas. Nous pouvons tous sentir et ressentir, en même temps ou à des moments différents.

7 De Jean Chevalier et Alain Gheerbrant, Robert Laffont, 1982.
8 Fayard, 1979.

HISTOIRE DE PARFUMS…

Hippocrate, le père de la médecine occidentale, lutta contre l'épidémie de peste qui ravageait Athènes en suspendant des bouquets de fleurs dans les maisons et en faisant brûler des herbes aromatiques dans les rues. L'histoire raconte que ce traitement eut raison des germes. Plus tard, à Rome, on soignait en faisant respirer aux malades des fumées de plantes. Les Égyptiens, eux, considéraient l'odeur d'une plante comme son essence subtile, son âme, pourrait-on dire. La fabrication des onguents odorants était un art sacré, réservé aux initiés. Dans les textes traditionnels de l'Inde ancienne, on trouve des propos proches : « L'arôme de la fleur, c'est l'âme de la plante qui se dégage au moment le plus beau de sa vie. »

Les odeurs du passé

L'odorat est le plus archaïque de nos cinq sens, le plus instinctif. Les odeurs parlent directement à notre cerveau émotionnel sans passer par le filtre de la pensée consciente. Elles dialoguent avec nos émotions enfouies, nos souvenirs cachés, nos blessures secrètes. Écoutons-les, elles ont des choses à nous dire…

De tous nos sens, l'odorat est celui qui possède le plus fort pouvoir évocateur. Et pour cause : tous nos autres organes sensoriels envoient leur message au cortex cérébral, qui trie et interprète la sensation. L'odorat fonctionne différemment.

La mémoire des odeurs

Le message sensoriel de l'odorat passe directement de la muqueuse nasale au cerveau limbique, sans transiter par le cortex. Or, ce cerveau limbique recueille et conserve la trace de nos émotions les plus anciennes, ainsi que les souvenirs qui leur sont attachés. On l'appelle aussi « cerveau émotionnel ». C'est également lui qui gère notre vie affective. Cela explique qu'une odeur puisse, en une seconde, faire jaillir en nous une sensation de déjà vu, de déjà vécu, bien avant que le souvenir lui-même refasse surface.

Les odeurs jouent donc un rôle majeur dans notre bien-être, par l'intermédiaire de ce système permanent d'associations. Selon qu'elles sont associées à de bons ou de mauvais souvenirs, elles nous mettent dans un état de bien-être ou de trouble. Cet état est beaucoup plus profond que celui provoqué par les autres messages sensoriels, car le contenu affectif de l'odorat n'est pas altéré par le cortex. Les odeurs ne sont pas interprétées par le cerveau et recréées.

Dans *Du côté de chez Swann*[9], Marcel Proust a très bien décrit la manière dont la saveur des madeleines suffisait à réveiller en lui les sensations de son enfance. Ces souvenirs étaient ravivés par son odorat autant que par la sollicitation de ses papilles. Cet exemple montre bien le lien direct qui existe entre les *stimuli* olfactifs et les souvenirs.

9 Le Livre de poche.

Les fœtus aussi

Ces associations remontent très loin. Pendant leur vie intra-utérine, même s'ils baignent dans un milieu liquide, les fœtus sentent. Leurs bourgeons olfactifs sont titillés par les molécules du liquide amniotique, lequel est parfumé par l'alimentation maternelle.

L'équipement olfactif commence à se former très tôt, dès le troisième mois de gestation, alors que l'embryon ne mesure qu'une dizaine de centimètres. Mais il faut attendre au moins trois mois pour que ces organes soient opérationnels. À la naissance, le bébé possède un odorat infaillible qui lui permet de trouver le chemin du sein maternel.

Nous utilisons moins notre odorat que les animaux ou nos ancêtres préhistoriques. Nous n'en avons plus besoin pour voir venir le danger, suivre la piste d'un bison, savoir si une femelle est fécondable ou si un fruit sauvage est bien comestible.

LEURRES OLFACTIFS

Les leurres sont des petits boîtiers contenant des substances odorantes choisies en fonction de l'effet désiré (antifringale, antitabac, antistress…). Lorsqu'on a une envie irrésistible de manger ou de fumer, on ouvre le boîtier et on respire l'odeur qui s'en dégage. Les centres olfactifs sont directement stimulés et le cerveau enregistre un message de satisfaction qui vient remplacer la prise alimentaire ou la cigarette. Le cerveau est leurré, il prend un plaisir à la place d'un autre, la pulsion se calme. On trouve ces leurres en pharmacie ou parapharmacie.

Mais nous pouvons encore utiliser notre odorat pour notre bien-être en cultivant les odeurs qui nous font du bien.

Les odeurs et le bien-être

Les odeurs sont liées à la respiration, le fil invisible qui nous relie à la vie. Pour sentir, il faut faire entrer en soi de l'air porteur de molécules odorantes. Nous ne pouvons pas nous abstraire des odeurs, sauf à nous abstenir de respirer, ce qui est rapidement mortel ! Nous vivons dans un bain odorant permanent, alors autant en profiter...

Les grandes entreprises ne s'y sont pas trompées. Depuis plusieurs années, les produits que nous achetons sont imprégnés d'odeurs destinées à provoquer chez nous, consommateurs, un réflexe d'achat. Lorsque nous passons devant une boulangerie qui dégage une odeur de bon pain chaud jusque sur la chaussée, c'est la plupart du temps l'émanation de molécules chimiques surajoutées. Dans les entreprises japonaises, des senteurs sont diffusées dans les bureaux afin d'optimiser le rendement du personnel : le matin, du citron pour tonifier les esprits encore endormis, l'après-midi, du jasmin pour détendre les personnes trop stressées.

Les leurres antifringale peuvent vous aider dans le cadre d'un régime minceur.

La thérapie par les odeurs

Un chimiste irlandais, George Dodd, a même créé l'osmothérapie, ou thérapie par les odeurs. Il a réussi à isoler une molécule odorante équilibrante, qu'il a baptisée « Osmone 1 ». Selon lui, il s'agit d'une odeur universelle, absolument apaisante, qui fait renaître en nous le souvenir de l'odeur maternelle telle que nous la recevions pendant les tout premiers jours de notre vie, au moment où le sein maternel nous apportait une sécurité et un apaisement absolus. Il a expérimenté sa molécule sur des personnes anxieuses, stressées, déprimées, et a obtenu des résultats très intéressants : près de 50 % d'effets positifs. Les odeurs peuvent donc bel et bien nous apporter un surplus de bien-être. Le tout est de savoir les utiliser...

ODEUR ET MINCEUR

L'odeur peut aider à perdre du poids. C'est ce que révèle une étude menée par le Smell and Taste Treatment Research de Chicago. 3 193 personnes ont été sélectionnées, chacune ayant un excès de poids d'au moins 30 kilos. Elles ont choisi, au cours d'un test, les odeurs qu'elles préféraient. Ensuite, pendant six mois, on leur a demandé de respirer leur mélange odorant personnel chaque fois qu'elles se sentaient contrariées ou qu'elles ressentaient une forte pulsion alimentaire. Ces volontaires ont perdu en moyenne 3 kilos par mois, sans faire le moindre régime.

Le parfum des huiles essentielles

Les huiles essentielles sont des extraits de plantes, très concentrés, très odorants. On les utilise en parfumerie, mais on peut aussi les employer de manière thérapeutique. Une bonne façon d'allier l'utile des plantes à l'agréable de leurs parfums…

Les petits flacons d'huiles essentielles diffusent des fragrances puissantes dès qu'on les ouvre. Parmi ces odeurs, certaines sont calmantes, apaisantes, relaxantes, d'autres sont tonifiantes ou désinfectantes.

C'est que les huiles essentielles sont des extraits de plantes très concentrés. Certaines essences contiennent jusqu'à 200 principes actifs, qui sont cent fois plus concentrés que dans la plante d'origine. C'est pourquoi elles ont une action thérapeutique extrêmement puissante.

HISTOIRE D'HUILE

Dans l'Antiquité, les Égyptiens utilisaient déjà des huiles essentielles pour fabriquer des onguents et surtout dans le procédé de momification des morts. Mais on ne leur connaissait aucun usage thérapeutique. Au Moyen Âge, les parfumeurs en firent la base des produits qu'ils fabriquaient pour les dames de haut rang. Ce n'est finalement qu'au XXe siècle qu'on s'intéressa à leurs vertus thérapeutiques.

Prudence exigée…

Il faut éviter d'avaler des huiles essentielles car certaines sont très toxiques à cause de leur extrême concentration. Les doses prescrites sont de l'ordre de la goutte et il ne faut surtout pas les dépasser. Pour un traitement par voie orale, mieux vaut consulter un thérapeute spécialisé qui vous délivrera une ordonnance et surveillera l'évolution du traitement.
Mais on peut sans aucun risque employer ces huiles pour parfumer l'atmosphère dans la maison, pour transformer un

massage en moment de délice ou pour faire d'un simple bain une parenthèse de bien-être. Au-delà du plaisir que procurent leurs parfums intenses, elles diffuseront dans l'air ou dans l'eau du bain des principes actifs qui pénétreront dans l'organisme par la respiration ou à travers la peau.

Attention ! les principes actifs des huiles essentielles sont très puissants. Utilisez-les avec prudence, et seulement pour des soins externes.

Modes de fabrication

Pour fabriquer une huile essentielle, on procède différemment selon la partie de la plante utilisée. Pour les feuilles, les tiges et les branches, on a recours à une distillation à la vapeur. Les plantes sont placées dans une grande cuve où elles macèrent dans de la vapeur d'eau. Celle-ci s'échappe à travers un long tuyau, emportant avec elle les principes actifs de la plante les plus volatils. Le long de ce canal froid, des gouttes de vapeur condensée se déposent sur les parois. Il ne reste plus alors qu'à les récolter et à les filtrer pour obtenir l'huile essentielle bien pure.

Pour extraire les huiles essentielles des agrumes, c'est plus simple : on se contente de presser leur écorce car l'essence est contenue dans leurs petites vésicules. On appelle ce mode d'extraction l'« expression ».

Choisissez de préférence des huiles essentielles biologiques, « 100 % pures et naturelles ».

Enfin, les fleurs subissent un enfleurage : elles sont déposées sur une couche de cire naturelle qui recueille les principes actifs qu'elles dégagent en se fanant. C'est cette cire saturée que l'on distille ensuite à basse température. Ce mode de distillation floral est surtout utilisé pour fabriquer des parfums.

Toutes les plantes ne donnent pas d'huile essentielle. Une laitue, par exemple, ne contient pas de principes actifs susceptibles d'être ainsi recueillis. Seules les plantes aromatiques peuvent être traitées de cette manière. Cela représente tout de même une belle panoplie !

L'antibiotique n° 1

Toutes les huiles essentielles ont des vertus antibiotiques. Certaines plus encore que d'autres. Si l'on pose une goutte d'huile essentielle de cannelle ou d'eucalyptus sur un microbe, celui-ci meurt immédiatement, ou cesse de se multiplier, ce qui revient au même.
Mais il n'est pas très aisé de mettre de l'huile essentielle directement sur nos

DES VERTUS DIFFÉRENTES

En règle générale, les huiles essentielles ont des vertus très proches de celles des plantes d'origine. Dans certains cas, pourtant, ces vertus diffèrent. Certaines molécules actives sont trop lourdes pour être entraînées par la vapeur. Elles ne se retrouvent donc pas dans l'huile essentielle. C'est le cas des valtrates contenus dans la valériane et qui donnent à cette plante son pouvoir sédatif. L'huile essentielle de valériane est donc beaucoup moins sédative que la plante. Parfois, c'est l'action conjuguée de la chaleur et de la vapeur qui provoque de nouveaux assemblages moléculaires. C'est le cas de l'essence d'ail, qui protège les artères contre les amas de plaquettes sanguines de manière beaucoup plus efficace que la plante.

microbes lorsqu'ils nous ont envahis, et encore moins sur des virus. Il faut donc avoir recours à des subterfuges. Pour soigner les infections cutanées, il suffit de déposer de l'huile essentielle, pure ou diluée selon la variété, directement en contact avec la blessure ou la plaie. Pour les infections pulmonaires, la meilleure voie d'accès est le lavement ou le suppositoire : les principes actifs passent directement dans le sang à travers les fines parois des veines hémorroïdaires et remontent jusqu'aux poumons sans avoir été altérés par la digestion. On peut aussi faire des inhalations.
Lorsqu'on les avale, les huiles sont digérées comme les aliments. Mais il semble que l'essentiel des principes actifs reste intact et passe dans la circulation sanguine comme les nutriments. Ensuite, ils sont acheminés jusque sur le lieu de l'infection.
Enfin, les huiles gardent leur efficacité lorsqu'on les étale sur la peau. Les principes actifs franchissent la barrière cutanée et rejoignent rapidement la circulation sanguine générale en pénétrant dans les fins vaisseaux qui nourrissent le derme. Attention, cependant, à ne pas vous

BIEN CHOISIR SES HUILES ESSENTIELLES

Toutes les huiles essentielles ne se valent pas. Leur qualité dépend avant tout des plantes dont elles sont tirées. Par exemple, un thym poussé dans son milieu d'origine, dans une terre aride, au soleil du Midi, contient plus de thymol que son cousin grandi sous serre dans une contrée nordique. L'huile essentielle extraite du premier sera donc plus riche en principes actifs et plus efficace sur le plan thérapeutique que celle issue du second.
De la même façon, les produits chimiques utilisés pour la culture intensive (les engrais, les pesticides...) pénètrent dans les plantes et se retrouvent dans les huiles essentielles qui en sont extraites.
Pour être sûr d'acheter une huile essentielle de qualité, lisez bien son étiquette. Elle doit porter cette mention : « huile essentielle 100 % pure et naturelle » – et être de préférence d'« origine biologique ».

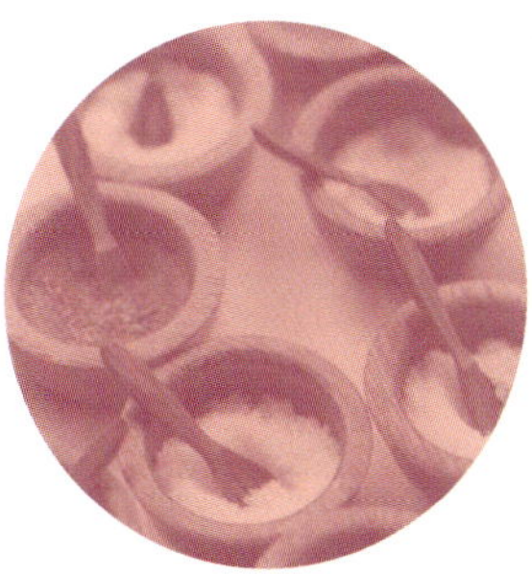

exposer au soleil pendant les deux heures qui suivent un massage aux huiles essentielles, car certaines sont photosensibilisantes !

Pour profiter des bienfaits des huiles essentielles sans danger, utilisez un diffuseur.

Des vertus sédatives…

Les huiles essentielles ont bien d'autres vertus. Certaines sont digestives. Elles agissent donc sur le fonctionnement du foie, de l'estomac, de l'intestin… Nombreuses sont celles qui possèdent des vertus psychotropes : somnifères, sédatives, anxiolytiques, antidépressives… D'autres encore sont cicatrisantes, antalgiques, circulatoires, anti-inflammatoires, dépuratives…
Certaines sont toxiques ou demandent à être maniées avec soin. Mais la plupart ne posent pas de problèmes tant que vous vous contentez de les respirer, de les diffuser dans la maison, de les verser dans votre bain ou d'en confectionner des huiles de massage.

Ajoutez quelques gouttes d'huile essentielle de lavande à l'eau de votre bain. Grâce à la chaleur, ses principes actifs pénètreront dans votre organisme. En plus, son délicat parfum embaumera la pièce.

Quelques huiles indispensables

Voici quelques huiles essentielles d'usage domestique, que vous pouvez utiliser chez vous sans risque.
– **Citron :** vous pouvez l'employer en cuisine – 2 gouttes suffisent pour parfumer une vinaigrette, une compote, une salade de fruits ou un bol de fromage blanc. Elle a alors des vertus digestives, notamment hépatiques. En diffusion dans l'atmosphère, elle est antiseptique et stimulante. En massage, elle fluidifie le sang, réduit la pression artérielle et combat les douleurs rhumatismales.
– **Eucalyptus :** évitez absolument d'ingérer cette huile, car elle est toxique. En revanche, en diffusion dans l'atmosphère, elle est bactéricide et antiseptique, et diffuse une odeur très agréable dans la maison. En inhalation, elle fait merveille contre les infections respiratoires. En friction, elle soulage les rhumatismes. Elle a, en plus, des vertus cicatrisantes. Préférez la variété *Eucalyptus globulus*.
– **Lavande :** s'il est une huile essentielle que vous devez toujours avoir chez vous, c'est bien celle de *Lavandula angustifolia* ou *Lavandula officinalis*. Elle s'utilise par voie respiratoire et cutanée. Elle est absolument dénuée de toxicité et n'irrite pas la peau. C'est une des rares huiles que vous pouvez appliquer directement sur l'épiderme sans risque. Elle agit sur les mycoses, accélère la cicatrisation des plaies et des brûlures ; en outre, elle est antispasmodique, antidé-

pressive, sédative, elle soulage les douleurs articulaires et purifie l'atmosphère. On peut aussi l'employer en inhalation contre les maladies respiratoires. Il paraît même qu'elle chasse les poux. Et, en plus, elle sent très bon…

éviter de l'utiliser dans le bain car elle procure une sensation de froid intense. En friction, cantonnez-vous à des zones réduites. Elle est stimulante, combat la fatigue, améliore la digestion. En inhalation, elle calme les toux sèches.

– **Marjolaine :** c'est une huile aux vertus hypotensives et vasodilatatrices. Elle soulage l'anxiété, les migraines, l'insomnie, mais aussi les douleurs rhumatismales ou les spasmes digestifs. Mais ne l'avalez pas, car à forte dose elle a un effet narcotique.

Les huiles essentielles s'utilisent en friction, en massage, en inhalation, ou même diluées dans l'eau du bain…

– **Menthe poivrée :** gardez-en toujours un flacon sur vous et, lorsque vous êtes fatigué dans la journée, mettez une goutte (une seule) sur le bout du doigt et passez-le sur le bout de la langue et les gencives. La sensation est très puissante et donne un vrai coup de fouet. Il faut

– **Néroli :** c'est l'huile essentielle tirée des fleurs d'oranger. Elle sent très bon dans la maison. En friction ou en massage, elle est calmante et apaisante. Elle soulage l'anxiété et les états dépressifs légers. Elle aide également à lutter contre le trac.

– **Orange amère :** elle aussi fait merveille dans la cuisine, comme l'huile essentielle de citron. Mais celle-ci a des vertus plutôt sédatives et antispasmodiques. En diffusion dans l'atmosphère, elle est bactéricide. En friction, elle combat la fièvre, favorise la détente, réduit la nervosité. C'est un excellent produit anticellulite car elle aide à lutter contre la rétention d'eau.

– **Romarin :** pour cette huile, confiez la thérapie par voie orale à un spécialiste et contentez-vous de l'utiliser en diffusion, inhalation ou friction. C'est un anti-

septique puissant, capable de désinfecter l'atmosphère de toute la maison. Si vous trouvez son parfum trop fort, mélangez-la à une huile plus douce, comme celle d'orange. Elle est cicatrisante et soulage les douleurs, notamment articulaires. C'est un stimulant intellectuel.

– **Ylang-ylang :** ayez toujours chez vous cette huile essentielle, pour le plaisir, car son parfum est suave et voluptueux. La fleur exotique dont elle est extraite a des vertus à la fois sédatives et euphorisantes. Dans les pays d'Orient, on lui confère aussi une action aphrodisiaque. Une chose est sûre, en diffusion dans l'atmosphère et en massage, elle prépare à la sensualité.

Certaines huiles essentielles ont un parfum très fort qui peut gêner. Dans ce cas, mélangez-les avec une autre huile dont le parfum vous plaît.

L'art du bain odorant

Vous avez une demi-heure devant vous ? Profitez-en. Vous allez transformer l'acte d'hygiène qu'est le bain en moment de détente, de plaisir et de bien-être. Prévenez le reste de la maisonnée et demandez qu'on ne vous dérange sous aucun prétexte. Cette demi-heure vous appartient.

Faites couler un bain assez chaud (environ 38 °C), allumez quelques bougies dans votre salle de bains, préparez une grande serviette ou un peignoir en éponge. Vous pouvez aussi mettre un CD de musique très douce ou de bruit de nature (ressac, chant d'oiseaux…).

De l'eau, de l'huile et du lait

Pendant que l'eau coule, préparez 10 gouttes d'huiles essentielles de votre choix. Avant de les mettre dans la baignoire, il faut les diluer. Pures, les huiles essentielles ne peuvent pas se mélanger à l'eau et restent en surface. Or, certaines d'entre elles sont irritantes si on les met directement en contact avec la peau.

Vous avez plusieurs solutions. Vous pouvez les mélanger avec une cuillerée de lait, de préférence en poudre, un verre de gros sel marin ou un jaune d'œuf. Voire, si vous n'avez rien d'autre sous la main, avec une cuillerée de bain moussant, mais ce n'est pas l'idéal car les produits synthétiques des bains moussants industriels peuvent contrarier l'effet des huiles naturelles.

Vous pouvez aussi mélanger les huiles avec une cuillerée d'une huile végétale hydratante, comme l'huile de germe de blé, d'amande douce, de noyau d'abricot ou d'onagre. Ces huiles se mélangent à l'eau du bain, entraînant les huiles essentielles. Elles laissent sur la peau un film très doux. Il ne vous reste qu'à répandre votre préparation sous les robinets pendant que l'eau coule.

Avant de la mettre dans votre bain, mélangez l'huile avec du lait en poudre, du gros sel marin ou un jaune d'œuf.

À travers la peau

Lorsqu'on se plonge dans un bain, les pores de la peau se dilatent rapidement sous l'effet de la chaleur. Les principes actifs des huiles essentielles pénètrent par ces ouvertures, rejoignent la circulation sanguine et se répandent rapidement dans tout le corps. Les molécules les plus légères sont emportées par la vapeur et s'infiltrent dans l'organisme lorsqu'on respire. Il faut donc rester dans le bain suffisamment longtemps (20 minutes environ) pour que l'organisme soit « envahi » de toutes parts par les huiles bénéfiques.

Prenez votre temps

Lorsque vous sortez du bain, ne vous essuyez pas. Les huiles qui se sont déposées à la surface de votre peau ont besoin d'un peu de temps encore pour finir de pénétrer dans votre organisme. Enveloppez-vous dans une serviette ou un peignoir et allongez-vous 10 minutes au calme, dans la pénombre. Si vous prenez votre bain le soir, mettez-vous aussitôt au lit : votre sommeil n'en sera que meilleur.

LES MEILLEURES HUILES POUR LE BAIN

Pour le bain, choisissez des huiles essentielles aux odeurs agréables, pas trop irritantes et adaptées à votre état physique et mental. Ainsi, le soir, préférez les essences relaxantes et apaisantes ; le matin, des huiles plus tonifiantes.

– Les huiles essentielles apaisantes : lavande, camomille, jasmin, néroli, mandarine, mélisse, vétiver, rose, bergamote, ylang-ylang, marjolaine, orange.

– Les huiles essentielles tonifiantes : romarin, cèdre, citron, verveine, menthe poivrée, citronnelle, pin.

– Si vous êtes enrhumé ou grippé, ajoutez quelques gouttes d'une huile aux vertus antiseptiques bronchiques, comme l'eucalyptus, le sapin, le thym, le niaouli ou l'anis.

Parfumer, assainir…

Les huiles essentielles sont très volatiles et leurs principes actifs odorants s'évaporent au contact de l'air. La chaleur active encore leur diffusion. L'air des maisons est rapidement assaini et parfumé par quelques essences bien choisies.

Les huiles essentielles sont irremplaçables pour assainir l'atmosphère de la maison. Lorsqu'un membre de la famille est enrhumé ou grippé, quelques gouttes d'une huile essentielle antibiotique (eucalyptus, pin, romarin, lavande…) débarrassent rapidement l'air des germes ambiants. C'est également efficace pour se protéger contre les microbes de l'hiver et éviter leur prolifération. Vous pouvez, de la même manière, profiter des bienfaits tonifiants des huiles essentielles le matin, relaxants le soir, voire créer une atmosphère sensuelle propice aux moments tendres. Certaines huiles vont même plus loin et agissent, en diffusion, sur des troubles spécifiques. L'huile essentielle de géranium, par exemple, stimule les glandes corticosurrénales et participe à la régularisation de la fonction hormonale chez les femmes. Elle est idéale pendant la période qui précède les règles pour éviter les désagréments du syndrome prémenstruel.

PENSEZ À AÉRER !

Assainir l'air de la maison, c'est bien. Mais cela ne vous dispense par d'aérer régulièrement. Il suffit d'ouvrir grandes les fenêtres pendant 5 minutes pour en renouveler l'air. Effectuez cette opération matin et soir, et ce quel que soit le temps. C'est indispensable pour vous débarrasser des polluants intérieurs, évacuer l'excès d'humidité et recharger l'air en ions négatifs… Ensuite, vous pourrez diffuser les huiles essentielles de votre choix en étant sûr d'obtenir un bon résultat.

Au top : le diffuseur

On peut diffuser des huiles essentielles de diverses façons. Le plus simple est d'utiliser un vaporisateur. Mélangez une vingtaine de gouttes d'essence à 50 ml d'eau et vaporisez dans la pièce. Vous bénéficierez ainsi de l'odeur, mais pas forcément des autres caractéristiques car les gouttes d'eau sont trop lourdes pour rester en suspension dans l'atmosphère. Vous pouvez aussi verser quelques gouttes d'huile essentielle sur un anneau en terre cuite que vous poserez sur une ampoule. En chauffant, l'essence se diffusera et parfumera la pièce. Mais, là encore, l'effet thérapeutique sera limité car la chaleur altère certains principes actifs. La meilleure solution pour diffuser reste le diffuseur d'huiles essentielles. Il en existe bien sûr divers modèles, plus ou moins esthétiques et surtout plus ou moins bruyants. Veillez surtout à ce qu'il ne chauffe pas les huiles afin de préserver tous leurs composants.

Huiles pour la maison

Choisissez les huiles essentielles que vous diffuserez chez vous selon vos goûts, puis variez-les en fonction de vos besoins et du moment de la journée :

– Le matin, pour vous stimuler, pensez aux huiles de romarin et de coriandre, qui combattent la fatigue psychique. Celles de menthe, de citron, de pin et de cannelle donnent du tonus. Si vous avez besoin d'un petit coup de pouce pour affronter une épreuve qui vous intimide, ajoutez quelques gouttes de marjolaine.

– Le soir, pour vous détendre et évacuer le stress de la journée, utilisez la lavande, la mélisse, le néroli, la mandarine. Pour faciliter le sommeil, pensez au santal ou à la rose. Et, si votre moral est en berne après une journée éprouvante, tournez-vous plutôt vers la camomille, le vétiver ou l'ylang-ylang.

– Enfin, pour une tendre parenthèse, pensez à l'ylang-ylang, au santal, à la cannelle, à l'anis ou au bois de rose.

De l'encens dans la maison

La tradition des bâtonnets d'encens nous vient d'Orient. Comme les huiles essentielles, ils savent relaxer, favoriser la concentration et la méditation, mais aussi tonifier, apaiser, et même, dans certains pays, soigner. En plus, ils parfument agréablement l'atmosphère et chassent les microbes. Que demander de plus…

L'encens que l'on respire dans les églises est la résine d'un arbre rare, qui pousse dans le sud du Yémen. Son odeur entêtante est souvent associée aux cérémonies religieuses. Très différents sont les bâtonnets ou les cônes d'encens que l'on peut faire brûler chez soi, pour diffuser dans l'atmosphère leurs parfums subtils.

Fabrication artisanale

Les encens nous viennent d'Orient. Là-bas, ils sont les alliés indispensables des séances de méditation ou de prière. En Inde, ils ont même des vertus médicinales. Ces encens ayur-védiques sont élaborés de manière à équilibrer la nature énergétique de ceux qui les respirent.
On trouve facilement aujourd'hui des encens importés d'Orient, ainsi que d'autres confectionnés ici. Au Japon, ils sont fabriqués à partir de matières rares et précieuses (plantes, écorces, résine, plantes à parfum, épices…), notamment des bois destinés à favoriser l'élévation spirituelle. Au Tibet, ils renferment parfois plus de trente ingrédients, dont des plantes rares qui ne poussent que sur les hauts plateaux de l'Himalaya. Ces substances sont sélectionnées, mélangées, puis finement broyées. À cette poudre on ajoute ensuite de l'eau et de la colle végétale. Parfois, pour confectionner certains encens occidentaux, on ajoute à cette pâte quelques gouttes d'huile essentielle. Lorsque la matière première est prête, on la moule en petits cônes ou en bâtonnets que l'on fait sécher longtemps.

Si, en Orient, l'encens est indissociable des séances de méditation et de prière, en Occident, on l'apprécie pour ses effluves variés.

Senteurs fleuries, boisées, sucrées…

On ne respire pas seulement des encens pour le plaisir. D'abord, les substances végétales et parfois minérales qu'ils contiennent assainissent l'atmosphère. En plus, ils produisent sur nous des effets différents selon leur parfum. Les senteurs portées par les volutes de fumée se répandent dans l'atmosphère et pénètrent en nous par la respiration. Elles titillent nos centres olfactifs et déclenchent des modifications de nos états mentaux. Globalement, les senteurs plutôt boisées, comme celles du santal ou du cèdre, favorisent le calme et la concentration. Les fragrances plus acidulées, comme celles des agrumes, ont un effet plus tonique. Les parfums fleuris, ceux du lilas, du muguet, de la rose, favorisent la créativité et l'agilité mentale. Les odeurs sucrées, comme celle de la vanille, sont plus apaisantes et favorisent la communication.
Vous pouvez ainsi choisir vos encens selon vos préférences, mais aussi selon l'usage que vous désirez en faire. Mais achetez toujours des encens de bonne qualité, même s'ils sont plus chers. Dans les encens médiocres, on trouve des parfums synthétiques qui ne produisent pas les mêmes effets lorsqu'on les inhale.

L'encens se présente sous forme de bâtons ou de cônes. Choisissez votre porte-encens en conséquence.

Certaines molécules peuvent même s'avérer légèrement toxiques et provoquer des allergies.

L'ENCENS EN RUBANS

Lorsqu'on fait brûler du papier d'Arménie, une odeur très particulière s'en dégage. Un parfum que l'on reconnaît entre tous. Il est dû au benjoin, la résine d'un arbre, le styrax, cultivé en Asie méridionale. Cette résine a des propriétés antiseptiques. Elle lutte contre les microbes, neutralise certaines substances polluantes et chasse les mauvaises senteurs tenaces, comme le tabac ou les odeurs d'animaux domestiques.
Le papier d'Arménie peut être utilisé dans toute la maison, à tout moment. Il se présente sous forme de petites feuilles de buvard, imprégnées de parfum, que l'on fait brûler dans un brûle-parfum approprié ou dans une simple coupelle.

L'univers des parfums

Certains aiment se draper dans des senteurs marquées qui les suivent dans leur sillage. D'autres préfèrent les fragrances rafraîchissantes et légères. Le choix du parfum est très personnel. Il dit aux autres quelque chose de nous. Mais on peut aussi utiliser des parfums pour évoluer. Alors, pourquoi ne pas les fabriquer soi-même ?

Pour fabriquer des parfums, on a puisé dans tout ce que la nature a mis à notre disposition. Les fleurs, bien sûr. Mais elles ne se suffisent pas à elles-mêmes lorsqu'on veut fixer leurs senteurs exquises dans un liquide. Il faut pour cela y ajouter des racines comme celles de l'iris ou du vétiver, des écorces comme celle du santal, des résines comme le benjoin, des feuilles odorantes comme celles du basilic ou du laurier, des agrumes… Sans oublier les épices : cannelle, vanille, badiane… Des substances animales interviennent également (le musc, l'ambre, la civette) pour fixer les senteurs. Ces ingrédients sont ensuite

ATTENTION AU SOLEIL…

Évitez de mettre du parfum avant de vous exposer au soleil. L'alcool augmente la sensibilité de la peau, qui peut brûler rapidement aux endroits que vous avez parfumés. Des réactions allergiques peuvent aussi apparaître. En plus, certaines substances contenues dans les parfums sont photosensibilisantes et accentuent encore les risques. En été, vous pouvez vous tourner vers les eaux parfumées. Non seulement ces eaux ne contiennent ni alcool ni photosensibilisants, mais elles sont souvent enrichies en substances hydratantes.

distillés selon des procédés adaptés à leur structure. On obtient ainsi un liquide très concentré, le concrète, qui sera encore concentré pour donner l'absolue. C'est avec cette âme florale intense que le créateur va opérer son savant mélange. Ainsi naissent les parfums, avec leurs notes de tête (ce que l'on sent en premier), leurs notes de cœur (ce qui apparaît ensuite et qui dure plus longtemps) et leurs notes de fond (ce qui fait durer le parfum et lui donne son intensité). Autant de subtilités destinées à mettre en scène ce que les fragrances portent en elles de plus beau. Un parfum contient en moyenne une centaine d'ingrédients, certains grands parfums en comptent jusqu'à 300 !

Le premier parfum

Le premier parfum connu est l'eau de Hongrie, créée pour la reine Élisabeth de Hongrie vers 1360. C'était une eau aussi thérapeutique qu'odorante, car elle contenait des plantes médicinales, comme le romarin et la marjolaine. La reine vécut longtemps et conserva son teint de jeune fille grâce, disait-on, aux vertus de cette eau. Plus tard, au XVIe siècle, les belles prirent l'habitude de parfumer leurs gants. C'est à cette époque qu'un premier laboratoire s'installa à Grasse, capitale du parfum aujourd'hui encore. Deux siècles plus tard, les lotions odorantes avaient gagné la cour du Roi-Soleil, qui changeait chaque jour de parfum.

Citron ou rose ?

La légende raconte que Marilyn Monroe dormait, la nuit, avec pour tout vêtement un voile de Chanel n° 5. Les parfums nous habillent, nous révèlent, nous stimulent ou nous apaisent. Les spécialistes des parfums planchent depuis de nombreuses années pour essayer de vérifier, mesures en main, l'effet des parfums sur notre organisme et sur notre mental.
C'est notamment le cas des chercheurs japonais qui travaillent dans les laboratoires des grandes marques de cosmétiques, comme Shiseido. Ils ont découvert que chaque senteur agit d'une manière particulière sur notre équilibre neurochimique et hormonal. Donc sur notre stress et nos états d'âme. On sait maintenant avec certitude que le simple fait de respirer l'odeur d'une rose ralentit les pulsations cardiaques, alors que l'odeur du citron provoque rapidement une chute du cortisol dans le sang. Le cortisol étant l'une des hormones de stress, l'odeur du citron permet d'évacuer nos tensions excessives.
Lorsqu'un parfum nous plaît, lorsqu'il nous parle, c'est qu'il agit sur nous et que nous lui répondons. Ce n'est pas par hasard si les personnes stressées choisissent plutôt des odeurs fleuries, et les actifs extravertis des senteurs citronnées et acidulées, alors que les personnes timides préfèrent se parer d'odeurs poudrées et ambrées.

Les eaux fabriquées maison tiennent moins bien que les vrais parfums, mais sont agréables au sortir du bain.

Fabriquez vous-même votre parfum

Ainsi, le geste quotidien qui consiste à se parfumer ne sert pas seulement à attirer l'attention des autres sur soi. Il a aussi pour mission de préserver notre équilibre et notre joie de vivre. Certains parfumeurs l'ont bien compris, qui proposent des coffrets de différents parfums correspondant à nos humeurs : colère, joie, jalousie…
Si vous désirez suivre les fluctuations de vos désirs d'encore plus près, vous pouvez fabriquer vous-même des eaux de senteurs naturelles. Leur parfum est certes plus volatil, mais cependant fort agréable. Pour les préparer, il vous faut un récipient en verre qui ferme hermétiquement, de l'eau distillée et de l'alcool ou, à défaut, de la vodka non parfumée, car c'est un alcool qui préserve les odeurs. Une fois réalisés, ces parfums se conservent dans un flacon en verre fumé, dans un lieu sec et frais, de préférence à l'abri de la lumière. Selon les fleurs dont ils sont issus, ils se conservent jusqu'à un an.

COMMENT CHOISIR ?

Les parfums développent différemment leur senteur selon les épidermes. On dit même parfois qu'un parfum « tourne » lorsque son odeur change complètement sur une peau. Lorsque vous choisissez un parfum, prenez votre temps, vous éviterez des mauvaises surprises. Mettez-en quelques gouttes sur votre poignet, puis allez faire un tour. Une heure plus tard, le mélange aura eu le temps de développer tous ses arômes et vous saurez vraiment ce qu'il devient sur votre peau. Vous pourrez alors faire votre choix. Évitez d'essayer plus de deux parfums en même temps (un sur chaque poignet). Au-delà, toutes les odeurs se mélangent.

– **L'eau de lavande :** pour la préparer, il vous faut 200 ml d'eau distillée, 100 ml d'alcool, 20 gouttes d'huile essentielle de lavande et un gros bol de fleurs de lavande fraîches. Placez les fleurs dans le récipient, ajoutez l'eau et l'alcool, puis l'huile essentielle. Fermez et laissez reposer à l'abri de la lumière et de la chaleur pendant deux semaines. Puis filtrez avec un linge fin et mettez en bouteille. Cette eau florale est parfaite lorsqu'on désire se détendre et apaiser ses tensions.

– **L'eau d'épices :** pour la confectionner, il vous faut 200 ml d'eau distillée, 100 ml d'alcool, 6 clous de girofle, 6 fleurs d'anis étoilé, 6 bâtons de vanille incisés par le milieu et 5 gouttes d'huile essentielle de muscade. Mélangez l'alcool et l'eau dans le récipient et ajoutez les épices. Fermez et laissez reposer une semaine à l'abri de la lumière. Ajoutez l'huile essentielle, remuez et laissez encore reposer une semaine. Puis filtrez et mettez en bouteille. Cette eau épicée et boisée fait merveille lorsqu'on se sent un peu déprimé au cœur de l'hiver.

– **L'eau d'agrumes :** pour la préparer, il vous faut 200 ml d'eau distillée, 100 ml d'alcool, le zeste d'une orange et celui d'un citron découpés en fines lamelles, 10 gouttes d'huile essentielle de citron, 10 gouttes d'huile essentielle d'orange douce, 10 gouttes d'huile essentielle de bergamote. Mettez les zestes dans le récipient, puis ajoutez l'eau et l'alcool. Laissez reposer une semaine à l'abri de la lumière. Puis ajoutez les huiles essentielles et laissez reposer une semaine de plus. Filtrez et mettez en bouteille. C'est une eau dynamisante, idéale pour accompagner le début du printemps.

Lorsque vous choisissez un parfum, essayez-le toujours directement sur votre peau, car ses senteurs se modifient au contact de l'épiderme.

Les huiles parfumées beauté

Les odeurs se feront produits de beauté pour peu que vous mélangiez des essences odorantes à des huiles végétales. Ces préparations entretiennent la peau, préviennent les rides, embellissent les cheveux, nourrissent les ongles… Vous pouvez facilement les préparer vous-même.

DES HUILES QUI SOIGNENT

Certaines huiles végétales possèdent de telles vertus qu'on les utilise presque comme des médicaments. C'est le cas notamment de l'huile de millepertuis, aux vertus cicatrisantes et régénérantes, et surtout de l'huile de rose musquée du Chili. Ce petit rosier pousse à l'état sauvage sur les hauteurs des Andes. On tire de ses fruits une huile exceptionnellement riche en acides gras poly-insaturés et en vitamine A. L'huile de rose musquée active la cicatrisation des plaies et des brûlures, réduit les cicatrices, mais aussi les rides et les taches de vieillesse, atténue les vergetures, soulage les coups de soleil… Elle est si efficace qu'il n'est pas nécessaire de lui ajouter d'autres huiles essentielles.

Il suffit de mélanger des huiles essentielles à des huiles végétales de bonne qualité pour obtenir de vrais produits de beauté. Cette idée n'est pas neuve. Dans l'Antiquité, les Égyptiens de haut rang s'enduisaient déjà le corps d'huiles parfumées, pour leurs vertus adoucissantes, hydratantes, protectrices, nourrissantes, cicatrisantes…

Les huiles végétales

Les huiles végétales de base les plus utilisées sont l'huile d'amande douce, d'onagre, de germes de blé, d'avocat, de jojoba, de noyau d'abricot… Toutes ont des vertus protectrices, hydratantes et adoucissantes, mais chacune possède une sphère d'action privilégiée. L'huile d'amande douce adoucit les peaux sèches et convient aux jeunes épidermes. L'huile d'onagre fait merveille sur les peaux matures, lorsque apparaissent

les premières ridules. Plus tard, c'est l'huile d'avocat qui agit comme un véritable antirides. L'huile de jojoba est un must : elle convient aux peaux sèches et dévitalisées, car elle freine la perte d'eau dans les cellules ; elle convient également aux peaux grasses, dont elle rééquilibre la production de sébum. Faites très attention à la qualité de ces huiles de base ! Choisissez-les pures, de première pression à froid et sans aucune substance ajoutée. Conservez-les dans un flacon hermétique, à l'abri de la lumière, pour qu'elles ne rancissent pas. Préparez vos mélanges par petites quantités (10 à 20 ml maximum).

Des mélanges efficaces

Vous pouvez ajouter à ces huiles de base des huiles essentielles parfumées : comptez 10 gouttes d'un mélange d'huiles essentielles, que vous choisirez en fonction de votre peau, pour 10 ml d'huile végétale.

– **Peaux grasses :** bergamote, citron, géranium, santal, lavande. Ces essences ont un effet astringent et purifiant.

– **Peaux sèches :** néroli, oliban, rose, ylang-ylang, camomille, patchouli, aux vertus hydratantes et adoucissantes.

– **Peaux sensibles et fatiguées :** camomille, lavande, bois de rose. Ces essences sont adoucissantes et régénérantes.

– **Peaux ridées :** romarin, santal, bois de rose, citron, myrrhe. Ces essences ont un effet tonifiant, hydratant et restructurant.

– **Peaux flasques :** rose et bois de rose. Ces essences sont raffermissantes.

Pour les cheveux

Appliquez votre huile parfumée sur votre chevelure, en insistant bien sur les pointes. Gardez-la au moins une heure, voire toute la nuit, et lavez-vous les cheveux.

– **Pour les cheveux secs :** 10 ml d'huile de germes de blé, 3 gouttes d'huile essentielle de jasmin, 3 de romarin et 3 de santal.

– **Pour les cheveux gras :** 10 ml d'huile de jojoba, 3 gouttes d'huile essentielle de citron, 3 de lavande et 3 de bergamote.

– **Pour les cheveux dévitalisés et abîmés :** 10 ml d'huile d'avocat, 3 gouttes d'huile essentielle de camomille, 3 de bois de rose et 3 de rose.

La vue

Chapitre 5

C'est aujourd'hui notre sens le plus stimulé : publicité, magazines, cinéma, télévision… Au point que nous lui accordons parfois une place disproportionnée. La vue nous offre un formidable accès au monde. D'autant que, même les yeux fermés, nous pouvons encore voir « dans notre tête »…

Rien que pour vos yeux

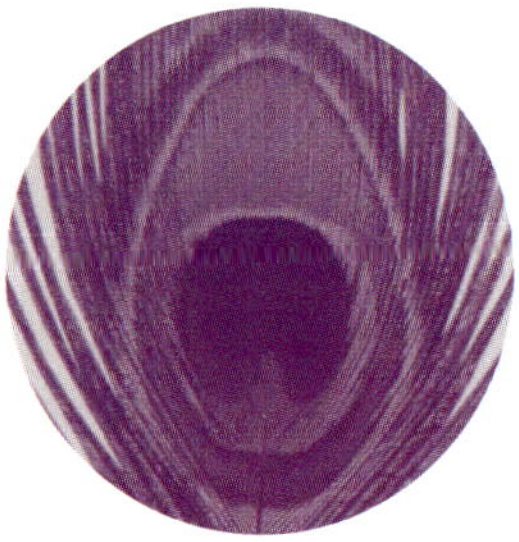

Nos yeux captent 80 % du monde extérieur. La vue est le sens que nous utilisons le plus. Deux petites boules d'à peine 2 centimètres de diamètre suffisent pour que les images parviennent jusqu'à notre cerveau. Ensuite, c'est au creux de notre matière grise que se forge notre perception intime des images. Et, là, chacun voit à sa façon...

La vision est longtemps restée un mystère. Trois siècles avant Jésus-Christ, un savant grec, Euclide, émettait déjà une théorie de la vision : selon lui, des petits messagers invisibles s'échappaient de l'œil, allaient palper des objets et revenaient docilement rapporter les informations qu'ils avaient glanées. La nuit, ils avaient bien du mal à faire leur travail, car ils s'égaraient dans le noir.

La pupille change de diamètre en fonction de la quantité de lumière qui lui arrive.

Comment voyons-nous ?

Aujourd'hui, on sait que l'œil est une machine très complexe. Il ressemble à un petit ballon de rugby, légèrement ovale, rempli d'un liquide gélatineux, l'humeur vitrée. Celle-ci représente 90 % de son volume. C'est elle qui amortit les chocs. Sur sa partie arrière, l'humeur vitrée est recouverte d'une fine couche blanche, la sclérotique. Sa face avant est la seule visible de l'extérieur. C'est là que se situent l'iris et la pupille.

Le premier est un voile plus fin que de la soie, bleu, marron ou vert. En son centre, la pupille a la forme d'un petit orifice noir. Le tout est recouvert d'une couche transparente, la cornée, qui fait office de protection. La lumière venant de l'extérieur pénètre par la pupille, qui s'ouvre plus ou moins selon l'intensité lumineuse. En plein soleil, elle ne fait qu'un millimètre de diamètre, mais, dans l'obscurité, elle peut s'ouvrir jusqu'à atteindre 8 millimètres. Cette dilatation est réglée par l'iris, comme on règle l'ouverture d'un appareil photo.

L'ŒIL DIVIN

Jusqu'à ce que la science perce ses secrets, l'œil est resté un objet de fascination. Chez les Esquimaux, le chaman est appelé « celui qui a des yeux ». En Inde, lorsqu'un grand sage atteint un degré élevé de conscience, on dit qu'il éveille son « troisième œil ». Alors que le cyclope, qui n'a qu'un œil, est un être inférieur. Heureusement, nous nous situons dans une bonne moyenne puisque nous en possédons deux… Dans la plupart des traditions, l'œil droit et l'œil gauche ont des significations différentes. Dans les textes sacrés hindous, le premier correspond au Soleil et l'autre à la Lune. L'œil droit est donc associé à l'activité et à la projection dans le futur, alors que le gauche est lié à la passivité et à la vision du passé. Mais attention à celui qui a le « mauvais œil » ! Par cette expression, très utilisée dans les pays musulmans, on désigne celui qui est possédé, aliéné, par un mauvais sort.

Le rôle du cerveau

Une fois à l'intérieur de l'œil, le rayon lumineux touche le cristallin, une sorte de lentille optique bombée qui se règle automatiquement, selon la distance à laquelle se trouve l'objet que l'on regarde, de manière à renvoyer le rayon lumineux vers la rétine. C'est la pièce maîtresse du dispositif. Une sorte de plaque hypersensible, faite de millions de cellules nerveuses, qui tapisse le fond de l'œil. La rétine reçoit les images tête en bas, les transforme en influx nerveux et les transmet au nerf optique, qui les achemine jusqu'au cerveau. C'est là qu'enfin les images sont remises à l'endroit et reconstituées. Entre la seconde où nous posons l'œil sur un objet ou un paysage et l'instant où nous le voyons, ce délicat travail ne prend que quelques millièmes de seconde.
Si nous voyons en relief, c'est parce que nous avons deux yeux. Chacun envoie au cerveau une image légèrement différente. Là, les images sont fondues en une seule, en trois dimensions. Si nous voyons en couleurs, c'est grâce aux cellules de la rétine. Certaines personnes, le plus souvent des hommes, ne voient pas toutes les couleurs car ces cellules sont présentes en trop faible quantité. La « dyschromatopsie » la plus courante concerne le rouge. C'est le daltonisme, un terme souvent injustement utilisé pour les autres couleurs. Certaines personnes voient même en noir et blanc. Heureusement, ce genre de trouble héréditaire est très rare...

La pratique du dessin ou de la peinture permet d'apprendre à concentrer son regard et à voir différemment les choses.

Les muscles aussi...

Le cerveau n'est pas le seul impliqué dans le processus de la vision. Nous voyons grâce à nos muscles! En effet, si l'œil peut se régler comme un appareil photo en fonction de la lumière et de la distance, c'est grâce à un réseau de muscles qui l'entourent et l'accrochent dans la cavité orbitale. Ces muscles gèrent également les mouvements de l'œil.
En retour, notre corps tout entier réagit aux messages qu'il reçoit des yeux sans que notre pensée consciente intervienne. Lorsque nous marchons, chacun de nos pas est calculé en fonction des informations visuelles sur la nature du sol. Selon qu'il faut monter une marche, enjamber un obstacle ou s'enfoncer dans un sol meuble, le cerveau donne aux muscles des jambes des ordres différents. Il en est de même pour chacun de nos gestes, pour chacune de nos attitudes.

Un incessant travail

Nos yeux ne cessent pas une seconde de bouger. Ils sont en activité permanente. Faites-en l'expérience : asseyez-vous dans un endroit calme et lumineux, devant une fenêtre par exemple, respirez profondément et abstenez-vous de regarder volontairement un point précis. Laissez votre regard se poser n'importe où et concentrez-vous sur les mouvements que font vos yeux. Vous constaterez qu'ils ne cessent de papillonner, de se poser ici et là, de corriger un angle de vision, d'affiner un contour… Vous pouvez leur apporter un peu de repos en apprenant à focaliser votre attention sur un objet précis. Installez-vous devant une table sur laquelle vous poserez un objet aux contours simples et aux couleurs franches : un bibelot, un vase, un livre… Observez calmement l'objet pendant quelques instants, puis forcez-vous à suivre ses contours avec vos yeux, comme vous le feriez avec un crayon. Peu à peu, votre vision deviendra plus précise. Vous pourrez regarder, et non plus voir.

Regarder ou voir ?

Dès l'instant où nous avons les yeux ouverts, nous voyons. Les images pénètrent dans nos yeux jusqu'à notre cerveau et nous ne pouvons rien faire pour les arrêter, sauf tirer les rideaux, fermer les paupières. Cependant, nous pouvons aussi choisir de regarder, de porter notre attention sur l'acte de voir, de prendre conscience du message visuel que nous recevons. Si vous pratiquez régulièrement ce petit exercice, vous entraînerez non seulement vos yeux mais aussi votre cerveau à passer plus rapidement d'un type de vision à l'autre. Cette gymnastique offre deux avantages non négligeables : elle nous permet de focaliser plus rapidement notre attention lorsque nous désirons regarder et elle nous aide à ne pas nous laisser trop envahir par les images lorsque nous nous contentons de voir.

LES YEUX ONT BESOIN D'AIR

Nos yeux sont de grands consommateurs d'oxygène. Chaque œil pèse six fois moins que le cœur mais consomme presque autant d'oxygène que lui. Une bonne respiration est garante d'une bonne vue (voir le chapitre 1, p. 14). Les yeux ont également besoin de vitamines et de minéraux, notamment de chrome, de vitamines C, E et surtout A. Une carence en vitamine A peut provoquer une chute brutale de la vision. Ce n'est donc pas un hasard si les carottes sont considérées comme des amies des yeux depuis des siècles !

Les images de l'enfance

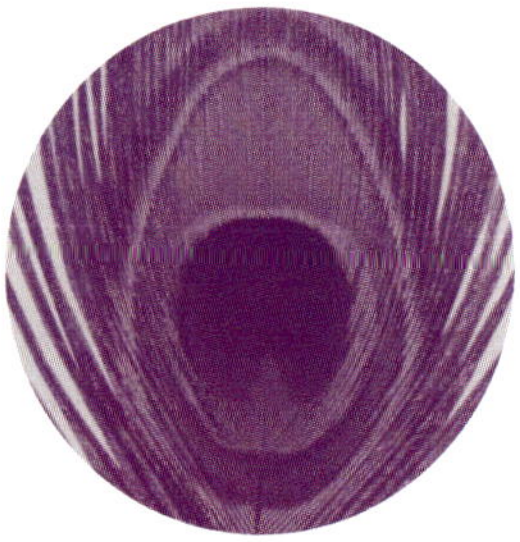

Nous reconstruisons les images visuelles dans notre cerveau. Elles sont influencées par nos expériences précédentes, nos souvenirs, nos émotions... Le pouvoir évocateur des images est moins puissant que celui des odeurs ou des saveurs, mais il existe. La preuve : certaines images nous font monter les larmes aux yeux...

Certaines personnes sont émues par la vue d'un enfant dans les bras de sa maman ou par un coucher de soleil de carte postale, quand bien même elles trouvent que leur réaction touche à la sensiblerie. C'est que certaines images font résonner en nous des visions précédentes, emmagasinées et oubliées. Parallèlement, les émotions affectent la vision. Les larmes nous brouillent la vue, l'émotion violente qui nous coupe le souffle jette un voile sur notre vision. Nous sommes même capables de ne pas voir ce que nous avons sous les yeux si l'image nous renvoie à un mauvais souvenir, à quelque chose que nous aimerions mieux oublier.

Le langage populaire est, d'ailleurs, riche d'expressions qui associent les images et les émotions. On dit qu'on voit rouge lorsqu'on est en colère ; qu'on ne peut pas voir quelqu'un en peinture pour signifier qu'on ne l'aime pas ; ou même qu'il nous sort par les yeux...

UNE FENÊTRE OUVERTE SUR L'ÂME

S'il est facile de dissimuler nos pensées aux autres, nous avons du mal à cacher ce qu'exprime notre regard. Lorsqu'on a peur, notre regard se fige. Si nous avons honte, nous baissons les yeux et notre regard se fait fuyant. Si la tristesse s'abat sur nous, nos yeux la reflètent aussitôt et notre regard s'assombrit. Mais que la joie revienne et il s'illumine. Pour les autres, nos yeux sont une fenêtre entrouverte sur notre âme.

Comment voit le fœtus ?

C'est que, comme les autres sens, la vue commence à se développer dans le giron maternel. Elle est encore plus précoce, puisque l'œil s'ébauche en même temps que le cerveau, auquel il est indissociablement lié. Dès le dix-huitième jour de gestation, il commence à se former. À 2 mois, l'embryon possède déjà deux globes oculaires bien visibles. Ce sont deux grosses boules sombres dépourvues de paupières. Il faut attendre le troisième mois pour que celles-ci apparaissent. Mais le fœtus devra patienter encore quelques semaines avant de voir le monde qui l'entoure. Il ne pourra le faire qu'à 7 mois, lorsque son cerveau sera suffisamment perfectionné pour cela. Il pourra alors, dans la pénombre, contempler ses mains, ses pieds, son cordon ombilical…

Un sens qui se construit

À la naissance, le nourrisson ne voit pas nettement. Il perçoit des contours flous, mais il a du mal à apprécier les couleurs et les détails. Il voit mieux les objets en mouvement. Ses muscles oculaires sont encore faibles et, souvent, il ne parvient pas à fixer son regard sur quelque chose, il louche. À 3 mois, il voit en couleurs. À 4 mois, il peut fixer un objet de la taille d'un dé. Peu à peu, sa vue s'affine, en même temps qu'il vit ses premières expériences sensorielles et émotionnelles. Comment s'étonner, alors, que les émotions et la vision aient partie liée ?

À partir de 6 mois, le bébé voit parfaitement. Cela ne veut pas dire qu'il fait de la vision le même usage que nous. D'abord, ses yeux lui servent à explorer le monde. Puis, lorsqu'il commence à pouvoir développer son imagination, celle-ci prend le dessus. Lorsqu'il joue, un enfant de 5 ans ne s'attache pas au bouchon et au morceau de plastique rouge qu'il a entre les mains, mais il voit bel et bien le navire spatial qu'il a fabriqué avec. C'est ainsi jusqu'à ce qu'il rentre à l'école primaire. Ensuite, l'acquisition des connaissances et l'apprentissage de la vie en société le conduisent à développer une vision objective des choses. Mais toute sa vie durant, les deux modes de vision cohabiteront en lui et il aura la possibilité de les utiliser comme bon lui semble.

Les images et le bien-être

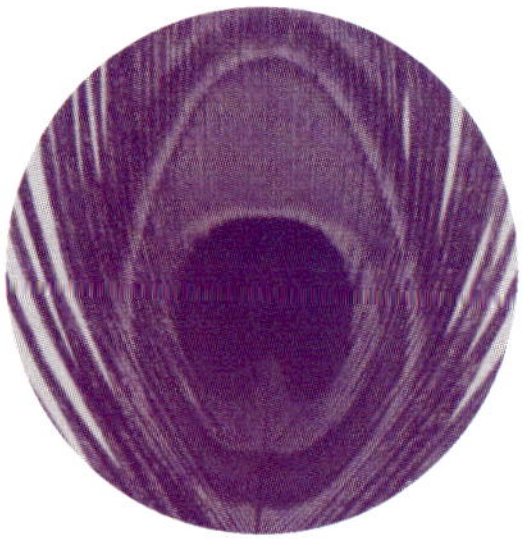

Nous sommes plus sereins lorsque nous sommes environnés d'images calmes. Nous devenons plus nerveux dès que des images violentes nous agressent. Notre bien-être est influencé par ce que nous voyons. Mais, si nous ne pouvons échapper à certaines images, nous pouvons toujours nous fabriquer des visions intérieures apaisantes.

Lorsque vous regardez un film violent à la télévision, votre cœur se met à battre plus fort, votre tension artérielle augmente, vos pupilles se rétrécissent, preuve de votre focalisation émotionnelle sur les images que vous percevez. À l'inverse, après avoir admiré la nuit qui tombe lentement sur un paysage verdoyant, on s'endort facilement. Les images font naître en nous des émotions différentes en fonction de ce qu'elles évoquent : dans le premier cas, le danger, la peur ; dans le second, l'apaisement.

Les troubles de la vision peuvent influencer le caractère et la manière dont nous nous comportons face aux autres.

Certes, on ne peut pas toujours admirer un paysage serein avant de s'endormir. Mais nous pouvons apprendre à voir différemment ce que nous avons sous les yeux ou nous réfugier dans notre monde intérieur pour y visualiser des images idéales.

Des troubles et des caractères

Nos états d'âme brouillent notre vue au point de provoquer, parfois, des troubles permanents. C'est à cette conclusion qu'est parvenu Martin Brofman, un Américain qui se serait guéri d'une tumeur de la moelle épinière grâce à un travail de développement personnel. Sa ténacité aurait eu raison de sa maladie et… de ses lunettes. Pour lui, c'était évident : l'amélioration de sa vision était due, comme sa rémission, à son évolution intérieure. Il fit des recherches et mit au point une méthode pour « apprendre à voir ».

Chaque type de trouble visuel correspond à un type de personnalité. Par exemple, les myopes, qui voient mieux de près que de loin, portent plus d'attention à ce qu'ils ressentent qu'à ce que veulent les autres. Ils ont besoin de s'isoler, car ils se sentent agressés par leur environnement.

À l'inverse, les hypermétropes, qui voient mieux de loin que de près, font passer les désirs des autres avant les leurs. Ainsi, ils refoulent leur colère pour ne gêner personne.

Quant aux astigmates, ils vivent dans un monde déformé. Ils ne sont donc jamais sûrs de ce qu'ils désirent, ni de ce qu'ils ressentent.

En travaillant sur la vision, on peut à la fois corriger le déficit visuel physique et la distorsion émotionnelle qui l'accompagne. La méthode mise au point par Martin Brofman associe un travail personnel sur les émotions et des exercices physiques destinés à rééduquer les muscles de l'œil.

Voir en soi

Des images porteuses de bien-être, nous pouvons aussi en créer en fermant les yeux. En pratiquant la visualisation. Hélas ! nous avons souvent l'habitude de visualiser « à rebrousse-image ». Lorsque nous devons affronter une épreuve qui nous paralyse, nous y pensons le plus souvent sous son angle négatif, en passant en revue tous les problèmes qui peuvent survenir. Une bonne visualisation, au contraire, consisterait à imaginer le meilleur scénario possible.

On sait que la visualisation déclenche dans le corps des réactions biologiques. Le simple fait de se représenter une multiplication des globules blancs entraîne une réelle augmentation de ces cellules. Faites-en l'expérience : fermez les yeux, respirez à fond, puis imaginez un beau citron, touchez sa peau, humez son odeur… Puis plantez vos dents dedans. Immédiatement, vos glandes salivaires se mettront à fonctionner !

UNE SÉANCE DE VISUALISATION

Allongez-vous dans une pièce calme, sombre, fermez les yeux. Respirez calmement puis détendez un à un vos membres. Lorsque vous êtes bien relaxé, imaginez un paysage idéal (bord de mer, campagne, montagne…). Promenez-vous dans ce lieu de rêve : sentez la douceur du soleil sur votre peau, admirez les fleurs, humez leur parfum… Au cours de votre promenade, vous rencontrez un vieil homme assis sur un banc. Il vous dit quelque chose sur vous qui vous fait du bien. Puis vous revenez lentement à vous en fixant votre attention sur vos sensations corporelles et votre respiration, avant d'ouvrir de nouveau les yeux.

L'art des couleurs

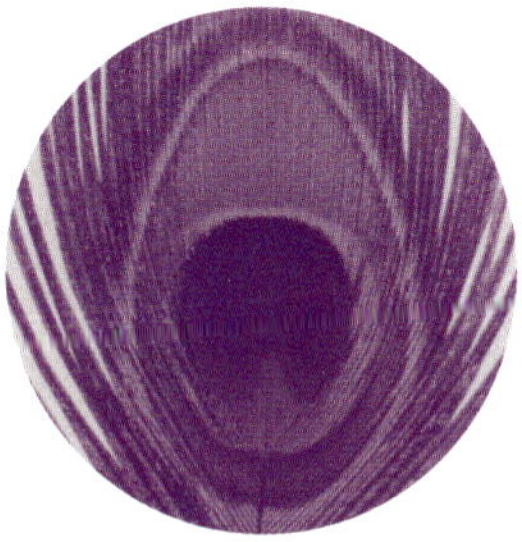

Les couleurs n'existent pas. Enfin, pas vraiment ! Ce sont des rayonnements électromagnétiques que notre cerveau traduit en informations colorées. Nous baignons dans ces rayons, ils agissent sur notre corps, sur notre mental, sur nos émotions... Heureusement, nous pouvons les apprivoiser pour notre mieux-être...

Verte l'herbe, rouge le sang, bleu le ciel... Les couleurs sont partout. Elles s'offrent à tous les regards. Pour les cueillir, il suffit d'ouvrir les yeux sur ce qui nous entoure. Douceur des feuillages en automne ou tags violents sur les murs des banlieues, tout est couleur. Et, pourtant, nous sommes inégaux devant elles. C'est parce que les couleurs n'existent pas vraiment...

Dans toutes les civilisations, les couleurs véhiculent des symboles.

Affaire de lumière

Sur le plan strictement physique, les couleurs n'ont aucune réalité. Elles résultent de la traduction, par notre cerveau, des rayonnements électromagnétiques de la lumière. Nous les percevons par le filtre de notre perception et, encore une fois, de nos émotions. C'est dire si elles s'adressent à nous de façon intime. Prenez par exemple une pomme : si vous la voyez rouge, c'est parce qu'elle absorbe toutes les radiations électromagnétiques qu'elle reçoit, sauf celles d'une longueur d'onde particulière. Elle renvoie ces rayonnements vers nous et notre cerveau les traduit sous la forme de la couleur rouge. De la même manière, les feuilles vertes qui entourent la pomme ne renvoient que les radiations correspondant à une autre longueur d'onde. Quant au tee-shirt blanc de la jeune fille endormie sous le pommier, il renvoie toutes les radiations sans exception (notre cerveau traduit cela en blanc), contrairement à sa jupe noire qui les absorbe toutes.

Des symboles universels

Les couleurs sont porteuses de symboles qui sont quasiment les mêmes dans toutes les civilisations. C'est probablement parce que ces significations prennent racine dans le lointain passé des hommes. Imaginez la vie dans la préhistoire : les hommes vivaient dans de grands espaces, avec les plantes, vertes et jaunes, qui leur fournissaient de la nourriture, le ciel, calme lorsqu'il était bleu. Mais qu'advienne le rouge du feu et l'appel du danger résonnait. Déjà, les couleurs claires, bleu, vert et jaune, étaient associées au plaisir, et le rouge à la peur.

Le rouge possède une image universelle de force, d'éclat. Il prévient, alerte. Ce sont les feux rouges des carrefours. Sur un plan physique, le rouge est stimulant. Le bleu, à l'inverse, est la couleur de la profondeur infinie. C'est une

HISTOIRE DE COULEURS

C'est le physicien anglais Isaac Newton qui, le premier, émit une théorie de la perception des couleurs au XVIIe siècle en constatant que la lumière se diffractait dans un prisme. Quelques décennies plus tard, l'écrivain et scientifique allemand Goethe en délivra une vision plus poétique : pour lui, les couleurs étaient un phénomène entièrement subjectif. Les divergences de leurs théories sont toujours d'actualité. En fait, chacun avait partiellement raison. Car les couleurs ont deux natures : elles sont bel et bien rayonnements électromagnétiques, en même temps qu'elles touchent à notre être intime et à nos émotions secrètes.

couleur solennelle et apaisante. Le jaune or rappelle la lumière divine, mais lorsqu'il est plus sombre, il peut aussi être le signe de la trahison. Au XVIe siècle, on peignait en jaune la porte des traîtres. Le vert est rassurant, il porte l'espoir. Imaginez le cœur du désert : le vert y est le signe de l'eau, donc de la vie.

La force du blanc et du noir

Le noir et le blanc sont à part. Ce sont des non-couleurs, puisqu'ils ne correspondent à aucun rayonnement particulier. Le premier absorbe tout. Il contient toutes les couleurs. C'est le magma originel, le trou sans fond d'où la création est issue. Certains y voient l'image de Dieu. Le blanc, au contraire, marque la transition, la transformation. Dans nos sociétés, on porte du blanc lors des grands événements de la vie, ceux qui marquent le passage d'un état à un autre : le baptême, la communion, le mariage... En Inde, c'est la couleur du deuil. Et dans ces sociétés où la croyance en la réincarnation est très forte, la mort est aussi une transformation, le passage de l'état d'être incarné à celui d'âme désincarnée.

En Occident, le blanc est lié à des événements heureux, comme le mariage. Mais, en Inde, c'est la couleur du deuil.

L'énergie des couleurs

Sur un plan strictement physique, les couleurs sont de l'énergie puisque nous les recevons sous forme de rayonnements. Dans les traditions indienne et chinoise, elles ont aussi une nature énergétique. En Chine, les couleurs sont associées aux cinq éléments symboliques, aux cinq fonctions fondamentales, aux cinq saveurs de base : le vert est associé au bois, le rouge au feu, le jaune à la terre, le blanc au métal et le noir à l'eau. Porter sur soi du rouge lorsqu'on souffre d'un manque d'énergie (feu) permet de se rééquilibrer.

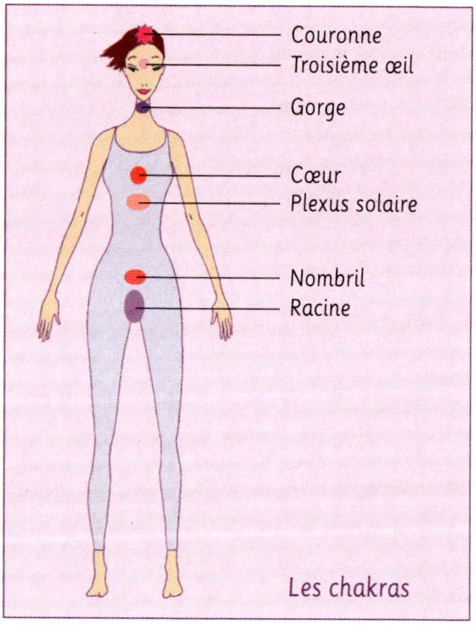

Les chakras

En Inde, les couleurs sont associées aux chakras (voir dessin ci-dessus), ces sept portes par lesquelles nous recevons l'énergie universelle : celui du bas, le chakra racine, est rouge, celui du nombril, orange, celui du plexus solaire, jaune, celui de la gorge, bleu, celui du troisième œil (entre les deux sourcils), violet ; et le chakra couronne, situé sur le sommet du crâne, blanc. Comme en médecine chinoise, on peut améliorer l'équilibre global avec les couleurs que l'on porte et avec celles dont on s'entoure. Lorsqu'on a du mal à s'exprimer, qu'on a la gorge nouée par des émotions rentrées, le chakra de la gorge est bloqué. Il faut porter du bleu et s'entourer de bleu pour l'aider à s'ouvrir.

Dans la tradition ésotérique, le sept est le signe de l'ouverture spirituelle. C'est un nombre sacré. On retrouve ce sept dans l'univers qui nous entoure : nous dénombrons par exemple sept notes dans la gamme de musique, sept couleurs dans l'arc-en-ciel, sept chakras dans le corps humain… Réunir ces sept éléments, c'est retrouver l'unité : ainsi, une fois fusionnées, les sept couleurs de l'arc-en-ciel forment la lumière, comme les sept notes de musique donnent la gamme.

MÉDITER AVEC LES COULEURS

Pour s'approprier l'énergie bénéfique des couleurs, on peut aussi avoir recours à la méditation. Mettez-vous en position de méditation (voir p 304), fermez les yeux et respirez profondément. Lorsque vous êtes bien détendu, imaginez une boule de lumière colorée : si vous avez besoin d'énergie, imaginez-la rouge ; si vous avez besoin de calme, bleue ; si vous manquez de tolérance aux autres et d'ouverture spirituelle, violette ; si vous êtes déprimé, verte… Observez cette boule au-dessus de vous, sentez sa chaleur, son énergie, qui vous pénètre et vous fait du bien. Puis faites descendre cette boule sur vous jusqu'à ce qu'elle vous enveloppe. Aspirez son énergie à chaque inspiration et rejetez vos tensions, vos peurs ou votre fatigue à chaque expiration.

Les couleurs et la santé

Si les couleurs sont énergie, elles influencent forcément nos organismes. Cela se vérifie tant dans les médecines énergétiques que dans notre médecine occidentale. Des études ont montré que tout ce qui vit est sensible aux couleurs, y compris les microbes. Certaines bactéries meurent dès qu'on les baigne dans une lumière bleue ou violette, alors que d'autres, comme le bacille de la diphtérie ou le staphylocoque, périssent rapidement sous une lumière rouge. Les concombres poussent plus rapidement sous une lumière rouge, stimulante, et leurs feuilles s'enrichissent en vitamine C. Les chercheurs ont observé l'éclosion d'œufs de poissons : dans un aquarium bleu, ils éclosent en trois jours, dans un rouge ou jaune, il suffit de deux jours, mais dans un pot vert il faut compter vingt-trois jours.

La chromothérapie utilise les couleurs pour stimuler certaines fonctions de l'organisme.

Sur nos organismes, on sait que le rouge active la circulation sanguine et le fonctionnement du foie, le jaune dynamise le système lymphatique et nerveux, le violet stimule la rate et le vert active l'hypophyse. Il suffit de s'exposer à ces couleurs pour que l'organisme réagisse. C'est le principe de la chromothérapie. Certains médecins sont allés plus loin : ils dirigent des rayons lumineux colorés sur certains points d'acupuncture. C'est le principe de la chromatothérapie. Les points sont choisis en fonction de l'affection du malade, selon les mêmes principes qu'en acupuncture. Les couleurs sont déterminées par l'énergie qu'elles dégagent : pour stimuler l'énergie sur un point, on choisira une couleur chaude (rouge) alors que, pour la calmer et la disperser, on préférera une couleur plus froide (orange ou bleu). La chromatothérapie donne d'excellents résultats sur les brûlures, les entorses, les douleurs rhumatismales, la fatigue, la déprime, l'insomnie…

LES COULEURS, LEURS EFFETS, LEURS SENS

Couleur	Effet physique	Effet psychologique
Rouge	Dynamisant	Stimulant
Orange	Favorise la digestion	Légèrement stimulant
Jaune	Stimule le système nerveux	Euphorisant
Vert	Équilibre les fonctions organiques	Équilibrant
Bleu	Calmant	Apaisant
Violet	Sédatif	Facilite l'ouverture spirituelle

Les couleurs dans la maison

Lorsque vous rentrez chez vous, vous êtes baigné par les couleurs dont vous avez paré les murs. Le choix des rideaux, des peintures, des couvre-lits, des papiers peints..., influence tous les habitants de la maison. Selon les pièces, le temps que l'on y passe et le type d'activité qu'on y exerce, il vaut mieux choisir des teintes différentes.

– **Dans la chambre :** pour bien y dormir, évitez les couleurs fortes, notamment le rouge vif. Préférez un bleu profond qui détend, un dégradé de tons crème et ivoire qui apaisent, un jaune pâle qui éclaire sans trop dynamiser.

– **Dans la chambre des enfants :** pour que les petits ne soient pas trop excités, préférez les teintes très pâles (bleu, vert, violet...), qui les calmeront. Évitez les couleurs vives sur les murs, réservez-les pour les objets.

Pour vivre en harmonie dans votre intérieur, choisissez la couleur des murs, des meubles et des accessoires de décoration en fonction de l'affectation de chaque pièce.

– **Dans le salon :** dans cette pièce, on se détend ou on s'active selon les moments. Pour préserver cette dualité, jouez avec des fonds pâles qui apaisent les tensions (crème, vert ou jaune pâle) et ajoutez des touches plus vives pour dynamiser l'ensemble.

– **Dans le bureau :** c'est une pièce où l'on travaille, il faut donc qu'elle soit dynamisante. Mais il vaut mieux ne pas s'y sentir trop énervé. Le vert foncé est conseillé, voire une alternance de gris et blanc, assez neutre.

– **Dans la cuisine :** là, vous pouvez jouer avec toutes les couleurs en fonction de vos goûts. Mais sachez qu'une cuisine dans les jaunes-orangés sera plus chaleureuse (c'est important si c'est aussi votre salle à manger), alors qu'une cuisine rouge sera plus dynamisante (peut-être un peu trop pour les dîner entre amis), et qu'une cuisine dans les verts sera tonique et propice à la communication.

– **Dans la salle de bains :** il vaut mieux y privilégier une atmosphère sereine, car on y passe des moments en tête-à-tête avec soi-même. Préférez les teintes moyennes, ni trop pâles ni trop foncées, notamment le bleu, le vert ou le jaune.

LES COULEURS DES AUTRES

Les couleurs que vous portez influencent aussi les personnes qui sont autour de vous. N'oubliez pas de prendre cela en compte lorsque vous choisissez vos vêtements. Si vous portez des couleurs dynamiques, vous entraînerez votre entourage avec vous, mais si vous portez des couleurs apaisantes il en profitera également. Ne portez des couleurs ternes que si vous voulez passer inaperçu à ses yeux.

Les couleurs et les vêtements

Nous choisissons tous les couleurs de nos vêtements en fonction de nos goûts. Certains y voient une raison objective : Nicole, qui a de magnifiques yeux vert clair, s'habille souvent dans cette gamme, alors que Charlotte, qui tient à masquer ses rondeurs, ne quitte pas le noir.

Au-delà de ces considérations, nous choisissons les couleurs de nos vêtements en fonction d'éléments dont nous n'avons pas conscience. Nous optons plus facilement pour des couleurs vives lorsque le soleil brille dehors et qu'il fait beau à l'intérieur de nous, alors que nous nous réfugions dans du brun passe-muraille ou du bleu marine lorsque notre humeur sombre nous donne envie de raser les murs. C'est une erreur. Car nous

pourrions facilement atténuer les excès de nos états d'âme en opérant de façon différente.

– Lorsque vous êtes fatigué, portez du rouge ou du rose vif, qui dynamisent.

– Lorsque vous devez affronter une discussion qui vous stresse, portez une teinte qui facilite la communication, comme le vert.

– Lorsque vous êtes tendu, stressé, tournez-vous plutôt vers le bleu ou le violet.

Aujourd'hui, la mode permet toutes les fantaisies, toutes les associations en matière de couleurs. On mélange les fleurs, les rayures et les carreaux. On mêle les tissus raides et rêches avec les soieries et les voiles. On ose des mélanges de teintes qui auraient semblé de mauvais goût il n'y a pas si longtemps : du bleu et du vert, du rouge et du rose… Alors n'hésitez pas, laissez parler votre créativité, mais veillez à ne pas empêcher les couleurs de vous entourer de leur halo bénéfique. Ne portez pas de couleurs contradictoires en quantité égale (un pantalon rouge et un pull bleu). Privilégiez votre gamme de couleurs de base (dynamisantes, apaisantes…) et jouez le reste en petites touches (un foulard, une ceinture…).

Les couleurs et le maquillage

Restent les couleurs que l'on porte sur son visage. Leur choix, clé d'un mariage réussi, s'effectue en fonction de la teinte des cheveux, des yeux et de la peau. En règle générale, évitez les couleurs trop appuyées, car cela risque de vous vieillir et de faire ressortir les imperfections (ridules, cernes…).

– **Sur les paupières (voir dessins)** : utilisez deux teintes, une claire et une plus foncée. La plus claire se pose sur l'ensemble de la paupière ou simplement juste au-dessous des sourcils, pour éclairer le regard. La teinte plus sombre se pose dans le creux de la paupière pour agrandir l'œil et étirer le regard vers les tempes. Pour les yeux bleus, il vaut mieux choisir ses fards dans des gammes de gris, bleu, rose, ivoire, voire brique ou violet pâles. Pour des yeux verts, optez plutôt pour des marron, beiges, verts, jaunes, blancs nacrés. Enfin, si vous avez les yeux verts, vous pouvez utiliser des marron, des verts bronze, mais aussi du brique ou du orangé.

– **Sur les lèvres :** selon les moments, vous porterez des couleurs différentes, plus discrètes dans la journée, plus soutenues le soir. Si vous avez une carnation claire, préférez des tons doux (rose, beige rosé, orange pâle...). Si vous avez la peau claire et les cheveux bruns, vous pouvez vous permettre des teintes un peu plus soutenues. Pour les carnations moyennes, les tons de brique ou abricot conviennent bien. Enfin, les peaux très mates font ressortir les rouge vermillon ou carmin, voire les teintes plus violacées.

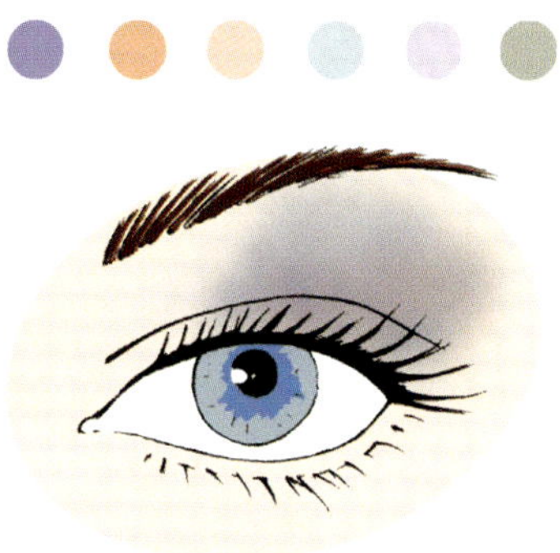

Les fards à paupières pour les yeux bleus : noir, gris (du gris foncé au gris clair), bleu acier, bleu marine, bleu-gris, rose, ivoire, blanc, brique, corail, violet, nacré bleu, nacré blanc...

Les fards à paupières pour les yeux verts : marron, beige, jaune paille, ivoire, vert bronze, vert émeraude, vert tilleul, corail, brique, violet, orangé, nacré or, nacré blanc, nacré vert, nacré cuivre...

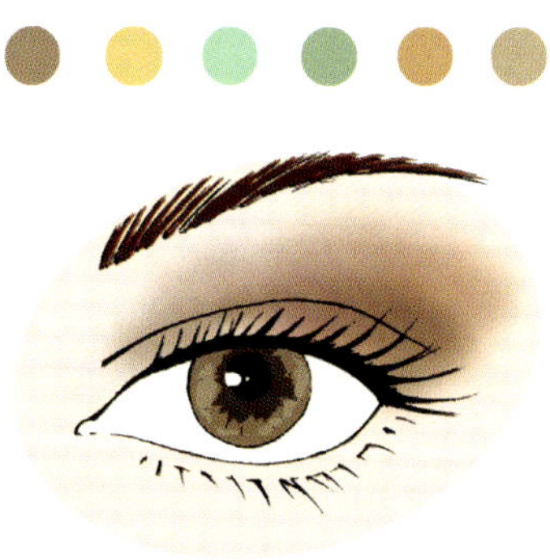

Les fards à paupières pour les yeux marron ou noirs : marron (du plus foncé au plus clair), beige, doré, vert bouteille, vert émeraude, vert sapin, ivoire, blanc, jaune paille, violet, nacré or, nacré vert, nacré cuivre...

Se montrer sous son meilleur jour

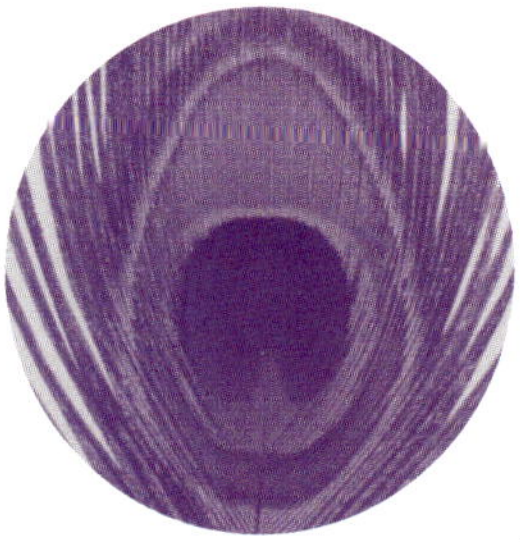

Le culte de l'image est le vrai tyran de ce début de millénaire. Nous avons beaucoup de mal à nous défaire des diktats de la mode. Ou plutôt des modes, car aujourd'hui il s'agit d'une pierre à mille facettes. Qu'importe… Nous sommes bel et bien confrontés à une gageure : faire les gestes nécessaires pour rester beau et en forme, sans pour autant se laisser écraser par le poids des apparences.

C'est dans notre corps que nous sommes venus au monde et nous ne le quitterons qu'en poussant notre dernier soupir. Entre ces deux extrémités, nous sommes bien obligés de composer avec. Que nous aimions nos traits ou non, que nous trouvions nos courbes conformes à nos désirs ou pas, c'est strictement la même chose. Alors mieux vaut faire en sorte d'accepter tout de suite ce corps et ce visage… C'est un préalable indispensable pour, ensuite, faire jaillir d'eux ce qu'ils ont de meilleur. Si l'on est en guerre contre soi, on ne peut que se cacher au regard des autres.

Apprenez à vous accepter tel que vous êtes : vous vivrez plus sereinement !

Nous sommes « plus » que notre image

Nous ne sommes pas seulement ce que les autres voient de nous, mais nous pouvons faire en sorte de nous montrer de manière que les autres nous voient sous un jour favorable. C'est une alchimie subtile, qu'il faut savoir contrôler pour ne pas risquer de devenir l'esclave du regard des autres. Nous sommes abreuvés d'images nous montrant des corps parfaits et des visages de rêve, toujours bronzés, toujours en forme, toujours musclés… Ces êtres de papier glacé semblent définitivement à l'abri des nuits de fatigue auprès du petit dernier qui fait ses dents ou des petits boutons sur le coin du nez à l'approche des règles.

Mais nous sommes des êtres de chair et de sang, avec un physique qui nous est propre, du stress, des soucis, mais également des joies et des bonheurs. Tout se marque sur nos visages. À nous de privilégier les bons côtés de notre vie et d'oublier le plus rapidement possible ses désagréments.

« JE SUIS MOI »

Nous avons tous entendu, dans notre petite enfance, des messages affirmant que nous avions « les yeux de grand-mère », « les cheveux de grand-père » ou que nous étions « le portrait de tante Georgette ». Ces affirmations, trop répétées, finissent pour nous amener à nous prendre pour quelqu'un que nous ne sommes pas. C'est vrai, nous sommes porteurs de gènes qui nous placent dans une lignée. Mais cela ne nous empêche pas d'être des êtres uniques, malgré certaines caractéristiques familiales.
Si le poids des ressemblances est trop fort, faites encore le test du miroir, mais cette fois en notant sur un côté de la feuille ce qui vous rapproche de certains membres de votre famille et sur l'autre ce qui vous appartient en propre. C'est un exercice qui aide à se réapproprier son image.

Séduire avec ses défauts

Nous connaissons tous de ces personnes imparfaites, trop grandes, trop petites, trop grosses, aux oreilles trop décollées, et qui pourtant séduisent. C'est qu'elles portent leur défaut comme une part d'elles-mêmes, aussi importante et séduisante que leurs qualités.

Comme l'explique le Dr Apfeldorfer, psychiatre, spécialiste des troubles du comportement alimentaire[10] : « La séduction débute par une posture, un geste, une mimique, un mot, un regard. Ce qui nous séduit, ce n'est pas la beauté d'un corps, mais une mise en scène de celui-ci. Il s'agit, par son comportement, d'augmenter sa présence, de se faire plus dense, plus intense. Tout ce qui est susceptible d'accrocher le regard, de focaliser l'attention, peut se révéler utile. Et quoi de plus fascinant qu'un défaut physique ? Une cicatrice, une blessure peuvent devenir des objets de séduction tout aussi efficaces que la régularité des traits et des formes corporelles. »

MONTEZ SUR LES PLANCHES !

Vous avez du mal à vous exposer au regard des autres ? Alors montez sur les planches. La pratique régulière du théâtre est un excellent moyen d'apprendre à s'accepter. Le fait de jouer un rôle permet de s'abstraire derrière le personnage et de trouver la force nécessaire pour affronter le public. Petit à petit, la confiance se forge. Avec le temps, c'est soi-même qu'on accepte.

La tyrannie de la beauté

Il nous faut apprendre à dépasser les canons de beauté de notre époque, car chaque âge a eu les siens, souvent différents, parfois même contradictoires. Prenons l'exemple des seins. Dans la haute Antiquité, on aimait les seins ronds en Grèce et les poitrines plates en Égypte. Au Moyen Âge, on appréciait les poitrines adolescentes. Quelques siècles plus tard, le célèbre Rubens peignait des chairs épanouies et resplendissantes. Dans les années 1950, les stars étaient pulpeuses : Marilyn, Gina Lollobrigida, Rita Hayworth. Mais, seulement dix ans plus tard, le mannequin vedette s'appelait Twiggy (« Brindille ») et elle était si maigre qu'une mère affublée d'une telle enfant, quelques années auparavant, l'aurait emmenée illico chez un nutritionniste.

Les normes bougent, évoluent, meurent, renaissent... Alors pourquoi devrions-nous leur être totalement soumis ? Mieux vaut essayer de nous mettre en valeur tel que nous sommes. Mais, pour cela, encore faut-il accepter ce que l'on est. Se réconcilier avec soi-même.

10 Dans le magazine *Psychologies* n° 228, mars 2004.

Les raisons de la discorde

Si nous sommes fâchés avec nous-mêmes, c'est souvent à cause des relations qui se sont nouées entre nous et les autres dans la petite enfance. Le nouveau-né perçoit le monde à travers ses sensations physiques : la chaleur, le froid, la faim, la soif, la douceur des caresses, le son de la voix maternelle…

Dressez la liste de vos qualités physiques et relisez-la de temps en temps.

C'est son outil absolu de relation avec le monde. Au cours des mois, le petit enfant évolue et prend des distances avec ce corps. Il sait qu'il n'est pas seulement ce qu'il sent et qu'il peut utiliser son corps comme un outil. Si, pendant cet apprentissage, son entourage (à commencer par ses parents) le regarde comme un être pas assez beau ni assez adroit pour le combler, l'enfant apprendra à ses dépens que son corps n'est pas satisfaisant. Il s'en détachera, mettra en sourdine ses sensations physiques. Cette brouille s'installe parfois durablement. L'adulte, plus tard, accuse ce corps de tous les maux, le perçoit comme difforme alors qu'il est seulement ce qu'il est, un corps normal non parce qu'il correspond à la norme mais justement parce qu'il n'y correspond pas. Un corps spécifique, unique. Un corps digne d'être aimé.

S'accepter comme on est

Vous êtes-vous déjà regardé dans un miroir sans vous juger, juste pour vous regarder ? Faites l'expérience. Seul, chez vous, déshabillez-vous et placez-vous devant un miroir en pied. Regardez-vous comme vous regarderiez quelqu'un d'autre. Ne vous jugez pas, contentez-vous de vous observer… Puis prenez un papier et un crayon, et dressez d'un côté la liste de vos défauts physiques, et de l'autre, celle de vos qualités. Essayez d'être sincère. Si personne n'est physiquement parfait, personne n'est totalement dépourvu d'attrait. Nous possédons tous soit un sourire, soit un regard, ou encore une chevelure ondoyante, des jambes élancées, une peau satinée… Au moins un élément que nous pouvons apprendre à mettre en valeur. Relisez cette liste de temps en temps, lorsque vous oubliez que vous avez aussi des qualités. Ensuite, regardez-vous de nouveau et observez avec tendresse votre image. Car ce corps, ce visage, c'est vous. Ce ne sont pas des objets inertes, réductibles à leurs défauts et à leurs qualités. C'est votre maison. Petit à petit, au fur et à mesure que vous vous réconcilierez avec votre image, vous constaterez que le regard des autres pèse moins sur vous. Mieux vous vous acceptez, mieux les autres vous accepteront. Et ceux qui ne jettent pas sur vous un regard approbateur ne vous déstabiliseront plus.

Entretenir sa beauté au naturel

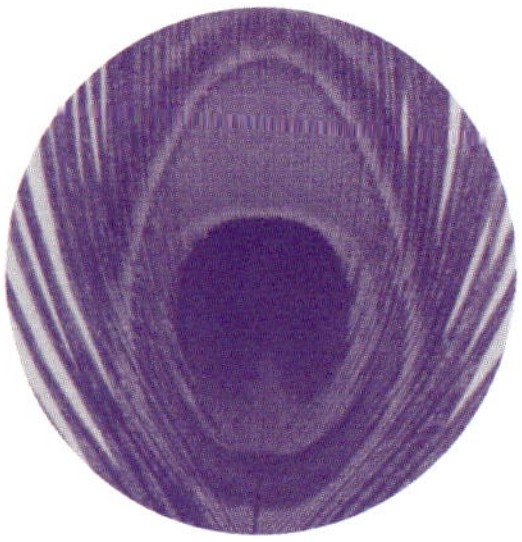

Regardez attentivement les vitrines des parfumeries et des pharmacies : vous y verrez exposés des produits de beauté vantant les vertus de leurs composants « naturels ». Le monde de la cosmétique ne jure plus que par les extraits de fruits, de légumes, de plantes... La nouveauté des formules réside, finalement, dans l'utilisation de composants végétaux vieux comme le monde. Alors, pourquoi ne pas ouvrir vos placards et votre frigo ?

Vous voilà réconcilié avec votre image. Enfin, vous allez pouvoir prendre sereinement le temps de vous choyer, afin de cultiver votre éclat. Inutile pour cela de dépenser des fortunes. La nature est une extraordinaire mine de cosmétiques. Nos grands-mères préparaient leurs produits de beauté avec des fruits, des légumes, des huiles... Si vous y ajoutez quelques produits de base, notamment des plantes, vous pourrez entretenir votre beauté naturellement sans sortir de chez vous. Utile les jours de pluie ou de froid, quand on n'a pas envie de mettre le nez dehors et qu'on a envie de se chouchouter quand même.

Le karité et l'aloès sont les deux plantes beauté par exellence. Faites en sorte de ne jamais en manquer.

Deux plantes pour la peau

S'il est deux plantes qu'il faut avoir chez soi, ce sont bien le karité et l'aloès. À elles deux, elles hydratent, nourrissent, rééquilibrent, désincrustent... Ajoutez à cette panoplie de base quelques plantes pour embellir vos cheveux : du bois de Panamá s'ils sont gras, de la sauge s'ils sont secs...

Le karité pour les peaux et les cheveux secs : il faut quatre-vingts ans pour

que cet arbre africain commence à donner des fruits. Le karité se mérite. On tire de ses noyaux une sorte de beurre très riche en phytostérols : ce sont des précurseurs des hormones qui accélèrent la croissance des tissus et les

LE ROUGE AUX CHEVEUX

Le henné est une poudre de plante qui colore en auburn les cheveux noirs et carrément en carotte les cheveux clairs. Tout le monde n'aime pas sa couleur et c'est dommage, car le henné est un formidable produit de beauté pour les cheveux. Il les nourrit, les embellit et les protège. On trouve aujourd'hui des hennés dits « neutres » (sans pouvoir colorant) ou proposant des couleurs différentes. Attention ! la plupart du temps, il ne s'agit pas de hennés mais d'autres plantes, souvent moins efficaces. Si vous avez l'habitude d'utiliser du henné et que vous désirez changer votre couleur de cheveux, demandez conseil à un spécialiste : la pose d'une teinture sur des cheveux imprégnés de henné donne souvent des résultats désastreux.

beauté éclat

assouplissent. Il est aussi riche en protéines et en acides gras essentiels qui nourrissent la peau et l'hydratent. Il convient aux peaux sèches et abîmées, ainsi qu'aux cheveux cassants.

Le gel d'aloès pour les peaux et les cheveux gras : cette grande plante grasse méditerranéenne a de larges feuilles remplies d'une sorte de sève gélatineuse. C'est elle que l'on utilise en cosmétique. Elle est faite à 99 % d'eau, mais le 1 % restant est d'une extraordinaire richesse. On y trouve plus de 200 substances : des vitamines, des minéraux, des enzymes, des acides aminés… Ce gel est astringent, il régularise le degré d'acidité de la peau et du cuir chevelu. Il rééquilibre l'activité biologique des cellules. C'est aussi un régénérateur cellulaire et un protecteur contre les radicaux libres.

Les masques d'argile

L'argile possède une étonnante qualité : elle attire à elle toutes les toxines qu'elle rencontre et les capture. Posée sur la peau, elle nettoie en profondeur. Ce n'est pas tout : comme c'est une terre riche en minéraux, elle nourrit l'épiderme en diffusant dans les cellules cutanées ses nutriments minéraux. Enfin, elle rééquilibre la production de sébum pour les peaux grasses.

Pour préparer un masque à l'argile, mélangez de la poudre d'argile verte, rouge ou blanche dans de l'eau tiède pour obtenir une pâte molle. N'utilisez jamais d'ustensiles en métal, préférez un bol en porcelaine et une cuillère en bois. Vous pouvez ajouter à l'argile quelques gouttes d'huiles essentielles (voir p. 167). Étalez cette pâte sur votre visage, en évitant le tour de la bouche et des yeux, et laissez sécher (environ 20 minutes). Puis rincez à l'eau claire et passez une crème hydratante.

Des recettes belle peau

Masque régénérant toutes peaux :
1 cuil. à café d'huile d'olive, 1 jaune d'œuf.
Versez l'huile dans un bol puis ajoutez le jaune d'œuf et mélangez bien. Étalez sur le visage propre et laissez reposer une quinzaine de minutes. Enlevez à l'eau tiède. Ce masque élimine les impuretés et revitalise les peaux fatiguées.

Masque hydratant pour peaux très sèches :
1 cuil. à café de miel, 1 cuil. à café de crème fraîche, 1 cuil. à café de pulpe d'abricot bien mûr, quelques gouttes d'eau de rose.
Mélangez d'abord le miel et la crème, puis ajoutez la pulpe d'abricot bien écrasée et l'eau de rose. Posez sur le visage propre et laissez reposer au moins 20 minutes avant de rincer à l'eau tiède. Ce masque hydrate la peau en profondeur.

L'argile a la précieuse capacité d'attirer à elle les toxines et de les retenir captives.

Masque apaisant pour peaux sensibles :
1 cuil. à soupe de concombre écrasé avec son jus, 1 cuil. à café d'huile d'amande douce, 1 cuil. à café de miel.
Veillez à bien écraser le concombre afin de le réduire en purée, avant d'y ajouter l'huile d'amande douce et le miel. Posez sur le visage propre et laissez reposer une vingtaine de minutes. Puis éliminez ce qui reste à l'eau tiède. Les composants de ce masque apaisent les rougeurs et éliminent les irritations.

Des recettes beaux cheveux

Nos cheveux ont bien des points communs avec les végétaux. Ils ont une tige, des racines, un bulbe, ils poussent puis tombent… Rien d'étonnant, donc, à ce que les uns et les autres s'entendent comme larrons en foire. Les cheveux se délectent des principes actifs contenus dans certaines fleurs, feuilles ou racines. Certains végétaux savent calmer l'excès de sébum des cheveux gras, d'autres parviennent à protéger de la sécheresse les cheveux fragiles et cassants. Il en est même qui freinent la chute des cheveux lorsqu'elle dépasse le stade du renouvellement naturel et met en péril l'épaisseur de la chevelure.

Contre les cheveux gras :
Le must : le bois de Panamá. Comptez 50 g de bois de Panamá concassé pour 1 litre d'eau froide. Faites bouillir pendant un bon quart d'heure. Utilisez cette préparation comme un shampooing. La décoction produit un peu de mousse, moins qu'un shampooing habituel, mais elle lave les cheveux sans les abîmer et sans provoquer de production de sébum.

Il est inutile d'acheter des masques pour les cheveux du commerce. Ils sont très faciles à élaborer soi-même et beaucoup moins onéreux !

En complément : l'ortie blanche. Comptez 10 g de feuilles et de sommités fleuries pour 1 litre d'eau froide. Faites bouillir 10 minutes. Utilisez comme lotion de rinçage, après le shampooing.

Contre les cheveux secs :
Très efficace : le gel de pépins de coing. Comptez 50 g de pépins de coing pour 1 litre d'eau froide. Laissez tremper pendant au moins 3 jours. Vous obtiendrez une sorte de gelée, que vous étalerez sur les cheveux et le cuir chevelu après votre shampooing. Rincez soigneusement après avoir laissé reposer un quart d'heure. À faire en cure de 2 mois, 1 fois par semaine.
En complément : la sauge. Comptez 20 g de sauge pour 1 litre d'eau froide. Faites bouillir pendant 5 minutes. Passez et ajoutez un jus de citron, bio, de préférence. Utilisez en lotion de rinçage du shampooing, entre deux applications de gel de pépins de coing.

LA BEAUTÉ VENUE DES MERS

Les algues n'ont rien à voir avec les plantes terrestres. Elles n'ont ni tiges, ni feuilles, ni racines pour se nourrir... Elles se contentent de filtrer sans cesse l'eau de mer, captant les nutriments dont elles ont besoin et rejetant leurs déchets. Ce sont donc des organismes très riches en minéraux : potassium, sodium, magnésium, calcium, zinc... Et comme elles ont une structure proche de celle de la peau, elles peuvent très facilement diffuser dans nos épidermes leur contenu. Les algues sont de puissants anti-oxydants, capables de freiner le vieillissement cellulaire cutané. La laminaire accélère le métabolisme et la régénération cellulaire. La chlorelle nourrit la peau et la protège contre la pollution. La coralline reminéralise. Tous les soins à base d'algues stimulent les tissus, rééquilibrent, désintoxiquent et nourrissent. On trouve des gammes complètes de produits à base d'algues : soins pour le visage, le corps, les cheveux...

Le toucher

Chapitre 6

S'il est bien un sens tabou dans notre société, c'est le toucher. Pourtant, c'est un sens d'une grande richesse, indispensable à notre équilibre. La peau est le plus grand de nos organes, riche en terminaisons nerveuses. Nous devrions réapprendre à nous toucher et à toucher les autres, pour notre bien-être et le leur.

La peau, un organe complet

Notre peau est un organe extraordinaire. Elle remplit quantité de fonctions. En plus, elle nous met en contact direct avec le monde. Grâce à elle, nous sentons le chaud et le froid, le doux et le rugueux, le sec et l'humide. Mais aussi la douleur. Nous ne pourrions pas survivre sans les fonctions vitales exercées par notre enveloppe corporelle.

Si on étalait la peau d'un adulte de taille moyenne, elle couvrirait environ 2 mètres carrés. Cet organe complexe est celui du toucher. De tous nos sens c'est le plus mal aimé, du moins dans les sociétés occidentales, où le toucher est nimbé de tabou. Les adultes ne se touchent guère que dans le cadre des relations sexuelles. C'est dommage, car c'est aussi un organe de communication.

La peau, riche en terminaisons nerveuses, est un organe très sensible à l'environnement.

Fonctions de la peau

La peau exerce une vaste gamme de fonctions. Elle nous protège contre les ennemis extérieurs, barre la route aux germes, microbes, champignons, qui ne demandent qu'à pénétrer dans nos organismes à la moindre éraflure. Vue sous cet angle, elle semble tout à fait imperméable. Pourtant, elle sait, lorsque c'est utile, entrouvrir ses pores pour laisser pénétrer les principes actifs des huiles essentielles ou les minéraux contenus dans l'eau de mer.

De l'intérieur vers l'extérieur, la peau assure aussi ce double rôle. Elle empêche l'eau qui nous constitue en grande partie de s'échapper vers l'extérieur, mais elle sait parfois se faire perméable pour laisser s'évacuer la sueur lorsque nous avons trop chaud.

La peau participe aux défenses immunitaires et à l'activité hormonale. Elle sert de réserves aux minéraux qui sont stockés dans ses cellules, prêts à l'emploi. Elle assure une partie de la fonction respiratoire, moins que les poumons bien sûr, mais suffisamment pour que cette fonction soit vitale.

UN DEGRÉ DE PLUS OU DE MOINS…

La peau participe au maintien de notre température interne, une fonction essentielle à notre santé. Notre température interne se situe entre 36,5 °C et 37,5 °C. Si elle s'abaisse (hypothermie), nous ressentons immédiatement un vague malaise. Il suffit de deux degrés pour que des troubles apparaissent. À l'inverse, un degré de plus et c'est la fièvre (hyperthermie), deux de plus et nous restons allongés, incapables de sortir ou de travailler. Comme la température extérieure change sans arrêt, notre corps doit s'adapter. C'est la peau qui détecte les variations. Lorsque la température baisse, elle déclenche une vasoconstriction : les vaisseaux se rétrécissent et le sang est dirigé vers l'intérieur du corps pour maintenir la température interne. Lorsque la température monte, les vaisseaux se dilatent et amènent la chaleur interne vers la surface. Là, cet excès s'évacue par la peau, aidé par la transpiration, qui rafraîchit l'épiderme en s'évaporant.

Les dessous de notre enveloppe

Notre peau travaille d'arrache-pied, jour et nuit, pour assurer toutes ses fonctions. Elle combine ses efforts, régule ses activités, détermine ses priorités en fonction des moments. Elle dispose pour cela d'une structure double. Elle est composée de deux étages superposés : le derme et l'épiderme. L'épiderme, en contact avec l'extérieur, est constitué de plusieurs couches de cellules, comme des briques superposées pour former un mur. Les cellules naissent dans la couche la plus profonde puis elles remontent vers la surface, poussées par les nouvelles venues. En vieillissant, elles se remplissent de kératine, une substance fibreuse qui assure la solidité de la peau, des cheveux et des ongles. Arrivées à la surface, elles perdent leur noyau, meurent et tombent comme des fruits mûrs. C'est ainsi que notre peau se régénère notre vie durant. Mais, avec les années, le processus se ralentit et la peau perd de son élasticité et de sa fraîcheur.

L'épiderme contient également des cellules plus spécialisées : les mélanocytes fabriquent la mélanine responsable de la coloration de la peau ; les cellules de Merkel participent à la sensibilité, celles de Langerhans à l'immunité…

PEAU GRASSE, PEAU SÈCHE ?

L'épiderme est tapissé de glandes sébacées qui sécrètent le sébum, une matière indispensable à la qualité de la peau. Trop de sébum et la peau est grasse, huileuse, pas assez et elle est sèche, craquelée. Ce sébum se mélange à la transpiration pour former un film protecteur, hydrolipidique, au degré d'acidité constant. Notre peau a besoin d'être hydratée de l'extérieur afin que le film hydrolipidique reste efficace. Mais elle a aussi besoin d'être nourrie de l'intérieur : une bonne oxygénation la rend plus souple et plus rosée, un apport suffisant d'eau l'hydrate de l'intérieur. Enfin, une alimentation saine lui assure un apport vitaminique régulier (notamment de vitamines A, E), des protéines, des sels minéraux. Elle a aussi besoin d'acides gras essentiels afin que ses parois cellulaires restent souples. Pour garder une belle peau, il faut donc veiller à tout cela en même temps : ne pas l'agresser par des gestes trop violents (savons acides, gommages répétés) ; la nourrir et l'hydrater par des soins adaptés à son type de peau ; manger sain et boire beaucoup d'eau pour la nourrir de l'intérieur ; pratiquer régulièrement un exercice physique afin de l'oxygéner…
Et, surtout, s'abstenir de fumer car le tabac est son pire ennemi.

En dessous, le derme veille. C'est lui qui reçoit les nutriments et l'oxygène par le biais de la circulation sanguine. Notre derme est truffé de minuscules vaisseaux, raison pour laquelle on saigne tant lorsqu'on se fait une coupure, même superficielle. Il renferme aussi les fibres nerveuses qui vont recevoir les perceptions tactiles et les acheminer jusqu'au cerveau. Car la peau est, avant tout, un organe sensoriel qui nous permet de sentir le monde.

Des milliers de capteurs

La peau nous renseigne sur tout ce que nous touchons : elle nous dit la douceur d'une étoffe, le rugueux d'un mur, le piquant d'un oursin… Elle nous renseigne sur la taille d'un objet et sur sa forme. Elle reçoit aussi des informations transmises par l'air ou les rayonnements, comme la chaleur du soleil ou l'humidité de l'atmosphère. Et lorsque quelque chose met en péril notre intégrité cutanée, la peau nous en avertit par des messages de douleur. Sans elle, nous ne pourrions pas ôter notre main du fer à repasser qui nous brûle ni éloigner la lame du couteau qui vient de l'entailler. Elle dispose pour cela de milliers de capteurs spécialisés, chacun rapportant un type de sensation. On compte en moyenne cinquante récepteurs sensoriels au centimètre carré, certaines zones, comme le bout des doigts, étant davantage pourvues. Les messages sont ensuite transmis au cerveau, qui les interprète et déclenche les réactions appropriées. Ainsi, la chair de poule : elle est suscitée par la sensation de froid. Les pores se dilatent sous l'effet d'une décharge d'adrénaline, de manière que nous percevions plus clairement les informations venant de l'environnement pour y réagir, si besoin est. C'est un état d'alerte de la peau. Mais une émotion forte elle aussi peut provoquer la chair de poule. Preuve que la peau et le psychisme sont étroitement liés.

Avoir une bonne hygiène de vie et boire beaucoup d'eau sont les secrets d'une belle peau !

Langue de peau

Si les traditions s'intéressent peu à la peau en tant que symbole, le langage populaire est chargé d'expressions liées à nos perceptions cutanées. Nous avons quelqu'un « dans la peau » lorsque nous l'aimons passionnément, mais nous désirons « avoir sa peau » s'il nous fait du mal et que nous prévoyons de nous venger. Nous avons les nerfs « à fleur de peau » lorsque l'émotion nous assaille. « Y laisser sa peau », c'est mourir. Mais nous pouvons éviter le pire en « changeant de peau », c'est-à-dire en modifiant notre vie, notre comportement, notre travail… Il faut parfois « avoir la peau dure » pour traverser les épreuves de la vie, mais attention à ne pas devenir une « peau de vache », un individu dur et méchant envers les autres…

L'enfance du toucher

Notre enveloppe corporelle est l'organe majeur de la communication affective. C'est par elle que nous recevons les messages affectifs, et ce dès la plus tendre enfance. Le toucher est le premier sens à s'élaborer *in utero*. Toute notre vie, il nous dira sans même que nous le sachions si les autres nous aiment ou non...

« Ne touche pas ! » Cette injonction ponctue la vie du petit enfant dès qu'il est capable de tendre la main vers les objets pour les saisir. Les raisons sont nombreuses : c'est sale, c'est fragile, c'est dangereux... Pourtant, c'est surtout en touchant ce qu'il trouve autour de lui que le petit d'homme apprend à connaître son environnement. De tous les organes sensoriels la peau est le plus élaboré à la naissance.

Avant 8 semaines

Le toucher est le premier-né de nos sens. Avant 8 semaines, l'embryon, qui ne mesure encore que 3 centimètres, est capable de réagir à une stimulation tactile. Pendant la gestation, le bébé ne cesse d'être touché, bercé par les mouvements de sa mère. En même temps qu'elle se développe, sa peau s'enrichit de sensations permanentes. La partie supérieure de la peau, l'épiderme, appartient au même feuillet embryonnaire que le cerveau. Leurs cellules se différencient ensuite, mais ces deux organes gardent des liens très étroits. Pendant les premières semaines de gestation, les stimulations tactiles s'impriment très profondément. Elles sont associées à l'atmosphère ambiante par l'intermédiaire des hormones. Si sa maman est très stressée, le fœtus baigne dans les hormones de stress, alors que, si elle est heureuse, il baigne dans les messagers chimiques de la joie de vivre, notamment les endorphines.

Dès sa naissance, cajolez votre bébé, caressez-le, massez-le, embrassez-le... Cela accroît son bien-être et permet de tisser des liens !

Après la naissance

Le toucher est le premier langage que l'enfant comprend à la naissance. Il est donc très important de toucher les nouveau-nés, de les masser, de les cajoler, surtout s'ils sont nés par césarienne (voir encadré p. 207). Les premiers messages d'amour que vous pouvez délivrer à vos enfants, ce sont les caresses. Lorsqu'il n'a encore que quelques heures ou quelques jours, le bébé ne comprend pas les mots mais il ressent les gestes.

Les enfants grandissent mieux lorsqu'ils sont ainsi touchés avec amour et tendresse par leurs parents, tant sur le plan

physique que sur les plans psychique et émotionnel. Le fait d'être touché procure un sentiment de sûreté et de confiance. L'enfant se sent confirmé dans ce qu'il ressent et dans ce qu'il est, il perçoit mieux les limites de son corps, il s'accepte plus facilement. Les relations avec les autres en sont améliorées. Les enfants qui sont beaucoup touchés pendant les premières années de leur vie sont généralement moins timides que les autres.

Les enfants que l'on touche avec tendresse sont moins timides que les autres.

CARESSES ANIMALES

Les femelles mammifères lèchent longuement leurs petits à la naissance. Ce léchage est bien plus qu'une simple toilette. Si on enlève les petits à leur mère avant qu'elle ait eu le temps de les lécher, leur vie est mise en danger. Certaines activités physiologiques, notamment digestives ou respiratoires, ont alors du mal à se déclencher. Il semble que les stimulations tactiles, dès la naissance, jouent un rôle physiologique dans la mise en route des fonctions vitales. Selon Ashley Montagu[11], chez l'être humain, cette fonction est remplacée par les massages répétés des contractions utérines sur la peau du fœtus pendant l'accouchement. Il est vrai que l'accouchement de la femme dure beaucoup plus longtemps que celui des autres mammifères, relativement à sa taille et à son poids. Des études réalisées sur des enfants prématurés nés très rapidement et sur des enfants nés par césarienne avant le début du travail montrent qu'ils ont un taux plus important de problèmes rhino-pharyngés et un contrôle plus tardif de la propreté.

11 Chercheur, auteur de *la Peau et le toucher, un premier langage*, Seuil, 1979.

Le toucher et le bien-être

Il en est du toucher comme des autres sens : s'il n'est pas sollicité, il s'amenuise. Moins on touche, moins on est touché et moins on ressent les perceptions tactiles. Dans notre société, le toucher est tabou. Il est temps de réhabiliter son usage quotidien, pour le bien-être de toute la famille.

Nous avons rarement l'occasion de toucher ce qui nous entoure : il est mal vu de toucher les œuvres d'art dans les musées, les fleurs dans les jardins ou les fruits sur un marché. Même dans les maternités, on voit parfois écrit sur les berceaux : « Si vous m'aimez vraiment, respectez mon sommeil, caressez-moi seulement des yeux. » Certes, les nouveau-nés ont besoin de sommeil. Mais ils ont aussi besoin de stimulations tactiles, tout comme nous !

LE SOLEIL, UN DRÔLE D'AMI…

Sans le soleil, nous ne pourrions pas survivre : il est indispensable à la synthèse de la vitamine D par la peau, il assure la production de mélatonine par le cerveau… Pourtant, si nous nous exposons trop au soleil, ce drôle d'ami se mue en ennemi mortel. Les rayons solaires ne se contentent pas de brûler l'épiderme, ils pénètrent dans les couches profondes de la peau et abîment le cœur des cellules. Pour nous protéger, nos mélanocytes produisent de la mélanine, une substance qui colore la peau et la protège. C'est pour cette raison que nous bronzons. Pourtant, même hâlée, la peau n'est pas protégée contre les méfaits les plus graves. Alors évitez de trop vous exposer au soleil (jamais entre 11 heures et 16 heures) et enduisez-vous d'une crème protectrice adaptée à votre type de peau. Faites particulièrement attention à l'épiderme fragile des enfants.

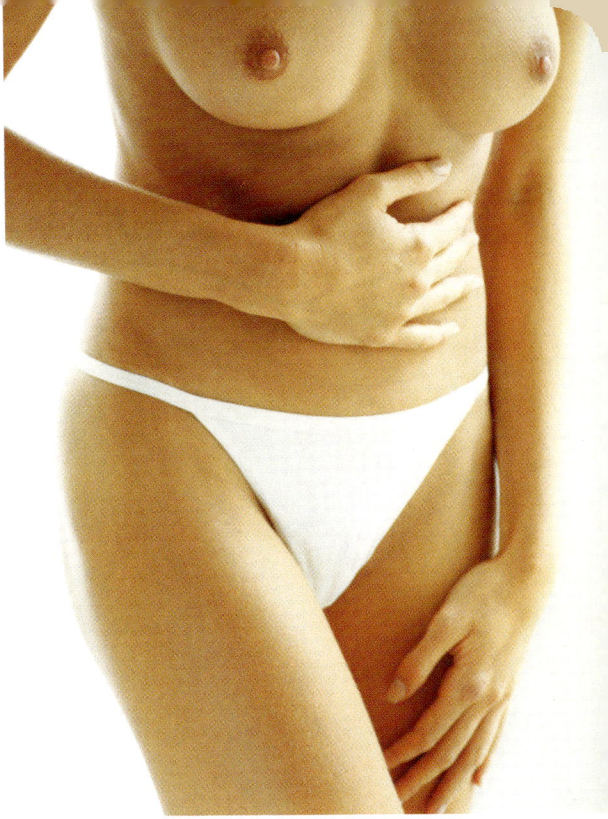

Un vecteur de tendresse

La peau est un outil de bien-être que les sociétés occidentales ont mis de côté pendant des siècles. C'est que, par sa nature même, le toucher est lié à la sensualité, à la sexualité. Du coup, il a été entaché de péché et relégué dans le camp de Satan. Nombreuses sont les familles dans lesquelles les parents ne touchent pas leurs enfants, sauf pour les punir. La tendresse y est vécue comme une manifestation ambiguë, surtout lorsqu'elle passe par les gestes. Pourtant, le bienfait d'une caresse se répercute sur tout l'organisme : la douceur calme, relaxe, modifie les sécrétions hormonales en accentuant les hormones de plaisir... Si ce toucher doux et tendre se prolonge, les muscles se détendent, tout l'appareil ostéo-articulaire devient plus souple, les battements cardiaques ralentissent, la pression artérielle baisse... Cette détente atteint jusqu'aux organes internes, dont le fonctionnement s'améliore. Même le système immunitaire bénéficie des caresses.

L'écriture de la chair

Nos émotions se manifestent aussi sur notre épiderme : la peur nous fait pâlir, le colère nous empourpre les joues... Il est alors très difficile de dissimuler aux autres notre trouble. De la même manière, le contact avec une peau étrangère fait jaillir en nous des émotions, qu'elles soient de désir ou de rejet, d'attirance ou de répulsion.

Le reste de notre organisme se cache, la peau se montre. Comment s'étonner, alors, qu'elle soit le vecteur privilégié de ce que nous ne parvenons pas à exprimer avec des mots ? Groddeck, le premier à avoir abordé la notion de « psychosomatique », disait : « Quand ça ne passe pas par la bouche, il faut bien que ça passe par ailleurs. » Presque toutes les maladies de peau ont une dimension psychosomatique : eczéma, psoriasis, urticaire... Les symptômes racontent une souffrance, une détresse, dont le sujet n'est parfois pas conscient parce qu'il les refoule au fond de lui. « Les phénomènes psychosomatiques sont des lettres matérialisées dans la chair, des hiéroglyphes », disait Lacan. Alors, petits boutons ou gros bobos, écoutez ce qu'ils ont à dire, surtout s'ils se répètent ou s'ils persistent...

Les massages : équilibre et plaisir

Certains massages sont calmants, d'autres dynamisants ou équilibrants. Chaque technique possède ses gestes, ses principes, mais toutes apportent leur lot de bien-être. En plus, les massages peuvent venir à bout des insomnies, du stress, de l'anxiété, de la fatigue, des problèmes digestifs ou circulatoires… N'hésitez plus : faites-vous masser.

Dans les pays de la péninsule indienne, les massages font partie des gestes quotidiens de la famille : les enfants massent les parents et les grands-parents, lesquels massent les enfants et les petits-enfants. Cela fait partie de l'hygiène quotidienne, au même titre que la toilette ou l'alimentation. Nous devrions prendre exemple sur eux. Il n'est pas nécessaire de connaître une technique particulière pour pouvoir masser ses proches. Il suffit de se rendre disponible pendant un moment, de se concentrer sur le bien-être que l'on désire apporter à l'autre et de ne pas lésiner sur l'ampleur et la douceur des gestes.

Un massage réussi passe par une mise en scène soignée : musique douce, lumière tamisée…

Pour qu'un massage soit réussi…

Vous avez décidé de masser un membre de votre famille ou de vous faire masser chez vous ? Voici quelques conseils qui vous aideront à faire de ce moment une vraie réussite.

– Installez-vous dans une pièce calme, ni trop chaude ni trop éclairée. Si c'est dans la journée, tirez les rideaux ou baissez les stores pour que la luminosité ne soit pas trop forte. Si c'est le soir, allumez juste une lampe d'ambiance.

– Vous pouvez diffuser une musique très douce, semblable à celles que l'on utilise pour méditer (bruits de nature, musique de relaxation).

– Utilisez une huile pour que les mouvements soient plus faciles et plus agréables (d'amande douce pour la douceur, de noyaux d'abricot pour l'odeur…).

APPRENEZ À TOUCHER

Pour développer la sensibilité sensorielle de la peau, il suffit de toucher des objets les yeux fermés. Faites-en l'expérience : posez devant vous sur une table plusieurs objets de consistance et de température différentes (un morceau de soie, une fleur, un brin d'herbe, un kiwi, une tomate, un bout de papier de verre, un glaçon, un œuf dur encore tiède...). Puis asseyez-vous et fermez les yeux. Explorez lentement les objets du bout des doigts, laissez les sensations s'infiltrer en vous sans chercher à savoir ce que vous touchez. Il ne s'agit pas de reconnaître les objets, mais d'expérimenter les sensations tactiles en dehors des autres messages sensoriels, notamment visuels. Cet apprentissage vous aidera à vous concentrer sur vos sensations lorsque vous pratiquez un massage ou lorsque vous en bénéficiez.

– Ne pratiquez jamais de massage juste avant ou juste après le repas. Prévoyez une plage de repos après le massage pour bien vous détendre et bénéficier de ses bienfaits.
– Une séance doit durer au moins 20 minutes, mais elle peut s'étendre sur un temps beaucoup plus long (60, voire 80 minutes).
– Commencez toujours votre massage par des gestes de contact, légers et enveloppants, et terminez de même. Pour un massage global, démarrez par une des extrémités (tête ou pieds) et faites un trajet régulier jusqu'à l'autre extrémité. Vous pouvez aussi masser une zone précise si elle est particulièrement tendue (épaules, nuque, dos...).
– Après un massage, agitez vos mains et lavez-les soigneusement pour vous défaire de l'énergie de l'autre.

Les gestes de base

Voici quelques gestes de base que l'on utilise dans la plupart des techniques de massage. L'effleurage est un geste aussi léger qu'une caresse. Les pressions sont plus appuyées et se font généralement avec le plat de la main (abdomen, dos...) ou le pouce (mains, pieds...). On peut aussi effectuer des gestes circulaires en dessinant de larges ronds sur les épaules, le dos, le torse.
Sur les zones très tendues, on peut masser avec ses poings (voir dessin 1). Fermez vos poings, en rentrant le pouce à l'intérieur, et appuyez fortement, de tout votre poids, sur la zone tendue. Puis ouvrez vos mains et posez-les à plat pour revenir en douceur à votre position initiale. Ce geste dénoue les contractions musculaires et relaxe.

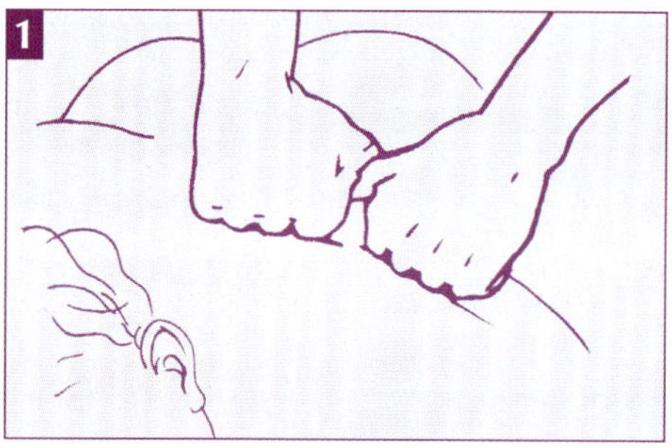
1

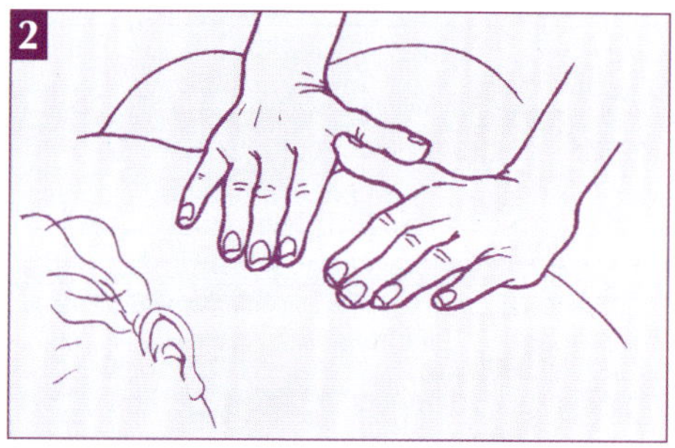
2

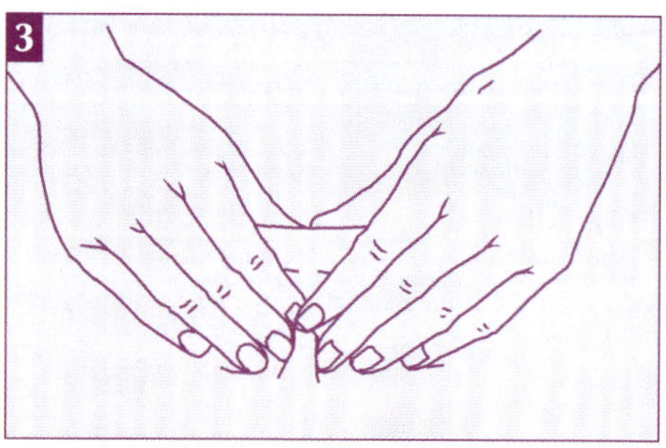
3

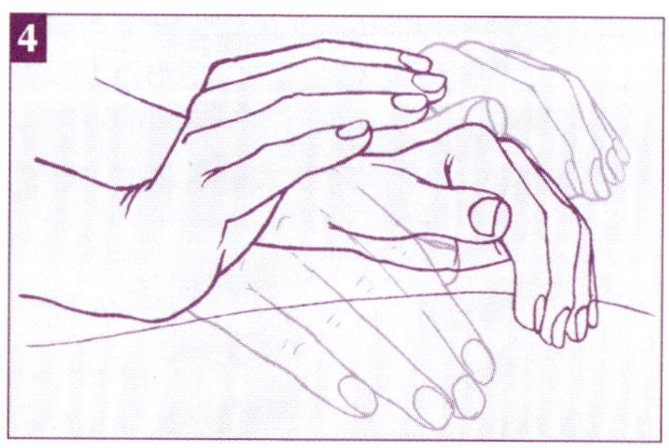
4

Plus profonds encore sont les gestes de pétrissage : on attrape la chair à pleines mains, on malaxe, soit du bout des doigts, soit avec la main tout entière. Le palpé-roulé (voir dessins **2** et **3**) est particulièrement efficace pour chasser les tensions du dos et des épaules, ou pour désincruster la cellulite sur les hanches et les cuisses.

Pour bien masser, vos mains sont vos alliées privilégiées. Avec un peu de pratique, vous acquerrez souplesse et doigté.

Enfin, vous pouvez frapper avec le tranchant de la main, les poings ou le bout des doigts. Vous pouvez aussi le faire en creusant vos mains, comme des coupes (voir dessin **4**). C'est un geste qui stimule la zone traitée.

Massages globaux

Vous pouvez également, si vous le préférez, vous laisser aller entre les mains d'un masseur expérimenté. Vous obtiendrez probablement de meilleurs résultats. Si les massages « domestiques » permettent de se détendre, les massages « professionnels » agissent plus en profondeur et peuvent résoudre tous les problèmes de santé liés au stress. Voici quelques techniques parmi les plus courantes.

Le SGM (Sensitive Gestalt Massage)

Ce type de massage fut conçu dans les années 1960, à San Francisco, par Margaret Elke. Son but est de permettre au patient de nouer avec son corps des relations plus harmonieuses, une meilleure communication, en l'amenant à ressentir la moindre parcelle de son organisme. Au passage, des émotions refoulées remontent à la surface, des blocages physiques et énergétiques se dissolvent.

Les gestes sont à la fois précis et doux. C'est un massage sensitif, dont les gestes sont inspirés de nombreuses techniques, occidentales et orientales. Peu à peu, les sensations corporelles s'affinent et la perception de l'environnement se modifie. Des plages de verbalisation permettent au patient d'exprimer ce qu'il

COMMUNIQUER AVEC LES PERSONNES ÂGÉES

Les personnes âgées manquent particulièrement de stimulations tactiles, surtout lorsqu'elles sont en mauvaise santé. Plus la mobilité se ralentit (fatigue, douleurs rhumatismales, raideurs musculaires...), plus les informations reçues par la peau se tarissent.

Pourtant, elles ont encore besoin d'en recevoir. Le simple fait de les toucher, de les masser, permet d'établir une communication qui transcende les difficultés de l'âge. Dans les services de soins palliatifs, les stimulations tactiles font partie des soins quotidiens. Ce sont des gestes que nous devrions pratiquer plus souvent dans le cadre familial.

ressent, avec le soutien du thérapeute lorsque des émotions douloureuses émergent. Le masseur, lui aussi, exprime ce qu'il ressent, les zones de tension qu'il repère. Cette double communication, à la fois tactile et verbale, fait partie du processus de ce massage global.

Le SGM apporte relaxation et détente, mais il peut aller bien au-delà en fonction des besoins et des blocages de celui qui en bénéficie. Le massage californien s'inspire du même principe, mais avec une orientation plus sensuelle. C'est un apprentissage du toucher sensitif que l'on peut ensuite utiliser en couple.

Le massage ayur-védique

Il se pratique dans une ambiance particulière : volutes d'encens, lumière tamisée, huiles parfumées... Ces gestes sont issus des vedas (textes traditionnels) de l'Inde ancienne. Ils sont destinés à rétablir l'harmonie entre le corps et l'esprit. Première étape : le choix de l'huile. Ce type de massage se pratique souvent avec de l'huile de sésame additionnée d'extraits de plantes sélectionnés en fonction du tempérament du sujet (vent, bile ou flegme) et de l'effet désiré (relaxant ou tonifiant). Il est également possible de renforcer, ponctuellement, l'énergie dans telle ou telle partie du corps.

Le massage rééquilibre l'organisme et améliore la circulation énergétique dans tout le corps. Au passage, les émotions s'apaisent et les pensées se calment. Les gestes sont fermes, mais jamais brusques. Le plus souvent, on commence par les pieds, qui donnent au masseur des informations sur l'équilibre énergétique du corps tout entier. Puis ce sont les jambes, les mains, les bras, le torse et la tête.

MASSEZ VOS ENFANTS !

Les nouveau-nés et les jeunes enfants, eux aussi, tirent bénéfice des massages : touchez-les, massez-les, stimulez leurs pieds et leurs mains... Cette communication tactile vous sera aussi agréable qu'à votre tout-petit. Dans certaines maternités, des sages-femmes proposent une initiation au massage du bébé. Mais vous pouvez aussi improviser. Massez régulièrement vos enfants tant qu'ils l'acceptent avec plaisir. Profitez-en : quand ils approchent de la puberté, ils traversent une période de pudeur qu'il faut respecter, car c'est ainsi qu'ils s'approprient leur corps et préparent leur adolescence.

Certains massages spécifiques se pratiquent en faisant couler un filet d'huile tiède sur le front ou en massant avec des herbes, du riz chaud, de la farine de pois chiche, du ghee (beurre clarifié)... Les massages ayur-védiques relaxent, chassent la fatigue, améliorent la résistance au stress... Ils peuvent avoir une dimension vraiment thérapeutique lorsqu'ils sont adaptés à un problème précis.

Le massage énergétique

Le contact entre le masseur et le massé ne se limite pas ici aux mains et à la peau. Ce sont deux énergies qui se rencontrent. L'ambiance est donc très importante.

La séance débute par une conversation : « Qu'attendez-vous du massage ? », « Où vous sentez-vous bloqué ? »... Ces informations permettent au masseur de déterminer par quelle zone du corps il va commencer et quel circuit il va suivre. Car même si certaines phases du massage suivent le trajet des méridiens d'énergie, le déroulement est différent d'une personne à l'autre. La zone respiratoire, par exemple, est très importante, car c'est par la respiration que nous régénérons l'énergie ancestrale que nous avons reçue de nos parents pour en faire notre énergie propre. Les pieds comptent tout autant : c'est généralement par eux que l'on termine afin de confirmer l'effet du massage tout entier. Une séance dure environ une heure et l'on peut la renouveler régulièrement, comme un entretien du corps et de l'esprit. Le but est de se relaxer, de chasser les pressions inutiles et les émotions douloureuses.

Certains spécialistes pratiquent des massages énergétiques plus techniques, inspirés de la médecine orientale : massages chinois, thaï... Ils visent à harmoniser l'énergie vitale qui circule dans les méridiens. Les gestes et le déroulement de la séance sont plus précis, et directement liés au trajet des méridiens d'énergie et aux points d'acupuncture. Ces massages peuvent avoir une visée thérapeutique. Ils sont moins doux que le massage énergétique de relaxation, car il est parfois nécessaire de forcer sur certains points énergétiques pour dénouer les blocages.

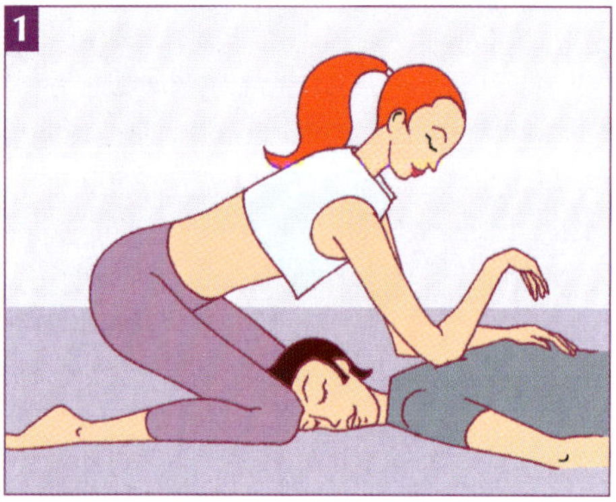

Le shiatsu

Cette technique de massage, d'origine chinoise, s'est surtout développée au Japon. Tous les gestes se font en exerçant une pression sur le corps du patient. C'est pourquoi le shiatsu se pratique généralement au sol, de manière que le masseur puisse appuyer de tout son poids sur les points sensibles. Il utilise ses mains, ses doigts, ses poings, mais aussi parfois ses coudes (voir dessins 1 et 2) ou ses pieds, pour stimuler certains des six cents points de shiatsu que nous possédons sur l'ensemble du corps. Ses buts : renforcer et harmoniser le ki, la force de vie dont dépendent notre équilibre et notre santé.

Le travail des deux mains est différent. Même si elles effectuent les mêmes gestes, l'une est active (toute l'attention est concentrée sur ce qu'elle fait) alors que l'autre est réceptive (l'attention est dirigée sur les informations qu'elle reçoit). Cette dualité permet au masseur d'adapter en permanence son travail à la personne qu'il traite et de suivre les progrès de sa circulation énergétique. Le shiatsu est très efficace pour traiter les douleurs posturales, mais aussi les troubles dus au stress (fatigue, insomnie, problèmes digestifs…).

MASSAGE AU HAMMAM

Dans la chaleur humide du hammam (voir p. 252), on pratique des massages avec une huile végétale parfumée, que l'on applique généreusement sur tout le corps, y compris le visage. Les gestes sont très fermes mais doux, très enveloppants. En général, ce massage se pratique après le gommage du corps. On en ressort détendu et, surtout, avec une peau d'une douceur infinie.

Massages locaux

La réflexologie

Selon les principes de la médecine chinoise traditionnelle, nous aurions sur les mains et les pieds des points réflexes correspondant aux principaux organes. Lorsqu'une fonction est perturbée par un dérèglement énergétique, le point correspondant sur nos extrémités devient douloureux. Il suffit alors de le masser pour que le dérèglement disparaisse. Les thérapeutes qui pratiquent la réflexologie peuvent percevoir les problèmes de leurs patients uniquement en touchant la plante de leurs pieds (voir dessins p. 218) ou la paume de leurs mains (voir dessins p. 219) .

La réflexologie thérapeutique se pratique surtout sur la plante des pieds. C'est une zone richement innervée et vascularisée. En la massant, on stimule la circulation sanguine et lymphatique, on améliore l'élimination des déchets, on génère une détente nerveuse et psychique salutaire. En insistant sur les points durs et douloureux, le thérapeute peut venir à bout des maux de tête, des troubles articulaires, des douleurs menstruelles, des insomnies, de la constipation…

Le massage métamorphique

Ce massage, qui concerne uniquement les pieds, fut mis au point dans les années 1960 par Robert Saint-John. Celui-ci s'aperçut que ses patients évoquaient souvent leur relation avec leur mère lorsqu'il massait leur talon, et avec leur père quand il touchait leur gros orteil. Il fit des observations plus précises et découvrit, superposée à la zone réflexe physique de la colonne vertébrale, une zone réflexe « psychique » sur laquelle sont inscrits tous les événements vécus depuis le début de notre gestation. En massant le pied, en insistant sur les zones bloquées le long de sa face interne, on peut faire resurgir des souvenirs enfouis, dénouer les émotions douloureuses et libérer la force vitale. C'est un massage simple et agréable, car doux et léger. Après quelques séances auprès d'un thérapeute, on peut continuer à pratiquer en famille.

DES PIERRES CHAUDES

Le stone-massage est une nouveauté. Il est inspiré des techniques ancestrales des Indiens d'Amérique du Nord. On dépose des galets chauds sur des points précis du corps, notamment le long de la colonne vertébrale. Ces pierres volcaniques sont chauffées à 50 °C, environ. Leur chaleur se diffuse peu à peu dans tout l'organisme, ce qui procure une grande détente d'abord musculaire, puis plus profonde. Des gestes de massage complètent le programme de manière à répartir la chaleur dans tout le corps et à harmoniser l'énergie globale. C'est un massage à la fois relaxant et régénérant.

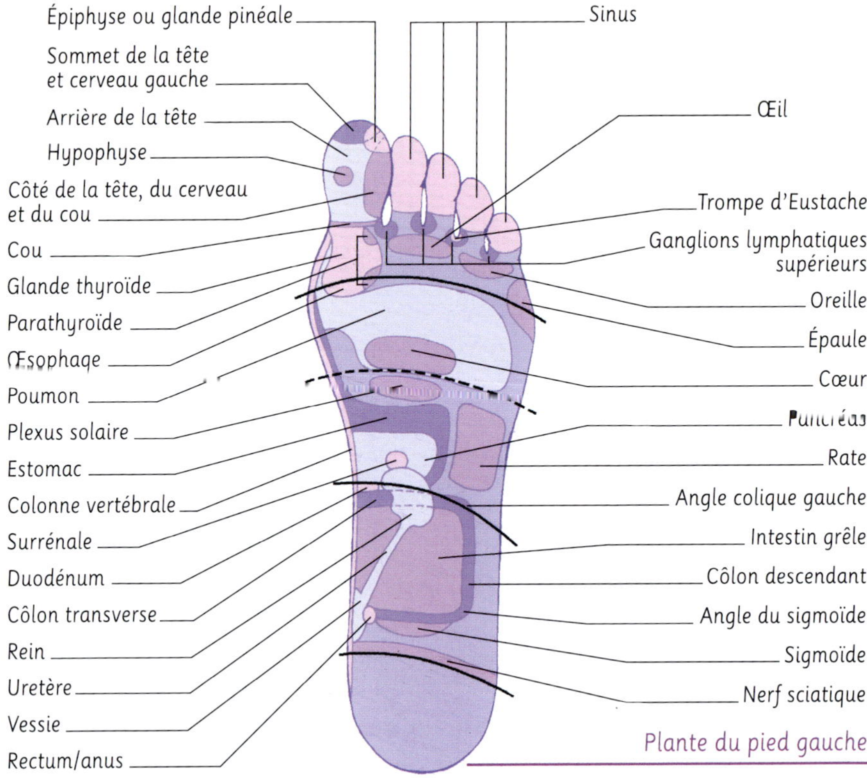

Plante du pied gauche **1**

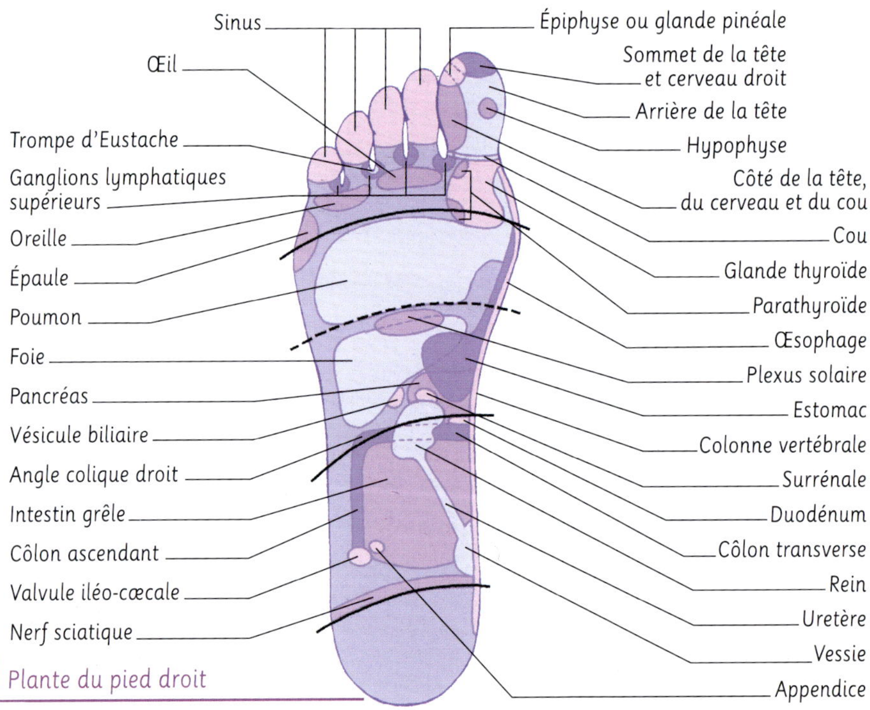

2 Plante du pied droit

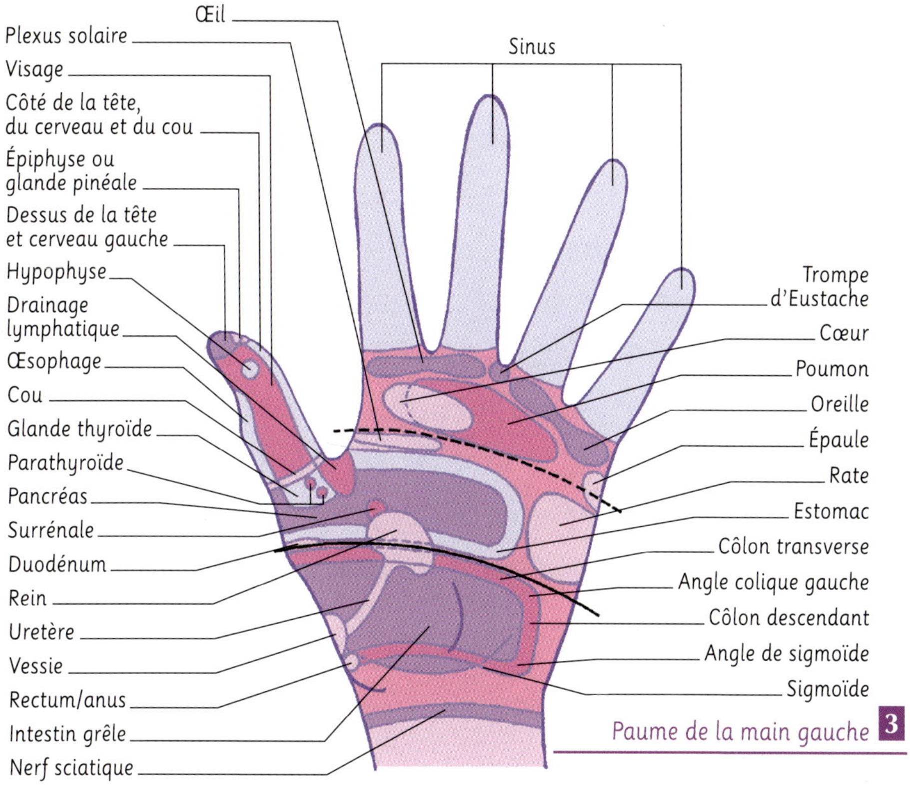

Paume de la main gauche **3**

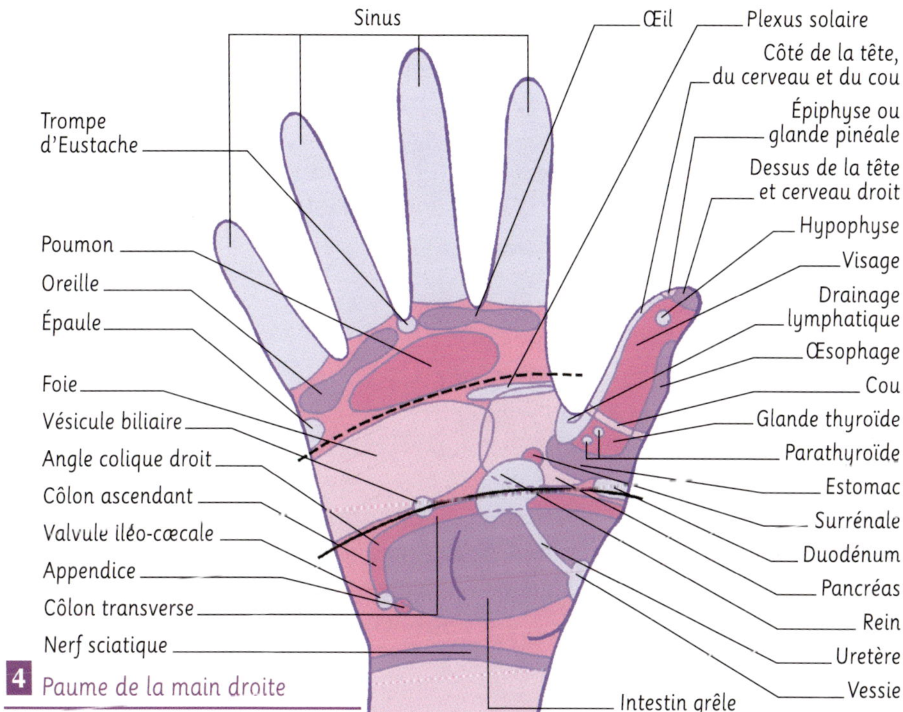

4 Paume de la main droite

Massages aux huiles essentielles

Pour rendre n'importe quel massage plus efficace, il suffit d'utiliser une huile à laquelle on ajoute quelques gouttes d'une huile essentielle de plante. Massage local ou global, son effet sera plus relaxant avec de l'essence de lavande, analgésique avec du romarin, antiseptique avec de l'eucalyptus...

Les principes actifs contenus dans les huiles essentielles pénètrent très rapidement à travers la peau et se répandent dans tout l'organisme, distribuant leurs bienfaits sur leur passage. Il serait dommage de vous en priver (voir p. 148). D'autant qu'elles peuvent être sédatives, tonifiantes, analgésiques, antiseptiques, digestives, anxiolytiques, stimulantes...

Quelques huiles antistress

– **La camomille :** c'est une essence très onéreuse, mais son efficacité est remarquable. Elle est antispasmodique, sédative, antidépressive... Pour lutter contre les migraines d'origine nerveuse, mettez une goutte, pure, sur le bout des doigts et massez lentement vos tempes.
– **La lavande :** elle est aussi relaxante qu'antibiotique. Vous pouvez l'utiliser en forte concentration car elle n'est pas irritante. Elle détend, relaxe, chasse les tensions, prépare au sommeil.
– **La mandarine :** son parfum délicat rend les massages agréables. Elle est très sédative. Elle ralentit rapidement les battements cardiaques, apaise la respiration et génère une détente profonde et durable.
– **Le jasmin :** on ne tire pas du jasmin une véritable huile essentielle mais un concentré très odorant (le concret) qui possède des vertus apaisantes et relaxantes.

Quelques huiles antidouleur

– **Le romarin :** il soulage les douleurs névralgiques. C'est un remarquable décontractant musculaire que l'on peut utiliser localement. Mais attention ! n'en abusez pas si vous souffrez d'hypertension et évitez-le pendant la grossesse.

POUR PRÉPARER UNE HUILE DE MASSAGE

Une bonne huile de massage se prépare avec une huile de base de bonne qualité. Que vous préfériez la légèreté de l'huile de pépins de raisin (qui pénètre rapidement sans laisser un film gras sur la peau), l'huile de jojoba (très hydratante), l'huile de germe de blé (nourrissante) ou l'huile de noyaux d'abricot (délicatement parfumée), choisissez-la de première pression à froid, sans substance ajoutée et de préférence issue de l'agriculture biologique. Conservez votre huile de base dans un flacon opaque, dans un endroit sec et frais. À chaque massage, prélevez-en 2 cuil. à soupe et mettez-la dans une coupelle. Ajoutez 10 gouttes d'huiles essentielles que vous aurez sélectionnées en fonction de leurs vertus. Ne préparez pas vos huiles de massage à l'avance, car les huiles essentielles sont très volatiles.

– **Le bouleau :** c'est une plante anti-rhumatismale, très efficace contre les douleurs articulaires.
– **La marjolaine :** elle soulage tous les types de douleurs, depuis celles liées au stress (maux de tête, spasmes digestifs) jusqu'aux douleurs menstruelles et aux rhumatismes.
– **Le girofle :** une goutte d'essence de girofle calme rapidement les douleurs dentaires. Posez-la directement sur la dent douloureuse ou massez la gencive.

Quelques huiles anti-jambes lourdes

– **Le cyprès :** c'est un tonique veineux qui relance la circulation de retour tout en renforçant la qualité des veines.
– **Le citron :** le meilleur allié du précédent : il fluidifie le sang et tonifie la circulation.
– **L'angélique :** elle améliore la circulation lymphatique et elle est légèrement diurétique, ce qui complète l'action des deux essences précédentes.

Quelques huiles antivirus

– **L'eucalyptus :** c'est un excellent antiseptique, notamment en ce qui concerne les infections des voies respiratoires. Utilisez cette essence en frictions sur le torse.
– **Le ravensare :** cette plante pousse à Madagascar et à la Réunion. Son huile a des vertus très antiseptiques. On peut l'utiliser dans tous les cas d'infection, en association avec des traitements plus ciblés.
– **L'arbre à thé :** originaire d'Australie, il donne une essence qui stimule les réactions immunitaires.

Manipuler pour soigner

Les manipulations de l'ostéopathe, de l'étiopathe, du biokinergiste ou du fasciathérapeute ont des visées plus thérapeutiques que les massages. Ces techniques manuelles savent soulager les maux du corps (douleurs, blocages, troubles organiques) et parfois ceux de l'âme (déprime, anxiété...).

Certaines médecines naturelles soignent sans médicaments, uniquement par le toucher. Mais c'est un toucher beaucoup plus technique que celui des massages. Les manipulations portent sur la statique, les articulations, les muscles, mais aussi les viscères, les tissus internes et même les points d'énergie. Voici les principales.

L'ostéopathie

C'est la technique la plus ancienne, puisqu'elle est née dans la seconde moitié du XIXe siècle entre les mains d'Andrew Taylor Still. Son principe : le corps est une globalité. Toute lésion, tout blocage, en un lieu précis provoque des réactions à distance. Lorsque vous avez par exemple une articulation raidie par un choc, l'organisme commence par s'adapter. Il compense de manière que vous puissiez continuer à bouger normalement (ou presque). La douleur initiale s'atténue et vous avez l'impression que tout est rentré dans l'ordre. En fait, la chaîne de compensation est toujours en place. Au bout de quelques semaines ou quelques mois, une nouvelle douleur apparaît ailleurs, apparemment sans cause objective. C'est votre chaîne de compensation qui commence à fatiguer votre organisme.

L'ostéopathie est la technique de manipulations thérapeutique la plus ancienne !

L'ostéopathe s'efforce de remonter à l'origine de la douleur, à l'impact initial qui est la source de tout le processus douloureux. Il rend sa mobilité à l'endroit bloqué et toute la chaîne se dissout, en même temps que les douleurs. Il le fait

par des manipulations légères, douces, sans jamais faire « craquer » les articulations. Parfois ces blocages peuvent entraver, de manière mécanique, le fonctionnement d'un organe. C'est pourquoi l'ostéopathie peut venir à bout des douleurs articulaires, des problèmes vertébraux, mais aussi de certaines migraines, de troubles digestifs ou hormonaux.

La chiropractie

Aux États-Unis, cinquante mille praticiens exercent cette thérapie globale et naturelle qui soulage les douleurs articulaires, les problèmes de dos, mais aussi des troubles apparemment éloignés comme les problèmes digestifs ou respiratoires. La chiropractie (ou chiropratique) s'intéresse surtout à la colonne vertébrale. C'est elle qui nous tient debout. C'est elle qui protège la moelle épinière. C'est de ses interstices que partent les ramifications nerveuses qui se répandent ensuite dans tout l'organisme.

LE CRÂNE AUSSI

L'ostéopathie crânienne est une branche particulière de l'ostéopathie qui ne s'intéresse qu'aux os du crâne. Notre boîte crânienne est constituée de plusieurs os emboîtés comme les pièces d'un puzzle. Cet assemblage n'est pas fixe, mais animé de légers mouvements. C'est la « respiration crânienne », qui permet une circulation fluide du liquide céphalo-rachidien. Le stress, un choc physique ou émotionnel peuvent bloquer ce dispositif, ce qui provoque des troubles : fatigue, insomnie, migraines, troubles ORL... De légères manipulations du crâne suffisent à rétablir la mobilité et les symptômes cessent. L'ostéopathie crânienne se pratique sur les adultes, mais aussi sur les enfants, les bébés et même les nouveau-nés. Notamment ceux qui ont vécu une naissance difficile et dont le crâne a subi de fortes pressions.

Un blocage, même infime, de la colonne vertébrale peut donc avoir des répercussions sur l'ensemble de l'organisme.
Le chiropracteur traite par de micro-manipulations, parfois à peine perceptibles mais très efficaces. Il préconise aussi des exercices respiratoires destinés à débloquer toute la zone thoracique. Lorsque la colonne vertébrale a été débarrassée de tous ses blocages (souvent imperceptibles pour qui ne sait les détecter), le système nerveux dans son ensemble fonctionne mieux, ce qui influe sur tout l'organisme. C'est ce qui explique que la chiropractie puisse soigner presque tous les troubles fonctionnels (sans lésion d'organes).

L'étiopathie

L'étiopathie a été créée dans les années 1950 par un Français, Christian Trédaniel. Guéri d'une sciatique grave par un vertébrothérapeute, il s'est intéressé aux médecines manuelles. D'abord formé à la chiropractie, il s'est passionné pour le savoir des rebouteux traditionnels puis a fait une synthèse de tous ces gestes. C'est ainsi qu'est née l'étiopathie. Comme le chiropracteur, l'étiopathe exerce des manipulations sur la colonne vertébrale. Comme l'ostéopathe, il élargit son intervention aux autres articulations. Mais il va plus loin en manipulant également les organes si c'est nécessaire.
Selon les principes de l'étiopathie, nos blocages sont dus à des causes extérieures : mauvaise alimentation, stress, pollution, chocs émotionnels, accidents

L'ÉNERGIE EN PLUS

Au travail sur la statique, le système musculo-tendineux, les viscères et les fascias, la biokinergie ajoute la notion d'énergie. Selon Michel Lidoreau, son créateur, sur les points d'acupuncture bloqués de manière chronique se produit une sorte d'enroulement des tissus. Ce tiraillement se répercute sur toute la chaîne jusqu'à une articulation ou un organe. Le travail de déblocage et de remise en place résout ponctuellement le problème, mais si on ne débloque pas l'énergie entravée, l'enroulement continuera à « tirer » sur les tissus et le trouble réapparaîtra. Le biokinergiste agit donc sur les articulations, les tendons, les ligaments, les fascias, les organes et les points d'acupuncture. Le tout par des manipulations très douces. Il suffit de quelques séances pour opérer un travail en profondeur et les résultats sont durables.

physiques… Ces « agressions » provoquent des réactions à l'intérieur de l'organisme : ce sont les causes secondaires. Les gestes techniques de l'étiopathe agissent sur ces causes secondaires. Les causes initiales restent entre nos mains. À nous de surveiller notre hygiène de vie pour les limiter au maximum.

L'étiopathie donne de bons résultats sur tous les troubles d'origine ostéo-articulaire (entorse, foulure, lumbago), les troubles ORL chroniques (otite, angine à répétition, sinusite), les troubles gynécologiques, les manifestations du stress (insomnies, anxiété, migraine)…

La fasciathérapie

Plus subtile encore est la fasciathérapie, créée par Danis Bois dans les années 1970. Au lieu de manipuler articulations et organes, le fasciathérapeute préfère toucher les fascias. Ce terme désigne les tissus qui enveloppent nos organes : la plèvre autour des poumons, le péritoine autour des viscères de l'abdomen… Tous nos organes, nos tendons, nos muscles sont entourés de ces tissus très sensibles. Par leur intermédiaire, nos organes sont reliés entre eux, ainsi que les éléments de notre statique. C'est donc par leur intermédiaire que les blocages se répercutent d'une articulation sur un organe ou d'un organe sur un autre.

À la suite d'un choc physique ou émotionnel, les fascias peuvent se rétracter, se crisper. En perdant leur élasticité, ils affectent les tissus environnants, et ainsi de suite jusqu'à ce qu'une douleur ou un symptôme apparaisse. Avec des gestes à mi-chemin entre le massage et la manipulation, le fasciathérapeute rend leur souplesse aux fascias tendus. Du coup, les articulations et les organes entravés retrouvent leur liberté.

La fasciathérapie traite avec succès les douleurs articulaires et menstruelles, la migraine, la fatigue, les troubles intestinaux, les problèmes liés au stress…

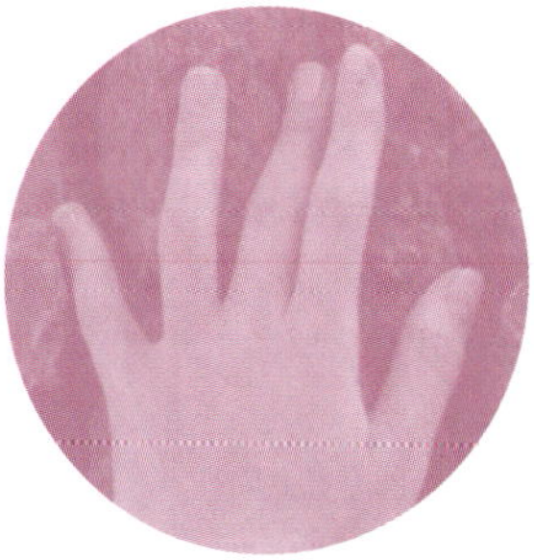

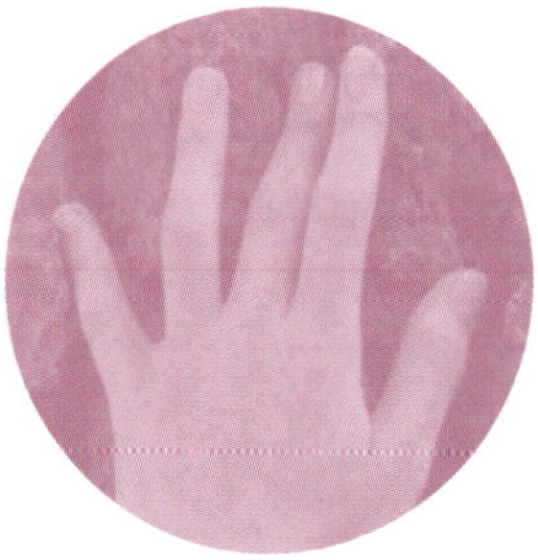

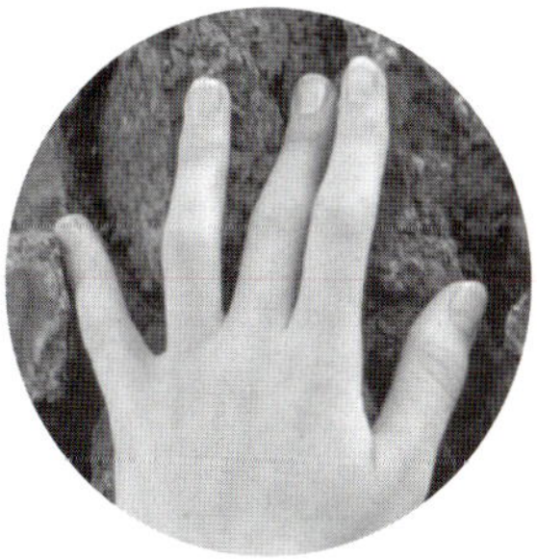

Toucher pour libérer l'âme

« Puisque les émotions s'inscrivent dans le corps, il suffit peut-être de toucher le corps pour que ces blessures cachées s'évaporent ? » C'est la question que se sont posée Wilhelm Reich et ses successeurs. Ils y ont répondu : « Oui ! » Plusieurs thérapies psycho-corporelles ont ainsi vu le jour.

Selon les travaux de Willhelm Reich, l'un des premiers disciples de Freud, toutes les émotions négatives que nous refoulons provoquent une rigidification musculaire. Ces crispations inconscientes s'inscrivent dans notre corps et finissent par modifier nos postures, nos gestes, nos attitudes. C'est ce qu'il appelait la « cuirasse musculaire somatique ». En massant le corps, en le touchant avec des gestes précis, certains souvenirs remontent à la surface, les émotions douloureuses qui leur sont associées s'évacuent et nous pouvons enfin nous libérer des souffrances anciennes.

Cette conception des interactions entre le corps et les émotions a donné naissance à plusieurs thérapies dans lesquelles le toucher est associé à un travail verbal proche de la psychothérapie.

KINÉSIOLOGIE

La kinésiologie a été mise au point dans les années 1960 par un chiropracteur, George Goodheart. C'est un test de réponse musculaire qui permet, en observant les réactions du corps à des sollicitations, de comprendre où se situent ses blocages. Ce n'est pas à proprement parler une thérapie, mais une méthode d'accompagnement qui aide à faire le point sur soi et à surmonter certaines difficultés d'ordre psychique et émotionnel.

Le rolfing

Ida Rolf, qui mit au point cette technique dans les années 1950, en fit d'abord une sorte de massage profond, parfois « musclé » et douloureux, destiné à remodeler la structure dynamique du corps. Elle s'aperçut qu'au cours des

séances ses patients vivaient des remontées de souvenirs émotionnels et que ces libérations leur faisaient du bien. Elle associa donc au travail physique une dimension psychique.
Le rolfing se déroule en séances individuelles, au cours desquelles le praticien masse le patient, puis l'écoute. Ces phases de verbalisation font partie du processus.
On compte une dizaine de séances d'une heure pour effectuer un cycle. C'est généralement suffisant pour retrouver un corps souple et se dégager des émotions enfouies. Dans certains cas, cependant, plusieurs cycles sont nécessaires pour venir à bout de souffrances psychiques intenses.

L'intégration posturale

Dans la continuité du travail d'Ida Rolf, Jack Painter a développé une technique plus proche de la psychothérapie, dans laquelle le travail sur le corps sert uniquement de déclencheur à la libération émotionnelle. Ce travail corporel associe le massage proprement dit à des exercices de respiration ou des interventions sur des points énergétiques.
Le travail du praticien est concentré sur la « cuirasse corporelle », ces zones bloquées par des émotions refoulées. Lorsqu'une émotion surgit, il est là pour aider la personne à mettre en mots ce qu'elle ressent et à intégrer cette expérience. Ainsi, peu à peu, elle change de posture et d'attitude, son corps s'épanouit et son psychisme se libère.

La psychologie biodynamique

Cette technique associe des massages, notamment de la zone abdominale, à des séances de verbalisation proches de la psychothérapie. « L'important, disait sa créatrice, Gerda Boyesen, c'est de poser la main au bon endroit. » Et cet endroit est différent pour chacun. C'est le travail du thérapeute que de le découvrir. S'il y parvient, son patient ressent des émotions, les verbalise, les évacue… Peu à peu, son organisme retrouve son équilibre naturel et il récupère ses facultés naturelles d'auto-guérison. Le travail de Gerda Boyesen a été poursuivi par son fils Paul, qui a renforcé la dimension psychanalytique de la technique. On parle alors d'« analyse psycho-organique ».

Palper pour remodeler le corps

Vivre dans un corps ferme, chasser les vaguelettes que la cellulite forme sous la peau, drainer les toxines accumulées dans les tissus, aider le corps à se débarrasser de la graisse inutile... Vous pouvez obtenir tout cela en vous massant ou en vous faisant masser. Vous pouvez modeler votre silhouette par le toucher.

La minceur à tout prix est un leurre. Pire, c'est parfois un danger. Certaines personnes passent leur vie à focaliser tous leurs problèmes, toute leur souffrance, sur quelques kilos superflus parfois fantasmatiques. Elles accumulent les régimes fantaisistes, s'enferment dans des restrictions alimentaires qui débouchent sur des carences nutritionnelles néfastes. Sans céder à cette tyrannie de l'image, on peut pourtant entretenir ses formes, modeler sa silhouette, en ayant recours à des massages ciblés.

Le surpoids, c'est de la graisse accumulée. De la graisse, mais aussi de la cellulite. Cette graisse particulière est parcourue de fibres conjonctives qui emprisonnent l'eau et les déchets. Avec les années, elle devient plus dure car les fibres se resserrent. Si un régime alimentaire parvient à éliminer la graisse, il est parfois insuffisant pour venir à bout de la cellulite. Il faut alors avoir recours à des traitements locaux.

Mincir ou maigrir ?

Si vous avez un réel excès de poids, les massages ne suffiront pas. Mais en complément d'un programme alimentaire raisonnable, ils peuvent accélérer le processus et surtout déstocker les amas de graisse et de cellulite là où ils sont incrustés. Pour savoir où vous en êtes vraiment, calculez votre indice de masse corporelle (voir encadré p. 231) afin de faire le point sur ce que vous avez raisonnablement à perdre.

Les massages peuvent également vous aider à entretenir vos formes, même si vous n'avez pas de réel excès de poids. Avec les années, certaines zones du corps s'engorgent. Chez certaines personnes, c'est sur le haut des cuisses que la culotte de cheval s'installe. Chez d'autres, les bourrelets apparaissent sur le ventre ou sur les fesses. Des massages aident le corps à gérer cette matière superflue et à s'en débarrasser.

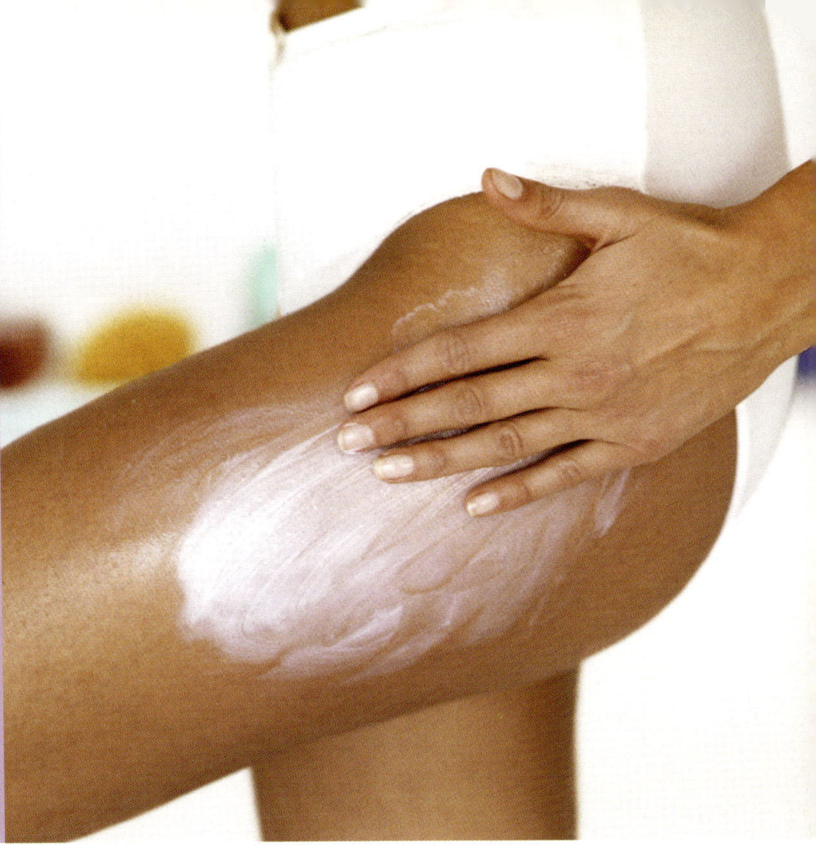

Certains massages amincissants se pratiquent en institut. C'est le cas, par exemple, du drainage lymphatique. Mais vous pouvez aussi vous masser vous-même ou vous faire masser par un proche en observant des gestes précis et avec l'aide de quelques huiles essentielles adaptées.

À QUOI SERT LA GRAISSE ?

La graisse est notre réserve d'énergie. Un élément autrefois indispensable lorsque des périodes de disette et de famine mettaient l'existence en péril. Aujourd'hui, nous ne courons plus ces risques, mais nous avons encore besoin d'elle. Nous puisons dans ces réserves dans les moments de fatigue ou de stress, ou lorsque nous perdons l'appétit à cause d'un chagrin ou d'une contrariété. Nous stockons dans la graisse certains nutriments, comme les vitamines liposolubles. Elle participe également au fonctionnement hormonal : si les femmes trop maigres, notamment les anorexiques, n'ont parfois plus de règles, c'est qu'elles n'ont plus assez de graisses pour que leur hormones soient sécrétées en quantité suffisante. Trop de graisse nuit, c'est vrai, mais trop peu également.

Le drainage lymphatique

Nous disposons d'un second système circulatoire, différent de celui de la circulation sanguine, qui permet au corps d'évacuer ses déchets métaboliques. C'est le système lymphatique. La lymphe est un liquide blanchâtre et épais, chargé de déchets, qui circule dans des canaux depuis le bas du corps vers le haut. Comme nous ne disposons pas d'une pompe comparable au cœur pour pulser la lymphe, celle-ci doit lutter contre la pesanteur pour s'acheminer jusqu'à hauteur des clavicules, où elle rejoint la circulation sanguine. Les canaux lymphatiques sont simplement pourvus de clapets qui l'empêchent de redescendre au fur et à mesure de sa progression. Ce sont nos mouvements (notamment la marche) qui permettent aux canaux de se contracter pour entraîner le liquide vers le haut. Si nous mangeons mal, si nous ne faisons pas assez

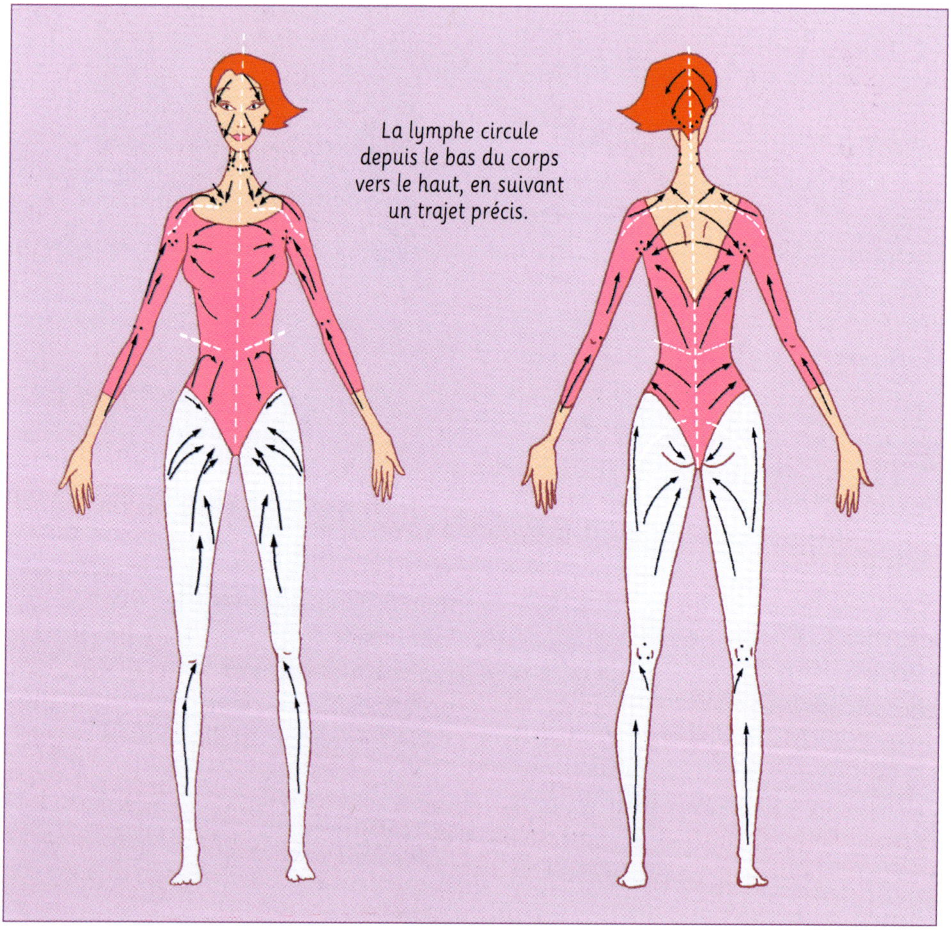

La lymphe circule depuis le bas du corps vers le haut, en suivant un trajet précis.

FAITES LE POINT SUR VOS RONDEURS

Obésité, surpoids ou fantasme de minceur ? Pour savoir où vous en êtes, calculez votre indice de masse corporelle. C'est la mesure la plus largement utilisée par le corps médical. Cet indice se calcule en divisant votre poids en kilos par votre taille en mètre élevé au carré. Un exemple : pour une personne qui mesure 1,60 m et pèse 54 kilos, on calcule 54 : (1,6 × 1,6). Ce qui donne 54 : 2,56, soit 21.

Ensuite, on compare le chiffre obtenu à une norme : en dessous de 18,5, on parle de maigreur (c'est le cas de la plupart de nos mannequins vedettes !) ; entre 18,5 et 25, le poids est considéré comme normal ; entre 25 et 30, on parle de surpoids et, au-dessus de 30, d'obésité. Pour compléter cette évaluation, on prend en considération l'âge (il est normal de peser plus lourd à 50 ans qu'à 18). On tient compte aussi de la stature (les os épais sont plus lourds que les squelettes fins).

Commencez par faire votre calcul. Si votre poids est normal, tout va bien. Si vous êtes en surpoids léger, prenez en compte votre âge et votre constitution pour affiner le diagnostic. Mais si vous obtenez un score supérieur à 30, c'est le moment d'agir. Car la véritable obésité finit par entraîner des problèmes de santé qui peuvent être sérieux.

d'exercice, si nous sommes trop stressés, l'évacuation lymphatique se fait mal. La lymphe stagne dans le bas du corps, provoquant jambes lourdes et œdèmes des chevilles. Les déchets qu'elle transporte s'incrustent dans les tissus, créant des amas de cellulite. Enfin, les ganglions qui se trouvent sur son chemin s'engorgent, ce qui affecte nos défenses immunitaires (c'est dans ces ganglions que sont postées certaines de nos cellules immunitaires).

Le drainage lymphatique est un massage particulier, mis au point par un Suédois, le Dr Vodder. Il est destiné à améliorer la circulation de la lymphe. Il consiste à effectuer de mouvements de pompage le long des canaux, afin d'aider la lymphe à remonter et d'accélérer l'élimination des déchets. Après une bonne séance de drainage, le volume des urines augmente, preuve que l'élimination des déchets s'accélère.

Une séance dure environ une heure. Les mouvements sont légers et agréables, provoquant une détente qui s'ajoute à l'effet bénéfique du drainage lui-même. On compte en général une dizaine de séances pour obtenir un réel effet. On peut répéter cette cure une fois par an pour entretenir l'organisme et stabiliser les résultats.

CRÈMES MINCEUR

Les laboratoires rivalisent d'ingéniosité pour proposer, à chaque début de printemps, de nouvelles formules de crèmes minceur. Au printemps 2004, pour la première fois, des études financées par des laboratoires indépendants des marques ont constaté que certaines crèmes amincissantes produisent un effet réel. Elles aident à l'évacuation de l'eau et des toxines accumulées dans les amas de cellulite. Elles contiennent des substances végétales qui accélèrent le déstockage de la graisse. Associées à un équilibre alimentaire, elles aident à perdre non pas du poids mais des centimètres dans des zones stratégiques du corps.

La lympho-énergie

La lympho-énergie découle directement du drainage lymphatique. Aux mouvements habituels de ce massage s'ajoute la stimulation de points d'acupuncture, de shiatsu ou de do-in, de manière que l'effet soit plus profond et le résultat, durable. Elle ajoute à l'effet drainant une action globale sur le stress et la fatigue ; améliore la circulation sanguine et fait merveille contre la constipation. Autant d'éléments qui aident à entretenir la silhouette.

Massage maison

En complément de ces soins (ou sans eux, si vous estimez ne pas en avoir besoin), vous pouvez pratiquer de temps en temps un massage minceur maison. Le simple fait de masser vigoureusement vos cuisses, vos fesses, votre ventre suffit à accélérer la circulation sanguine (et un peu la circulation lymphatique), ce qui améliore l'alimentation des cellules et l'élimination des déchets. Mais vous pouvez agir de manière plus spécifique, en effectuant des gestes précis.

– Commencez par enduire vos mains d'huile de massage (voir recette ci-après) et effectuez de larges mouvements circulaires sur vos jambes, vos cuisses, vos fesses, votre ventre, toujours en partant du bas et en remontant vers le haut.

– Puis malaxez ces zones comme si vous pétrissiez de la pâte à gâteau (voir dessin ci-dessous). Alternez le travail des mains, qui pressent la masse musculaire l'une après l'autre.

– Enfin, terminez par des percussions : frappez les zones massées avec les poings fermés, toujours en suivant un trajet du bas vers le haut.

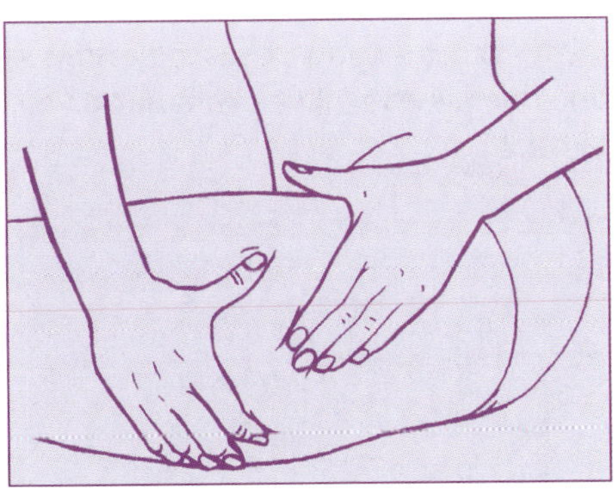

Ces mouvements aident à faire disparaître la cellulite. Insistez sur les zones les plus atteintes, généralement le haut des cuisses. N'oubliez pas de stimuler, au passage, les points de do-in qui accélèrent l'élimination (voir p. 236).

Huiles essentielles

L'effet de ce massage sera plus rapidement visible si vous l'effectuez avec une huile de massage maison. Dans 2 cuil. à soupe d'huile de germe de blé, incorporez 2 gouttes de chacune des huiles suivantes.

– **Géranium :** c'est une variété tropicale qui donne une huile très parfumée. Elle a un effet astringent et stimule l'activité des glandes surrénales, lesquelles sécrètent des hormones capables d'accélérer la fonte graisseuse.

– **Bouleau :** c'est une essence diurétique, qui aide à désengorger l'eau contenue dans les amas de cellulite.

– **Orange :** elle combat la rétention d'eau et est sédative. Un petit « plus » utile, car le stress perturbe le métabolisme et accélère parfois la prise de poids. Pour changer, remplacez l'orange par du romarin, qui stimule le fonctionnement des glandes endocrines et accélère la sudation (sauf si vous souffrez d'hypertension).

Après votre massage, allongez-vous une dizaine de minutes pour laisser les huiles essentielles pénétrer, puis plongez dans un bain aux huiles de rose et de bois de rose. Ces deux essences ont un effet raffermissant, elles tonifient la peau et préviennent son relâchement.

Les auto-massages

Vous n'avez personne à qui demander de vous « offrir » un petit massage ? Alors massez-vous vous-même. Les auto-massages apportent détente et bien-être. Certains ont même un véritable effet thérapeutique, à condition de bien repérer les points concernés.

Difficile de se faire, soi-même, un massage global. Mais vous pouvez atteindre et stimuler sans difficulté certaines zones. Vous pouvez choisir : massages stimulant, décontractant, antidouleur ou antistress. Pour en améliorer l'effet, utilisez une huile de massage aux huiles essentielles (voir p. 233).

Massez mains et pieds

Nos extrémités sont très richement innervées, vascularisées et couvertes de points réflexes. Un bon massage relance l'ensemble des fonctions.

Dans la journée : où que vous soyez, dans le bus ou sur votre lieu de travail, au cinéma ou au restaurant, vous pouvez discrètement effectuer un petit auto-massage de vos mains si vous en ressentez le besoin.

– Commencez par frotter vos mains l'une contre l'autre comme si vous les laviez.

– Avec votre main droite, étirez un à un les doigts de la main gauche. Faites de même avec votre main gauche.

– Avec le bout des doigts de la main droite (index et majeur), exercez de petites pressions le long des os sur le dessus de la main gauche. Faites de même avec l'autre main.

– Enfin, avec votre pouce, massez la paume de la main opposée en dessinant des petits cercles. Parcourez ainsi toute la paume, le mont de Vénus, les coussinets qui se trouvent à la base des doigts.

– Votre petit massage a duré 5 minutes, c'est suffisant pour vous détendre si vous êtes stressé et vous stimuler si vous êtes fatigué.

L'auto-massage est une technique intéressante : il peut se pratiquer un peu partout et avec discrétion.

MASSEZ VOS OREILLES

Ce massage est directement issu de la médecine chinoise. Il permet de stimuler l'audition et de tonifier l'énergie des reins. En plus, comme l'oreille est une zone réflexe où se projette l'ensemble des organes, il a une action revitalisante globale sur l'organisme. Occupez-vous d'abord d'une oreille, puis de l'autre.

– Frottez une oreille avec le bas de la paume de la main (près du poignet), d'abord sur le pavillon, puis dessous.

– Pincez le pourtour du pavillon entre le pouce et l'index et promenez-vous sur toute sa surface, ainsi que sur le lobe. Insistez sur les points douloureux.

– Terminez en enfonçant légèrement votre index dans le conduit auditif, comme pour vous boucher l'oreille, puis retirez votre doigt d'un coup sec.

Dans la soirée : vous voilà rentré chez vous. Vous allez pouvoir prendre un peu plus de temps et masser vos pieds. Occupez-vous d'un pied, totalement, puis passez à l'autre.

– Versez quelques gouttes d'huile de massage dans le creux de vos mains et commencez par caresser l'ensemble de votre pied droit, depuis la cheville jusqu'aux orteils.

L'auto-massage des pieds peut faciliter la venue du sommeil et en améliorer la qualité.

– Insistez un moment sur vos orteils. Massez-les un à un, stimulez l'espace entre eux, étirez-les légèrement. Attardez-vous sur les coussinets situés dessous.

– Puis, comme pour les mains, tapotez du bout des doigts le long des os sur le dessus du pied. Faites de même sur les arêtes interne et externe

– Enfin, massez l'ensemble de la plante avec le pouce, en dessinant de petits cercles. Insistez sur le creux de la voûte plantaire. Si vous sentez des points douloureux, insistez jusqu'à ce que la sensation s'atténue.

– Terminez par un toucher plus léger, presque une caresse, sur l'ensemble du pied en remontant jusqu'à la cheville.

– Votre massage a duré entre 15 et 30 minutes. Étendez-vous pendant une dizaine de minutes pour vous reposer avant de reprendre vos activités. Si vous faites ce massage juste avant de vous coucher, vous dormirez alors d'un sommeil profond.

Le do-in

C'est une technique ancestrale issue de la médecine chinoise (voir p. 280). Pour régulariser la circulation de l'énergie vitale dans le corps, on peut agir sur des points précis répartis le long des méridiens. Les acupuncteurs stimulent ces points avec des aiguilles ou des bâtons d'armoise incandescents (moxas). Le do-in est un véritable soin de santé lorsqu'il est pratiqué par un spécialiste, qui sait choisir les points appropriés en fonction d'un diagnostic précis. Cette technique devient un auto-massage lorsqu'on pratique soi-même sur les points faciles à trouver et à atteindre. Le do-in ne présente aucun danger et n'a aucune contre-indication formelle. Vous pouvez donc le pratiquer sur vos proches.

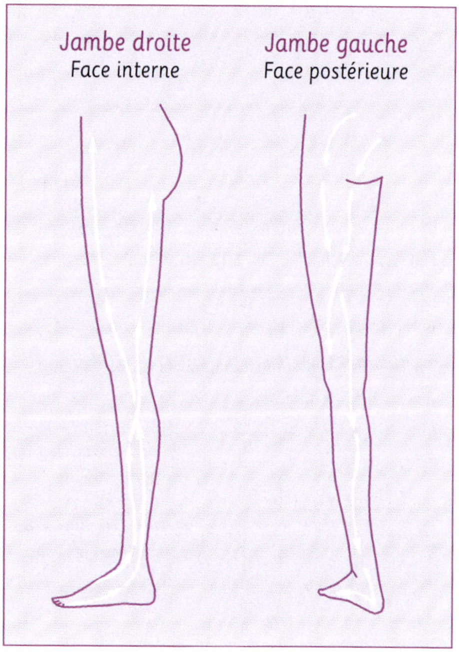

Pour aider l'élimination

Pour accélérer l'élimination et aider la cellulite à mieux se dissoudre, massez le long du trajet des méridiens de l'estomac, de la vésicule biliaire, de la rate et du foie (voir dessins p. 236).

– Partez du petit orteil, puis massez l'arête externe du pied et remontez le long du mollet et de la cuisse.

– Faites le même trajet, au départ du petit orteil, en infléchissant le parcours à partir du milieu du mollet vers l'arrière de la cuisse.

– Partez du coccyx et massez vers le bas, en traversant la fesse en direction de la face extérieure de la cuisse, puis vers l'arrière du genou et du mollet jusqu'à la cheville et l'arête externe du pied.

– Suivez ces trajets en exerçant des pressions précises et bien régulières, et insistez si vous sentez des points douloureux.

Pour améliorer le sommeil

Pour soulager le stress et vous préparer au sommeil, il faut stimuler des points situés sur le méridien Maître du cœur, qui unifie l'énergie vitale, tempère les émotions et régule la circulation sanguine (voir dessin ci-dessous).

– Commencez par le point situé au milieu de la face interne du poignet, juste à la base de la main.

– Puis massez un second point qui se trouve environ deux travers de doigt plus haut.

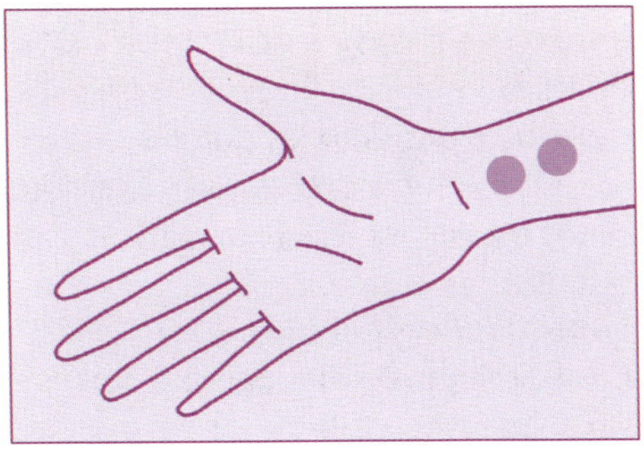

MASSEZ VOS ORGANES

La tradition chinoise taoïste préconise de masser les principaux organes pour stimuler leurs fonctions. Du même coup, c'est le méridien concerné qui est stimulé et, avec lui, toutes les fonctions qu'il nourrit.

Le principe est simple :

– Asseyez-vous confortablement, en ayant soin de garder le dos bien droit et la nuque dans le prolongement du dos. Fermez les yeux et respirez profondément jusqu'à ce que vous vous sentiez très calme.

– Posez une main à plat sur l'emplacement de l'organe (cœur, foie, intestin...), puis posez l'autre main par-dessus la première.

– Imaginez un courant d'énergie qui sort de vos mains et qui pénètre dans votre corps pour aller nourrir l'organe en question. Restez ainsi 5 minutes avant de revenir lentement à la vie normale.

Pour chasser la fatigue

Plusieurs méridiens sont responsables du tonus physique et psychique. Voici trois points que vous pouvez situer très facilement et qui vous aideront à surmonter la fatigue (voir dessin ci-contre).

– Le premier point est situé au-dessous du genou, sur l'avant de la jambe, dans le creux formé par la jonction du tibia et du péroné.

– Le deuxième point se trouve sur le bras. Pour le trouver, partez du dessus de la main et remontez vers le coude jusqu'à environ deux travers de doigt au-dessus du pli du poignet. Le point est exactement entre les deux os du bras.

– Le troisième point est sur le ventre, deux travers de doigt au-dessous du nombril.

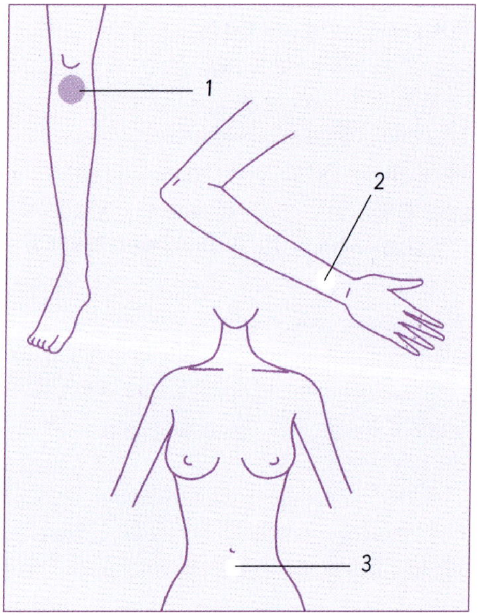

Pour stimuler la libido

C'est l'énergie du rein qui gère l'énergie sexuelle, avec celle de la vessie. Pour la stimuler, on masse également des points situés sur un méridien profond appelé méridien Du Mai (voir dessin ci-contre).

– Massez d'abord un premier point situé sur la colonne vertébrale, au niveau de la deuxième vertèbre lombaire. Pour cela, imaginez une ligne qui part du nombril et traverse votre abdomen vers votre dos : le point se trouve à l'endroit où elle émerge (1). Un deuxième point est situé au même niveau, mais deux travers de doigt à droite de la colonne vertébrale (2).

– Un troisième point efficace se trouve à la base de la colonne vertébrale, juste au-dessous du coccyx (3).

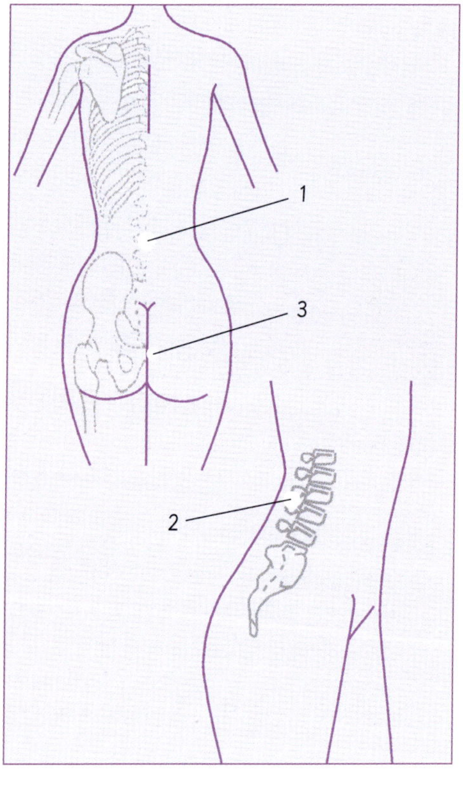

Pour soulager les douleurs articulaires
Certains blocages énergétiques favorisent l'apparition des troubles articulaires chroniques (arthrose, arthrite). Le massage des points appropriés permet de diminuer la fréquence et l'intensité des douleurs (voir dessins ci-dessous).

– Le premier point est situé sur la face interne du bras, à trois travers de doigt au-dessus du poignet.
– Deux autres points sont situés sur la cheville : l'un sur la face externe, juste au-dessous de l'os saillant ; l'autre derrière ce même os, mais un peu plus haut.

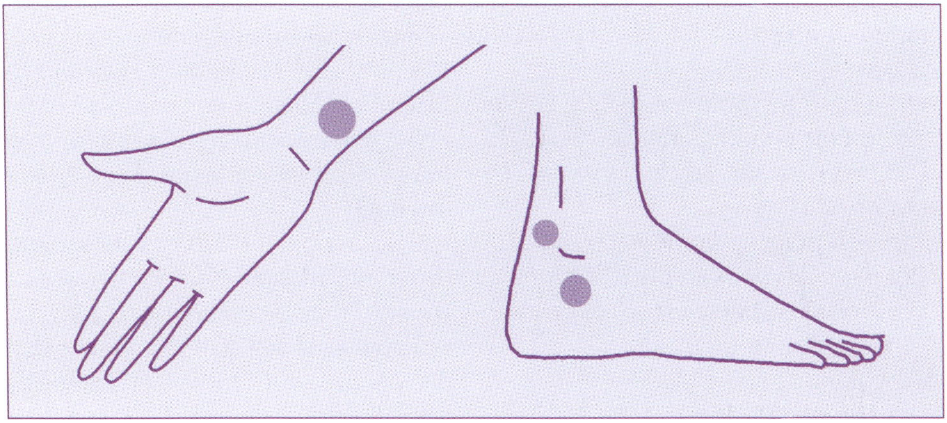

UNE SÉANCE RÉUSSIE

Commencez par vous mettre en condition : au calme, dans une pièce où personne ne viendra vous déranger. L'idéal est de pratiquer l'estomac vide afin de ne pas être « alourdi » par la digestion. Respirez profondément pour installer le calme en vous, puis traitez un à un les points que vous avez choisis. En cas d'urgence (migraine, douleur brutale...), vous pouvez pratiquer n'importe où, n'importe quand. Mais n'oubliez pas de refaire une séance au calme lorsque vous rentrez chez vous pour ancrer l'effet du premier massage.
Vous pouvez aussi, de temps en temps, faire une séance complète le matin, au réveil, de préférence de bonne heure (les Orientaux le font au lever du jour). Dans ce cas, vous commencez par les points situés sur les mains et les bras, puis vous continuez par le crâne, le visage, le cou, les épaules, la poitrine. Ensuite, vous changez d'axe pour masser les points situés sur les pieds, les jambes, le bassin, le dos et, pour finir, le ventre.

apaiser gestes

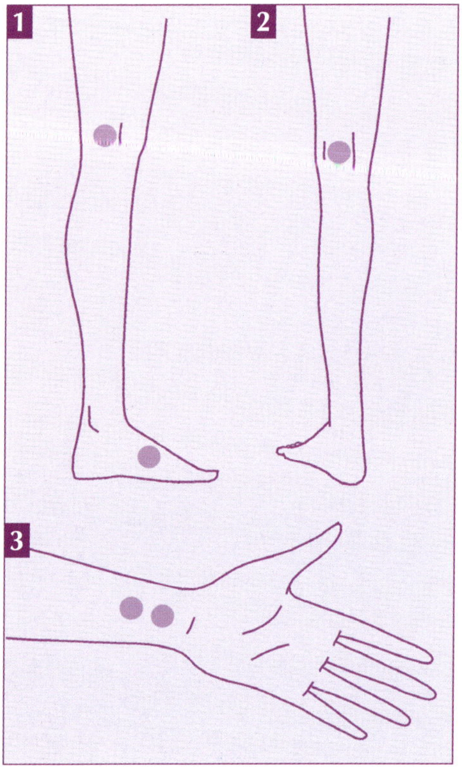

Pour soulager les maux de tête

On choisit les points à traiter en fonction, entre autres, de la localisation précise de la douleur (voir dessins ci-contre).

– Si vous avez mal aux tempes, massez le point situé sur le bord extérieur de la jambe à hauteur du genou, ainsi que celui qui se trouve sur le pied, trois travers de doigt au-dessus du quatrième orteil 1.

– Si votre douleur apparaît au sommet du crâne, massez l'arrière du genou, dans le creux de l'articulation 2.

– Si vous avez mal au front, massez alors deux points situés sur la face interne du bras, au-dessus du poignet (l'un à deux travers de doigt, l'autre à trois travers de doigt) 3.

– Enfin, si votre douleur siège sur la nuque, massez un point situé dans le creux à la base du crâne.

TONIFIER OU APAISER ?

Les points de do-in se massent avec le bout des doigts (index, pouce, voire pouce, index et majeur réunis lorsqu'on désire appuyer vraiment). Pour tonifier l'énergie du point, massez-le en décrivant des petits cercles dans le sens des aiguilles d'une montre. Pour disperser l'énergie en excès, procédez de la même manière mais en tournant dans le sens inverse des aiguilles d'une montre. Lorsque vous cherchez un point, repérez la zone puis tâtonnez en appuyant jusqu'à ce que vous perceviez une sensibilité précise. Cela signifie que vous y êtes.

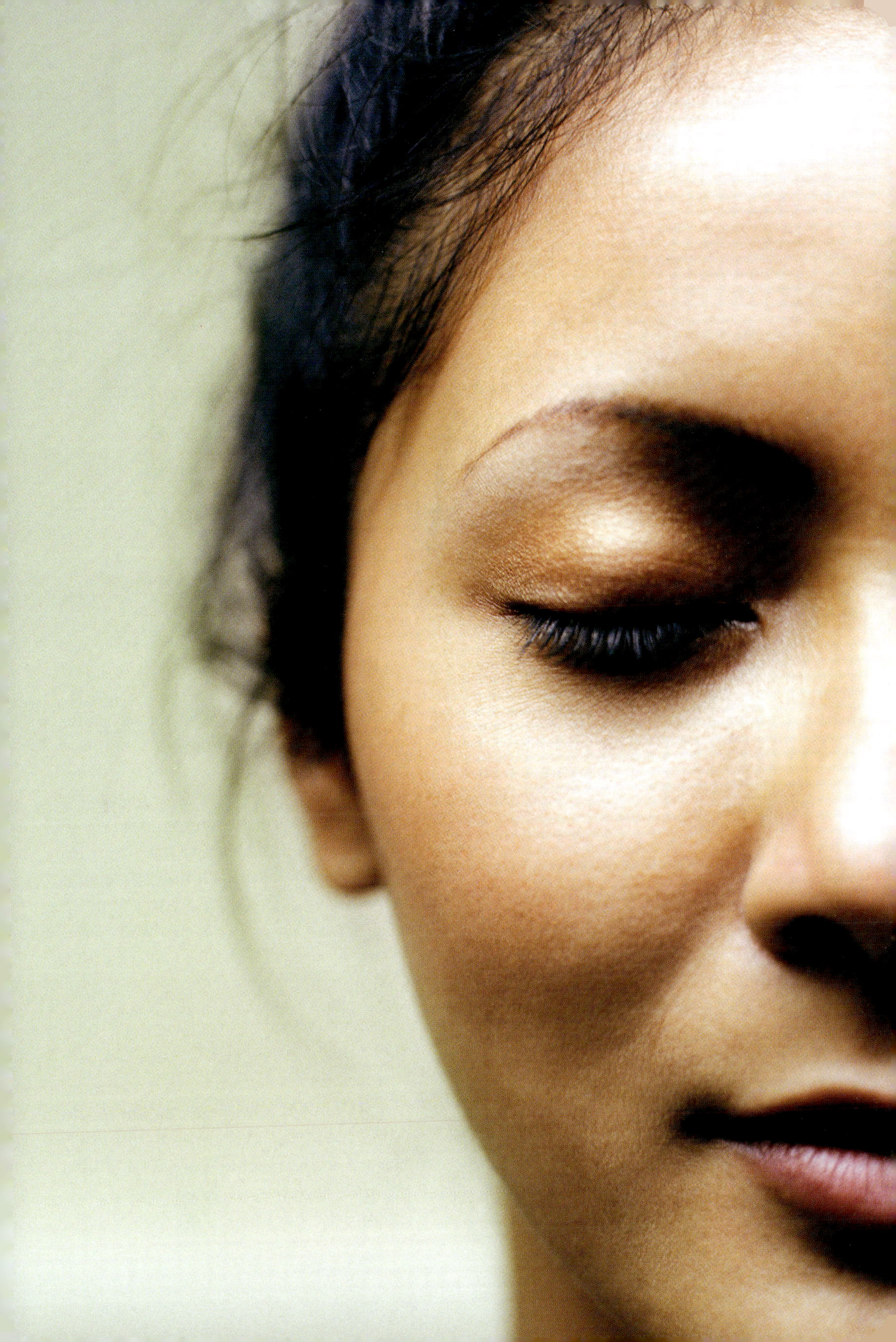

Plonger dans le bien-être

C'est dans l'eau que la vie est née il y a plusieurs millions d'années. C'est dans l'eau que nous avons vécu les premiers mois de notre existence. Les êtres vivants entretiennent avec le liquide originel des relations étroites. Ce n'est pas un hasard si le contact de l'eau nous plonge dans une émotion particulière et nous soulage de nombreux maux...

Bains parfumés à la maison, bains de mer en été, bains thérapeutiques en thalasso ou dans les stations thermales, hydrothérapie, Spa... D'innombrables exemples montrent à quel point l'eau est un instrument de bien-être, de santé, d'équilibre, de plaisir...

Dans l'océan primitif...

S'il n'y avait pas eu, sur Terre, d'eau sous forme liquide, nous ne serions pas là. Pas plus que les autres êtres vivants, animaux, plantes... Certes, l'eau est présente partout dans l'Univers, mais elle existe le plus souvent sous forme de vapeur gazeuse ou de glace. Sous sa forme liquide, c'est une denrée rare, presque unique. Et, sans elle, l'alchimie étrange qui a donné naissance à la vie n'aurait eu aucune chance de se réaliser. C'est dans le bouillon originel qui remplissait à l'époque les océans que les premières molécules complexes se sont organisées, assemblées, mariées, multipliées, pour donner naissance aux acides aminés, première brique de l'édifice géant menant à l'homme.

Dans l'Univers, l'eau sous forme liquide est une denrée très rare.

Passé et futur

Quand nous sommes en contact tactile avec de l'eau, c'est une histoire très ancienne qui résonne dans les tréfonds de nos inconscients. L'eau a été le berceau de la vie et elle l'est encore pour

chacun de nous puisque nous passons les neuf premiers mois de notre existence dans le liquide amniotique. Nos plus anciens souvenirs sont liés à l'eau. Rien d'étonnant, donc, à ce que l'eau soit chargée d'autant de symboles.
Dans toutes les traditions, c'est elle qui purifie et qui féconde. Elle recèle en son sein l'infinité des possibles. Elle dissimule en effet à nos yeux d'extraordinaires secrets : n'est-ce pas dans l'eau de mer que fut englouti le continent mythique de l'Atlantide ? N'est-ce pas l'eau que choisit Dieu pour punir les hommes de leurs fautes en envoyant sur eux le déluge ? Toutefois, elle porte également en elle notre futur. Notre sort est indissociablement lié à celui de l'eau. Si nous la gaspillons, si nous la polluons, si nous ne préservons pas ce capital naturel unique, c'est l'avenir de la race humaine qui sera en péril.

L'EAU ET LES BÉBÉS

Notre attirance pour l'eau est telle que certaines femmes enceintes désirent y accoucher. Même si ce mode d'accouchement n'est pas très répandu, il suscite beaucoup de polémiques, preuve que le sujet intrigue, voire inquiète. Plus fréquente est la mise à l'eau précoce des nouveau-nés. À la naissance, les tout-petits possèdent un réflexe de natation qui leur permet de regagner la surface de l'eau. Ils parviennent à séjourner sous l'eau pendant un laps de temps assez long, leurs yeux grands ouverts, apparemment détendus et heureux. Hélas ! ce réflexe disparaît au bout de quelques mois et même les « bébés nageurs » doivent, cinq à six ans plus tard, apprendre à nager pour de bon.

Détente assurée

Lorsque nous nous immergeons dans l'eau, notre organisme et notre psychisme subissent des transformations importantes. D'abord, l'eau nous libère de la pesanteur à laquelle nous devons sans cesse nous adapter pour rester droits lorsque nous sommes sur la terre ferme (voir p. 262). Cette économie de travail nous rend plus disponibles pour la relaxation. L'eau induit une modification rapide des ondes électriques cérébrales qui ralentissent, provoquant une détente presque immédiate.
C'est pour cette raison que nous aimons tant prendre un bain lorsque nous nous sentons stressés, tendus, fatigués. Même les activités physiques en piscine sollicitent les muscles de manière plus douce et moins fatigante, tout en préservant la détente provoquée par le milieu liquide.

L'eau possède des vertus relaxantes. Après une journée stressante, rien de tel qu'un bon bain chaud !

La migration des oligoéléments

L'eau naturelle, vivante, est remplie de micronutriments et de micro-organismes. Les eaux thermales contiennent du soufre, des métaux, du calcium, du magnésium… L'eau de mer contient les mêmes minéraux et oligoéléments que notre organisme, plus des vitamines et nombre de micro-organismes.
Lorsque nous plongeons dans ces milieux liquides, les nutriments qu'ils contiennent pénètrent à l'intérieur de notre corps à travers la peau, de la même manière que les principes actifs des huiles essentielles (voir p. 157). Un bain en mer ou en rivière et, plus encore, des soins thermaux ou une cure de thalassothérapie nous rechargent en minéraux pour une longue durée.

Les eaux thermales et l'eau de mer contiennent des micronutriments bénéfiques pour la santé.

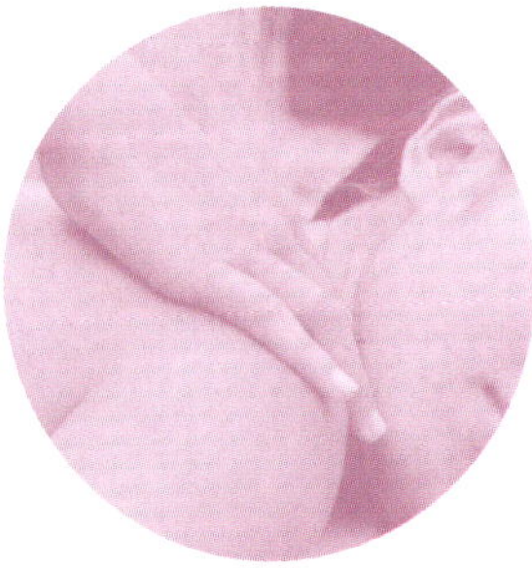
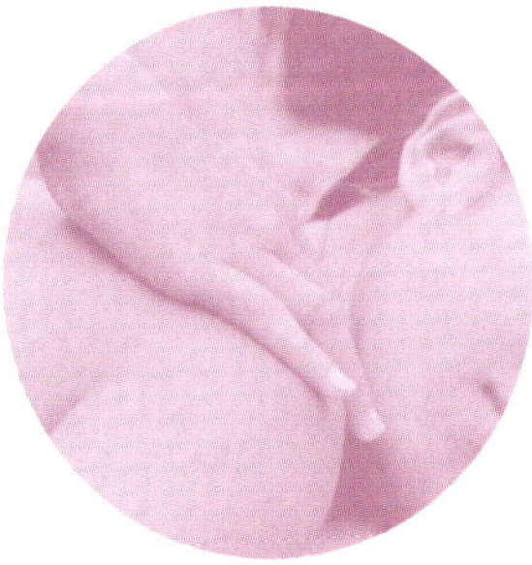
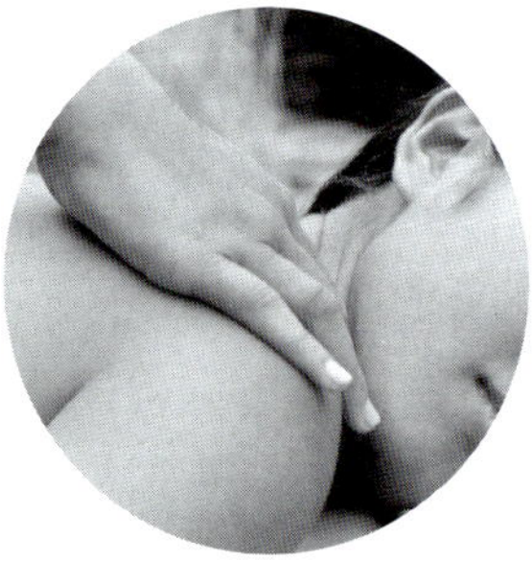

La naissance de l'hydrothérapie

L'idée d'utiliser les bains et les soins à base d'eau pour soulager nos maux ne date pas d'hier. Un traité de médecine chinois vieux de près de 5000 ans vante déjà les vertus de la mer nourricière. Platon se plaisait à dire que « la mer lave les maux des hommes ». Les Romains faisaient un grand usage des thermes. Huit siècles avant le Christ, les bains dans la piscine de Siloé étaient réputés guérir la lèpre. En Égypte, les pharaons conseillaient aux bâtisseurs de pyramides de se baigner chaque jour dans le Nil pour conserver la force nécessaire à la poursuite de cette gigantesque entreprise…
La notion d'« hydrothérapie » fut remise au goût du jour au début du siècle dernier par un abbé bavarois du nom de Kneipp. Il se guérit en quelques mois d'une tuberculose bien avancée en se trempant chaque jour dans les eaux glacées du Danube. Il peaufina sa technique et mit au point un programme de douches, bains, jets, frictions…, que l'on peut encore suivre aujourd'hui dans les pays germaniques (Allemagne, Suisse allemande, Autriche).
En France, les centres où l'on pratique la méthode Kneipp ne sont pas nombreux, mais on trouve des gammes de produits qui permettent de pratiquer chez soi : galets effervescents pour la baignoire, sels de bain, de douche…

QUINTON ET SON CHIEN

Il s'appelait René Quinton. Il était biologiste, en France, au début du siècle dernier. Il était persuadé qu'un lien étroit unissait l'océan à la vie, au point d'essayer de soigner son chien en lui injectant de l'eau de mer. L'animal pesait 10 kilos. Quinton lui préleva 425 cm^3 de sang et le remplaça par autant d'eau de mer chauffée à 23 °C. Le chien traversa quelques heures pénibles, mais le lendemain il allait déjà mieux. Il recommença rapidement à marcher et, après quelques jours d'intense fatigue, il retrouva forme et santé. L'expérience, demeurée célèbre, a montré que l'eau de mer et nos liquides physiologiques ont des compositions très proches. Notre milieu intérieur ressemble beaucoup au milieu marin. Aujourd'hui, on peut encore consommer du « Sérum de Quinton » pour garder le tonus, renforcer l'immunité et prévenir les maladies. Il se présente sous forme d'ampoules d'eau de mer à avaler.

La thalassothérapie

La mer est un véritable médicament. Les soins à base d'eau de mer, de boues marines, d'algues..., soulagent bien des maux, à commencer par ceux qu'induit le stress. La thalasso est également efficace pour soigner les troubles articulaires ou circulatoires. Et même si vous allez bien, vous pouvez vous offrir une petite cure pour faire le plein de tonus.

Partir en thalasso, c'est d'abord s'offrir du temps pour soi. Rien que pour soi. C'est accepter que, pendant une semaine, tout l'univers soit centré autour de notre petite personne. Nous avons rarement l'occasion de nous accorder ce genre de parenthèse. Pourtant, nos troubles les plus fréquents sont dus au stress, à l'accumulation de tensions et d'obligations.

Soins mouillés et soins secs

À l'intérieur de cette parenthèse, deux types de soins sont proposés : mouillés ou secs. Dans les premiers rentrent tous les soins à base d'eau de mer : bains à remous, bains à jets sous-marins, affusions (sortes de douches très fines et légères sur l'ensemble du corps), douches à jets (ceux-là sont au contraire très puissants), massages sous-marins... Ainsi que les séances de gym dans la piscine d'eau de mer chauffée. Cette eau de mer est puisée au large, ramenée directement à la station, où elle ne subit aucun traitement chimique ou agressif afin de ne pas être dénaturée. Elle est simplement chauffée à la température du corps. À ces soins spécifiques s'ajoutent, selon les cas, des gestes complémentaires (secs) : massages, drainage... Certaines stations ont aussi développé des approches orientales, comme le shiatsu ou le reiki.

La thalassothérapie est un moment de pure jubilation égoïste, un moment où l'on accepte de prendre soin de soi et rien que de soi.

Algues, boues, embruns

Le milieu marin offre également deux ingrédients essentiels des cures : les algues et les boues marines. Les algues filtrent le milieu marin pour se nourrir. Elles recueillent ainsi dans leur tissu les nombreux nutriments que contient l'eau de mer, qui s'y retrouvent jusqu'à 50 000 fois plus concentrés. Pendant un bain aux algues ou un enveloppement aux algues chaudes, les minéraux et les

SPA, LA THALASSO LOIN DE LA MER ?

Les centres de Spa sont généralement situés au cœur des villes. On y propose des soins relevant de l'hydrothérapie, souvent effectués avec de l'eau de mer reconstituée, des algues marines, des sels marins...
Ce sont des centres de remise en forme où l'eau tient une grande place. On y propose des bains bouillonnants, des douches à jets, des enveloppements...
Les producteurs de matériel d'hydrothérapie ont mis sur le marché des appareils que l'on peut installer chez soi pour des prix de plus en plus abordables : baignoire à remous, jacuzzi, douche à jets multiples...
On trouve également des produits à base d'éléments marins (sels de bain concentrés, poudres d'algues...). De quoi se faire un Spa à la maison !

oligoéléments passent à travers la barrière cutanée et rechargent nos batteries pour longtemps. Il en est de même des boues marines, que l'on utilise en cataplasmes et en enveloppements.
Enfin, une cure de thalasso tire son efficacité de l'air marin que l'on respire. Les embruns marins sont chargés de micro-gouttelettes d'eau qui pénètrent dans les poumons avec la respiration, offrant leur contenu à l'organisme. Cet air est également rempli d'ozone et d'ions négatifs (voir p. 17), très bénéfiques pour la santé. Dans la plupart des centres de thalassothérapie, des salles d'ionisation sont proposées : ce sont des salles dans lesquelles on diffuse artificiellement de l'eau de mer en projection aussi fine que les embruns naturels, ionisée par des rayons de lumière violette. On s'y allonge sur une chaise longue pour se reposer entre deux soins et respirer cet air bienfaisant.

Le déroulement d'une cure

La première étape est la visite médicale auprès du médecin du centre (le seul acte remboursé par la Sécurité sociale). Celui-ci dresse un bilan, dépiste d'éventuelles contre-indications (même si elles sont rares) et propose un programme de soins adaptés à votre cas et au type de cure que vous avez choisie (voir encadré ci-contre). Un emploi du temps très précis vous est donné, qu'il faudra suivre à la lettre pendant votre séjour.
Les cures comptent en moyenne quatre soins par jour (parfois cinq). Ces soins sont concentrés sur une demi-journée, en alternance d'un jour sur l'autre : aujourd'hui le matin, demain l'après-midi... Cela vous laisse le temps de vous reposer pendant les deux ou trois premiers jours car les débuts de cure sont toujours fatigants. Ensuite, lorsque le tonus revient, vous pouvez vous promener, visiter la région ou profiter des compléments que propose votre centre (cours de cuisine diététique, initiation au do-in...).

POUR LES HOMMES OU POUR LES FEMMES ?

Même si la clientèle des stations de thalasso est plutôt féminine, l'essentiel des cures est destiné à un public mixte. C'est le cas des cures de remise en forme globale, mais aussi des cures antitabac, antistress, sommeil, minceur...
Parallèlement, certaines stations ont développé des programmes destinés uniquement aux femmes : cures prénatales (pour un bon déroulement de la grossesse et de l'accouchement), postnatales (avec ou sans votre bébé, pour accélérer la récupération physique et émotionnelle), jambes lourdes (pour améliorer la circulation sanguine et lymphatique), ménopause (pour accompagner en douceur toutes les transformations hormonales).

Bien choisir son centre

Pour être sûr de faire le bon choix, plusieurs éléments sont à prendre en compte. D'abord la cure elle-même : si vous êtes intéressé par un programme spécifique, peut-être n'aurez-vous pas beaucoup de choix. Mais si vous préférez un type de cure pratiqué dans de nombreux centres, faites votre choix en fonction de ces critères.

– **Vos goûts :** si vous aimez les grandes plages de l'Atlantique et le fracas des vagues sur les rochers, n'allez pas au bord de la Méditerranée en été. Sachez cependant que le climat de cette mer est plutôt sédatif, alors que celui de l'Atlantique est tonique et celui de la Manche carrément vivifiant. Vous pouvez aussi opter pour le dépaysement en rejoignant un centre à l'étranger (Maroc, Tunisie, Égypte…).

– **L'emplacement du centre :** mieux vaut que les bâtiments soient situés directement en bord de mer, sans qu'une route ou un jardin les sépare de la grève. L'air y sera plus chargé d'embruns et l'eau de mer parcourera moins de chemin entre le lieu de pompage et les installations.

– **Les services proposés par le centre :** en dehors des heures de cure, vous pouvez avoir besoin d'un vélo pour partir en balade, d'un accompagnateur pour une randonnée, d'un baby-sitter si vous avez amené votre bébé… Vérifiez ce que l'on vous propose.

– **Les activités « hors cure » :** c'est le moment idéal pour vous initier à une nouvelle activité. Vous en avez le temps et vous êtes disponible pour cela. Tous les centres de thalasso proposent leurs activités propres, très différentes d'un lieu à l'autre : des cours de yoga, une initiation à la sophrologie… Choisissez avant de partir.

– **Les installations hôtelières :** si vous choisissez un forfait hébergement compris, veillez à ce que les salles de soins soient accessibles depuis l'intérieur de l'hôtel, c'est beaucoup plus agréable. Les hôtels proposés en même temps que les cures vont de 2* à 4*, ce qui influe sur le tarif du séjour. Vous pouvez aussi opter pour la cure seule et choisir le logement de votre choix.

Les meilleures indications de la thalasso

Les cures de thalasso sont très efficaces pour chasser la fatigue et redonner du tonus. Elles ont également fait leurs preuves dans de nombreux domaines : les troubles articulaires ; la rééducation fonctionnelle ; la gestion du stress ; les problèmes circulatoires ; la nervosité ; l'insomnie… Les programmes de rééducation fonctionnelle sont les seuls à être éventuellement pris en charge par la Sécurité sociale. Les autres cures sont considérées comme des thérapies de confort et laissées à votre charge.

Le thermalisme

L'utilisation des eaux de source pour soigner remonte à l'Antiquité. En France, le thermalisme est considéré comme une vraie médecine et les soins peuvent être prescrits par un médecin. Au cours d'une cure, on boit de l'eau de source, mais on s'y baigne également...

Dans une station thermale, on peut vous proposer deux types de cures : une cure médicale, prescrite par un médecin et en partie remboursée par la Sécurité sociale, ou une cure de remise en forme du même genre que celles proposées par les centres de thalasso. Les premières durent au moins trois semaines et ont des indications médicales précises. Les secondes durent une semaine et proposent de vous donner, à vos frais, un coup de fouet pour vous aider à chasser votre stress et votre fatigue, voire à perdre quelques kilos.

Une station, une eau...

Les eaux thermales ont des compositions très différentes selon leur emplacement. L'eau qui coule à la source thermale traverse diverses couches géologiques avant de resurgir. Le long de ce lent parcours, elle se charge en minéraux particuliers. Il existe des eaux soufrées, calciques, magnésiques, oligo-métalliques, bicarbonatées, silicatées... Le type de maladie traité dans chaque station thermale dépend des vertus de son eau. Ou de ses eaux : dans certaines villes de cures célèbres, comme Vichy, plusieurs sources coulent dans la ville et les soins préconisent l'une ou l'autre en fonction de l'effet recherché.
Ces eaux servent à deux types de soins : interne (ingestion d'eau à des moments précis) et externes (bains, douches, jets, enveloppements de boue...).

Les sources d'eau thermale possèdent des applications thérapeutiques qui diffèrent en fonction de leurs composantes propres : renseignez-vous auprès de votre médecin traitant.

Les grandes indications

Une des grandes indications du thermalisme est le traitement des rhumatismes et des douleurs articulaires. Il n'est pas nécessaire d'avoir dépassé 60 ans pour en souffrir ! L'arthrose, notamment, se manifeste souvent dès 30 ans. Cette maladie dégénérative connaît peu de traitements, hormis les médicaments anti-inflammatoires et les antalgiques, qui, si on en consomme en trop grande quantité, provoquent des effets secondaires. Les cures thermales donnent de bons résultats et calment les douleurs pour plusieurs mois. Les bains de boue de Dax sont célèbres depuis des siècles, ainsi que ceux de Barbotan ou d'Aix-les-Bains. Les cures thermales médicales soignent aussi les maladies digestives, les troubles circulatoires et urinaires, les maladies métaboliques (diabète)...

Cures minceur

Côté remise en forme, les stations proposent des cures antifatigue, antistress, antitabac... Certaines stations spécialisées dans les maladies métaboliques proposent des cures dont le but est de vous aider à mincir. En une semaine, vous ne perdrez pas tous vos kilos excédentaires, surtout si vous avez un réel surpoids, mais c'est une bonne occasion pour faire le point sur vos mauvaises habitudes (notamment alimentaires) et en adopter de meilleures. Contrexéville, Évian, Eugénie-les-Bains ont investi dans ce domaine. L'ingestion d'eau thermale, généralement diurétique, est associée à des soins corporels, des activités physiques et, surtout, une rééducation nutritionnelle.

Belle peau, bon moral

Depuis quelques années, une des applications du thermalisme s'est considérablement développée : la dermatologie. Eczéma et psoriasis sont des troubles difficiles à aborder pour la médecine classique, car ils ont une forte dimension psychosomatique. Plusieurs stations thermales (Avène-les-Bains, La Roche-Posay, Uriage-les-Bains...) s'en sont fait une spécialité. À partir de la qualité de leurs eaux (bicarbonatée, silicatée, calcique...), elles ont développé une gamme de soins incluant un travail sur les émotions et sur l'image de soi. Ces cures donnent de bons résultats.

DES EAUX THERMALES EN TUBE

Plusieurs stations thermales (comme Évian, Vichy, La Roche-Posay, Avène...) commercialisent des produits cosmétiques à base d'eau thermale. On trouve ainsi des crèmes, des laits, des démaquillants... Ces produits contiennent les éléments principaux qui font la qualité de l'eau thermale. Ils permettent donc de profiter, à la maison, au quotidien, de leurs vertus.

Hammam ou sauna ?

Le hammam est un véritable lieu de beauté et de bien-être qui se conjugue au masculin comme au féminin. À sa chaleur humide et progressive s'oppose la chaleur sèche et brutale du sauna finlandais. Chaque type de chaleur possède sa fonction et ses vertus.

La chaleur humide qui se dégage en volutes sous les plafonds arrondis couverts de mosaïques orientales, le gommage au savon noir, l'enveloppement de rassoul ou de henné, le massage aux huiles, les soins de beauté traditionnels, le thé à la menthe... On ne va pas au hammam en vitesse, passer une demi-heure entre deux rendez-vous. Pour profiter à fond de ce moment rare, il faut prendre le temps. Le prix d'entrée dans un hammam peut sembler élevé : pas moins de 20 euros, et beaucoup plus si on opte pour des soins supplémentaires. Mais si l'on y passe le temps qu'il faut (une demi-journée, voire davantage), c'est tout à fait justifié.

Le hammam : chacun à son rythme

Une chaleur humide est diffusée dans plusieurs salles successives, que l'on traverse en allant de la moins chaude à la plus brûlante. L'acclimatation à la chaleur est progressive et chacun peut la vivre à son rythme. La vapeur d'eau ramollit la peau et permet, ensuite, de gommer toutes ses cellules mortes. C'est pourquoi, dès l'arrivée, on vous donne un petit pot de savon noir (une sorte de liquide épais) avec lequel vous devez vous enduire. Puis vous vous rincez et vous vous dirigez vers le lieu du gommage. Là, une femme vous frotte vigoureusement le corps tout entier avec un gant rugueux et les cellules mortes se détachent sous la forme de boulettes grises. Vous voilà douce comme une princesse orientale. À ce soin de base on peut ajouter un enveloppement de rassoul (une sorte d'argile) ou de henné (pour colorer légèrement la peau). Viennent ensuite les massages aux huiles et éventuellement les soins de beauté (masque à l'eau de rose, massage du visage, soins des pieds...). Il est conseillé, lorsqu'on a terminé les soins, de se reposer un moment sur les matelas prévus à cet effet dans la salle commune.

Les vrais hammams ne sont pas mixtes. Ils sont réservés, selon les jours, soit aux hommes, soit aux femmes. On peut s'y promener nu sans se soucier du regard des autres ou conserver un maillot de bain. Pendant les journées réservées aux femmes, il y règne souvent une atmosphère de gynécée. Une séance de hammam apporte surtout une grande relaxation, accentuée par l'effet des massages. C'est un extraordinaire soin pour la peau. Dans les pays du Maghreb, c'est un geste d'hygiène indispensable.

Sauna : transpirer pour se nettoyer

Le principe du sauna est différent. Dans une petite cabine en bois est diffusée une chaleur sèche, grâce à des pierres chauffées à blanc. Des bancs de bois sont disposés sur les parois de la cabine afin que l'on puisse s'asseoir, voire s'allonger. On ne reste pas longtemps dans un sauna (de 5 à 10 minutes). La chaleur provoque une sudation rapide et intense. Dès que la chaleur devient pénible à supporter, il est conseillé de sortir et de se tremper dans un bain froid. Puis on se repose un peu et on recommence deux, voire trois fois. Le sauna nettoie l'organisme de l'intérieur grâce à l'accélération de l'élimination toxinique par la transpiration. Il améliore le tonus.

CHALEUR ET MALADIE

Si vous souffrez de troubles cardiovasculaires ou circulatoires (hypertension, palpitations, varices...), les grandes chaleurs ne sont pas pour vous. La chaleur entraîne une vasodilatation, qui accentue ce type de problème. La chaleur du hammam est, cependant, généralement mieux supportée que celle du sauna car elle est moins brutale.

L'art subtil des caresses

La peau est le premier organe du plaisir. La sensualité et la sexualité passent par la peau. Or une sexualité épanouie est un véritable outil de bien-être. Mettez les caresses au programme de vos tendres parenthèses, pour votre épanouissement et celui de votre partenaire…

L'entente sexuelle est un élément fondamental dans la survie d'un couple. Elle est également un instrument d'épanouissement pour chacun des individus qui le forment. Car cet échange sensoriel constitue une véritable nourriture. « Ce qu'il y a de plus profond en l'homme, c'est sa peau », écrivait Paul Valéry. Les sensations tactiles sont le vecteur de la tendresse, de l'érotisme et de l'amour. Dans le couple, les caresses sont un instrument d'échange, de détente et même de santé indispensable.

La tendresse est très importante dans la relation de couple : c'est elle qui instaure un sentiment de confiance, mène peu à peu aux caresses sensuelles et prépare ainsi à l'acte sexuel proprement dit.

La confiance avant tout

Le plaisir qui se noue dans la relation et la communication a plus de chances de durer que les échanges purement sexuels. La tendresse est au cœur de la sexualité du couple. Elle est tissée d'empathie : la tendresse est faite du plaisir de donner autant que de recevoir. Elle porte en elle, surtout, une confiance mutuelle qui permet de se laisser aller, d'oublier ses retenues.
C'est là que les gestes de tendresse prennent leur dimension érotique, par opposition aux gestes de tendresse que l'on peut avoir envers un ami, un parent ou un enfant. Car en effet, pour aller au bout de son plaisir, il faut dépasser ses tabous, ses blocages… Le langage de la peau, les stimulations sensorielles, sont d'excellents moyens d'y parvenir.

Les zones érogènes

Certaines zones du corps sont riches en terminaisons nerveuses spécialisées dans la réception et la transmission du plaisir. Cependant, l'excitation sensuelle, puis sexuelle, peut jaillir de n'importe quelle partie du corps. En règle générale, les femmes le savent, les hommes moins… Pour atteindre l'orgasme, les individus doivent recevoir des stimulations sur ces zones : le clitoris et certains points de la muqueuse vaginale chez la femme, le gland chez l'homme, ainsi que la zone anale pour les deux. Mais bien d'autres régions du corps peuvent participer au plaisir même si elles ne provoquent pas directement d'orgasme. Théoriquement, tout l'épiderme peut remplir cette fonction, mais les hommes ont plus de mal à se laisser aller à ces sensations diffuses car ils sont contraints de garder l'esprit fixé sur le maintien de l'érection. Historiquement et culturellement, ils sont donc plus enclins à privilégier leurs zones directement érogènes. Les femmes, elles, ont la liberté de se laisser aller à leurs sensations secondaires. Du coup, les caresses sur les hanches, le cou, les oreilles, le dos, les seins…, participent à leur jouissance. Avec un peu de patience, et l'aide tendre de leur partenaire, les hommes peuvent « apprendre » à faire de même. Leur plaisir en est décuplé.

Préliminaires : jamais assez ?

C'est une plainte fréquemment entendue : les femmes réclament des préliminaires plus longs, alors que les hommes préfèrent souvent aller directement à l'« essentiel ». C'est que nous n'avons pas la même relation avec la sexualité. D'une manière archaïque (et la sexualité réveille en nous des comportements archaïques), l'homme tend à privilégier la pénétration car il possède un équipement sensoriel qui lui permet d'accéder rapidement à un niveau d'excitation important, lequel peut être de courte durée. Le fait de faire durer les préliminaires constitue donc un risque.

À QUOI SERVENT LES FANTASMES ?

Les fantasmes, ce sont ces images que l'on met en scène dans sa tête, pendant l'amour, pour parvenir à la jouissance ou l'amplifier. Notre vie fantasmatique se met en place vers 6 ans, lorsque les petites filles sont amoureuses en secret de papa et les petits garçons, de maman. Selon la façon dont se résout ce complexe d'Œdipe, nos fantasmes sont plus ou moins forts ou violents. Qu'importe… Car ils ne sont pas faits pour être réalisés. Ils naissent dans le secret de notre imaginaire et ils doivent y rester. Ils nous servent à dépasser secrètement nos blocages et nos inhibitions, et à ce titre ils sont bénéfiques. Mais lorsqu'ils mis en scène dans la réalité et que le scénario devient indispensable au plaisir, cela devient de la perversion. Et c'est tout à fait autre chose.

L'AMOUR, C'EST BON POUR LA SANTÉ

L'amour est bénéfique autant pour la santé physique que psychique. L'amour physique déclenche dans le corps la sécrétion de substances (dont les endorphines) qui procurent une sensation de détente et d'apaisement. Lorsqu'on rentre énervé d'une journée pleine de tension et de contrariétés, il est plus efficace de faire l'amour pour se détendre, que de prendre un anxiolytique. Du même coup, on évite bien des troubles psychosomatiques : insomnie, migraine, problèmes de peau... Pendant l'amour, les modifications du rythme respiratoire et cardiaque améliorent l'oxygénation des cellules. Enfin, les stimulations tactiles provoquent un relâchement des fibres musculaires. La posture est plus souple. La peau, mieux irriguée, est plus rose et plus douce.

À l'inverse, la femme a besoin d'un temps plus long pour atteindre un degré élevé d'excitation. Les caresses, baisers et mots doux murmurés à l'oreille sont alors les bienvenus.

Pour éviter l'ennui

L'ennui est l'un des pires ennemis du désir dans les couples. Avec le temps, l'acte sexuel se dépouille de ses fioritures et devient répétitif. C'est dans les préliminaires que l'on peut trouver de quoi réinventer indéfiniment des moments nouveaux. C'est là que les deux partenaires peuvent donner libre cours à leur imagination. En douceur.

La parole joue alors un rôle important. C'est le relais indispensable du désir. Pour faire comprendre à l'autre ce que l'on aime, il faut communiquer : d'abord établir un lien de confiance pour que l'autre ne se sente pas accusé ou dévalorisé, puis proposer. Évitez d'émettre des critiques. Proposez des « plus » au lieu de mettre l'accent sur des « moins ». Pensez également à mettre parfois en scène vos moments érotiques. Préparez un repas aux parfums aphrodisiaques (voir p. 77), diffusez dans la chambre des huiles essentielles sensuelles (voir p. 159), allumez quelques bougies, choisissez une musique que l'autre apprécie... Tout cela contribue à détendre l'atmosphère et à préparer la suite. Laquelle est affaire de patience, de tendresse, de confiance et de disponibilité.

Peut-on tout oser ?

Il n'y a aucune barrière théorique aux caresses intimes. Ni sur un plan physique, ni sur un plan psychologique. Les seules barrières à ne pas dépasser trop

brutalement sont celles des blocages de chacun. Un exemple : le baiser. La bouche, les lèvres, la langue, sont des zones d'une infinie richesse sensorielle. Cependant, certaines personnes éprouvent du dégoût pour le baiser. La perspective de se laisser « pénétrer » par la langue de l'autre les révulse. Il ne sert à rien de les obliger, de les forcer. Mieux vaut explorer d'autres plaisirs (et ils sont nombreux) jusqu'à ce que les barrières se dissolvent lentement.
Nous possédons tous des barrières en matière de sexualité, qui remontent à notre petite enfance. Ces murs se sont construits à partir de nos premières expériences sensorielles, de notre éducation, de notre histoire personnelle. Il faut respecter l'autre dans ses blocages et demander en retour qu'il respecte les nôtres. Accepter est un premier pas qui permet, ensuite, d'élargir la gamme des possibles. D'autant que nos goûts érotiques évoluent généralement avec l'âge. La maturité aidant, tout le monde peut changer.

Les mots qui caressent

Autour du toucher, sens central de la sexualité, nos autres sens sont également impliqués. Notamment l'ouïe. Les murmures, soupirs, ronronnements, grognements..., disent au partenaire la montée du désir et de l'excitation. Certains préfèrent les mots clairement prononcés. Ces mots sont parfois tendres et amoureux, parfois crus. L'essentiel, là encore, est de trouver un terrain d'entente avec votre partenaire : vous forcer, un peu, s'il (elle) en exprime le

désir ; continuer si ce désir se partage ; arrêter s'il perturbe votre sexualité et proposer d'autres jeux...
La stimulation auditive peut également fonctionner en circuit fermé. Entre soi et soi. Dans ce cas, c'est le fait de s'entendre prononcer soi-même des paroles précises qui participe à l'excitation plus que de les entendre prononcer par l'autre. Lorsque les deux en profitent, c'est bien sûr l'idéal.

Dédramatiser les pannes

Il arrive parfois que le désir ou le plaisir soient en panne. Ces pannes sont plus visibles chez les hommes que chez les femmes, car ces dernières ont la possibilité (et souvent la tentation) de simuler pour faire plaisir à leur partenaire. Elles attendent que cela se résolve tout seul. Chez les hommes, au contraire, la fragilité de l'érection rend la chose immédiatement palpable. Une seule panne suffit parfois pour installer un état d'angoisse qui transforme un accident passager dû à la fatigue ou au stress en une épreuve insurmontable.
Face à ces moments difficiles, il vaut mieux parler et dédramatiser. En avouant leur problème, les femmes évitent de plonger dans un enfermement sensoriel dont elles ont parfois du mal à sortir ensuite.

L'exploration des désirs doit se faire à deux : l'important est de communiquer...

LE RÔLE DES TABOUS

Dans toutes les sociétés, il existe des tabous sexuels, le plus répandu étant l'inceste, qui est quasi universel. Les tabous sont des interdits acceptés par un groupe, à un moment donné. Dans ce contexte précis, certains actes sont frappés d'interdit pour des raisons d'ordre moral ou religieux. C'est le cas de la sodomie ou de l'homosexualité. Ces règles ont une fonction dans la cohésion du groupe puisqu'elles donnent des références communes à tous ses membres. Elles jouent aussi un rôle intime pour chaque individu : certains les respectent à la lettre et en font un point de repère ; d'autres n'ont de cesse de les transgresser pour trouver la voie de leur jouissance. L'essentiel est qu'en toute circonstance chaque partenaire respecte les blocages et les limites de l'autre.

En verbalisant leurs difficultés, les hommes échappent à cette angoisse qui fonctionne comme un cercle vicieux, chaque échec venant renforcer le précédent.
Si les troubles persistent, n'hésitez pas à en parler à un spécialiste. Même si c'est rare, certains troubles sont d'ordre physiologique ou hormonal et il vaut mieux les dépister pour pouvoir les traiter. Et, si le blocage est d'ordre émotionnel, le fait d'en parler permet le plus souvent de le faire régresser.

Le « sixième sens »

Chapitre 7

Au-delà de nos cinq sens, nous possédons une autre gamme de perceptions, plus subtiles. Pour les scientifiques, ce « sixième sens » est physique : c'est lui qui nous permet de ressentir la pesanteur, afin de nous y adapter. Pour les Orientaux, il s'agit plutôt d'une perception de l'énergie vitale. Pour d'autres, c'est l'intuition…

Équilibre et mouvement

L'homme est le seul animal qui se tienne debout sur ses deux pattes. Si nous y parvenons, c'est grâce à un système complexe situé dans l'oreille interne. Les scientifiques voient là notre « sixième sens » : celui de l'adaptation à la gravité et à la verticalité. Notre sens de l'équilibre...

Notre oreille (interne et externe) n'est pas seulement l'organe de l'ouïe. Elle recèle également, dans les méandres de sa partie la plus profonde, un délicat mécanisme qui nous permet de nous adapter à la position verticale, qui caractérise les êtres humains. C'est grâce à un travail permanent, un aller-retour incessant d'informations entre nos récepteurs de l'équilibre et notre cerveau, que nous pouvons rester debout, en équilibre, corriger continuellement la position de notre corps et l'ajuster au mieux à nos mouvements.

MAL DE MER, MAL DE L'ÉQUILIBRE

Certaines personnes sont particulièrement sensibles au mal des voyages. Il suffit qu'un véhicule se déplace, voiture, avion ou bateau, pour qu'elles ressentent des nausées pouvant aller jusqu'aux vomissements. C'est souvent le cas des enfants. Ces malaises sont dus en général à un dysfonctionnement de l'oreille interne. Le mécanisme d'adaptation à l'équilibre ne parvient pas à fonctionner assez vite pour absorber les modifications dues au mouvement. Heureusement, ces malaises s'atténuent au fil du temps. Lorsqu'on les ressent encore à l'âge adulte, il faut consulter un spécialiste des troubles de l'oreille, qui saura trouver une solution adaptée. Il existe aussi des dispositifs locaux, notamment des bracelets qui sont conçus pour stimuler des points d'acupuncture situés sur le poignet.

Nous bougeons sans cesse

Le sixième sens a été reconnu comme tel au cours du siècle dernier. Il s'agit d'un véritable sens, puisque ce sont nos sensations qui président à cette adaptation. Selon la façon dont nous ressentons les mouvements que nous faisons, et selon notre position par rapport à la surface de la Terre, nous adaptons notre posture. Ce travail se fait sans que nous ayons besoin d'y consacrer la moindre parcelle de pensée consciente.
Ce sixième sens nous est indispensable. Si nous pouvons continuer à vivre sans odorat, sans ouïe ou sans vue, nous avons beaucoup plus de mal à nous débrouiller sans notre sens de l'équilibre. Certains troubles des récepteurs sensoriels de l'oreille interne, qui interdisent de se tenir debout ou rendent tous les mouvements extrêmement pénibles, entravent la vie quotidienne plus encore que l'absence d'images, d'odeurs ou de saveurs.

L'homme, un animal debout

Notre verticalité permanente est l'une des choses qui caractérisent l'humain et le différencient des autres mammifères. L'homme se tient debout. C'est vraisemblablement ce changement de posture qui a permis à nos très lointains ancêtres de faire les premiers pas sur le chemin de notre évolution. Selon les paléontologues, l'homme a commencé à évoluer vraiment lorsqu'il s'est aventuré, debout, hors de la forêt nourricière, pour aller chercher ailleurs d'autres nourritures, dans des contrées où il devait se tenir droit pour voir venir le danger et s'adapter aux conditions nouvelles.

La station debout permanente est la caractéristique la plus significative de l'être humain.

Depuis, « se tenir droit » a pris un autre sens. Cette expression ne désigne pas seulement notre verticalité mais aussi une forme de rectitude morale. On dit qu'un individu se tient debout dans la tourmente lorsqu'il traverse des épreuves avec dignité.

Mal au dos, mal du siècle

Cependant, notre sixième sens est souvent méprisé. Nous méconnaissons son importance. Nous malmenons notre système ostéo-articulaire en accumulant les mauvaises positions. Nous ne nous tenons pas toujours suffisamment droits. Nous oublions qu'une bonne posture, physique et morale, est un instrument de bien-être irremplaçable. Le mal au dos est souvent qualifié de « mal du siècle » : voilà qui montre bien à quel point nous en souffrons dans les sociétés occidentales. Alors, pour ne plus en avoir « plein le dos », il est temps de rendre à ce sixième sens sa place dans nos vies et d'apprendre à bien se tenir.

Se réconcilier avec son corps

Nos cinq sens traditionnels nous renseignent sur le monde extérieur. Notre sixième sens nous fournit des informations précieuses sur notre monde intérieur. Alors fermez les yeux, tenez-vous droit et essayez de ressentir ce qui se passe en vous…

Vous ne prenez probablement pas souvent le temps de ressentir ce qui se passe en vous. Pourtant, notre univers intérieur est d'une richesse sensorielle infinie. C'est un monde qui mérite d'être exploré. Notre corps est un allié fidèle, auquel pourtant nous ne prêtons guère attention tant qu'il ne montre pas des signes de faiblesse. Il est temps de lui rendre la vie plus facile en écoutant ce qu'il nous raconte.

Allongez-vous…

Il suffit, pour s'en rendre compte, de faire cette petite expérience. Allongez-vous sur une surface inhabituelle : du sable, de l'herbe, une dalle de pierre, le parquet du salon… Fermez les yeux, mettez des bouchons d'oreille s'il y a du bruit, essayez au maximum d'éviter toute sollicitation extérieure. Sentez les points d'appui de votre corps sur le sol. Laissez votre réceptivité se réveiller dans tout votre organisme. Vous pouvez par exemple partir d'un point d'appui et suivre le chemin des réactions qu'il provoque en vous : les crispations des muscles, les positions des articulations… Vous découvrirez ainsi un monde de sensations qui passe d'habitude inaperçu.

L'intelligence du corps

Renouer ainsi avec notre corps est une première étape vers une meilleure cohabitation avec nous-mêmes. « Le corps est intelligent, écrit Lucy Lidell[13]. Si nous parvenons à comprendre son langage, nous pourrons utiliser ce qu'il nous dit pour rester détendus et en harmonie. »
Tant que notre corps reste silencieux et continue à nous rendre de bons et loyaux services, nous avons tendance à l'oublier. Mais qu'il soit l'objet d'une douleur ou d'une maladie et nous prenons brutalement conscience de son importance.

13 Dans *le Corps sensuel*, Robert Laffont, 1988.

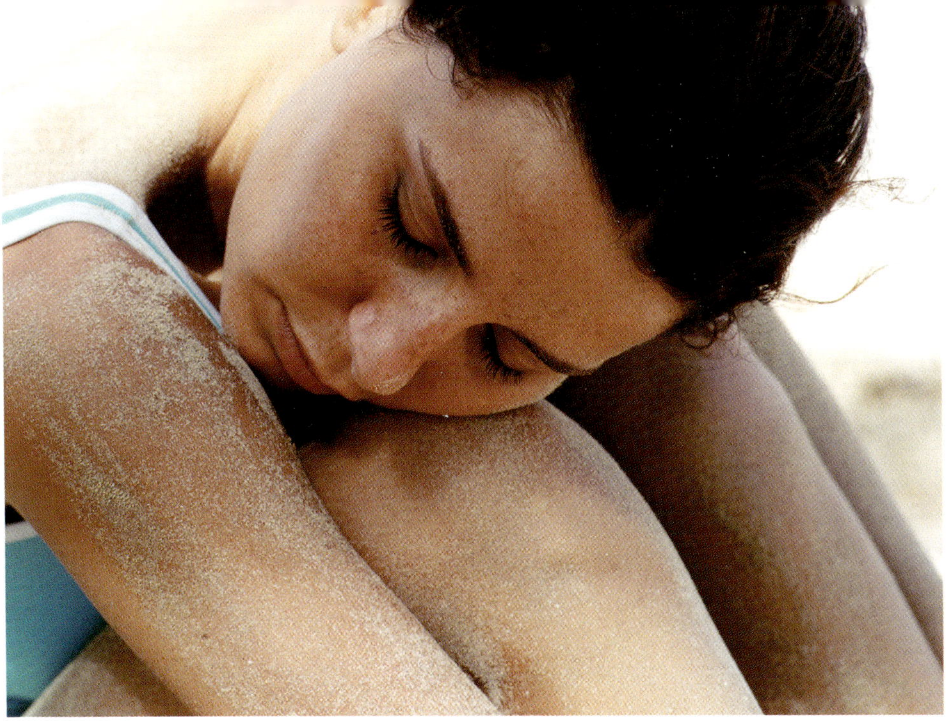

Nous regrettons de ne pas lui avoir porté plus d'attention et nous nous promettons de mieux le soigner à l'avenir. Il vaudrait mieux s'y mettre plus tôt. Dès aujourd'hui, parlez à votre corps. Dites-lui à quel point vous le remerciez pour son incessant travail. Exprimez-lui votre reconnaissance par des gestes : une alimentation saine, des massages, des bains… Françoise Dolto conseillait à ses patients de parler à leurs organes lorsqu'ils étaient malades. Nous pouvons faire de même lorsque nous sommes en bonne santé. Notre corps le mérite bien.

QUELQUES GESTES BÉNÉFIQUES…

Voici quelques pistes pour améliorer vos relations avec votre corps.

– Chaque matin, au réveil, remerciez votre corps pour la journée que vous allez passer ensemble.

– Chaque soir, au coucher, rendez-lui grâce en le remerciant.

– Acceptez les messages douloureux qu'il vous envoie : c'est grâce à eux qu'il vous signale vos erreurs et vous permet de rectifier vos comportements.

– Considérez votre corps comme un instrument de musique qu'il faut accorder pour qu'il joue « votre » musique.

– Réconciliez-vous avec ce que votre corps possède de beau, mais aussi de laid. Les odeurs corporelles, par exemple : ce sont les émanations naturelles d'un corps qui vit et fonctionne. Il ne s'agit pas de se laisser aller au manque d'hygiène, mais de ne pas rejeter avec dégoût ces manifestations naturelles.

Bonne posture et gestes justes

Chaque individu possède une façon de se tenir qui lui ressemble. Nous bougeons selon un schéma qui s'est construit dans notre petite enfance, en fonction de notre corps mais aussi des événements de notre vie et des émotions inscrites en nous. Même s'il n'existe pas de posture absolument correcte, chacun peut améliorer sa façon de bouger afin de vivre mieux.

Schéma corporel : c'est ainsi que l'on désigne la conscience que chacun se fait de son propre corps. C'est comme un dessin, inscrit peu à peu dans le cerveau pendant l'enfance, auquel nous nous conformons tant bien que mal ensuite. Le schéma corporel n'est pas forcément le reflet fidèle du corps. Il est plus ou moins malléable, efficace, adaptable, agile…

La réalité et l'image

Regardez bouger de jeunes enfants : certains semblent à l'aise dans leur corps, enregistrent rapidement les gestes qu'ils voient faire et les reproduisent immédiatement, alors que d'autres peinent à trouver, en eux, le chemin de l'expression corporelle. Les premiers ont un schéma corporel mieux ancré que les autres. Ils entretiennent de meilleures relations avec leur corps. À l'adolescence, les modifications physiques brutales ne font qu'amplifier ce phénomène. On voit très souvent des adolescents cachés dans des vêtements trop larges et trop sombres, trimballant un corps qu'ils ne reconnaissent pas comme ils le feraient d'un fardeau.

Il en est de même pour les adultes. Les personnes qui ont des problèmes de poids le savent bien : lorsqu'on perd les premiers kilos, on se sent léger, on se voit plus mince que l'on n'est vraiment. Peu à peu, au fil de l'amincissement, le schéma corporel s'adapte à la nouvelle réalité. L'image de soi que l'on voit dans le miroir rejoint les perceptions inté-

L'image intérieure de soi ne correspond pas toujours à notre image objective, réelle.

rieures. Mais, si l'on regrossit, les deux premiers kilos repris nous donnent l'impression d'être redevenus d'un coup comme avant. L'image du miroir est distordue. C'est ainsi qu'à l'intérieur de soi on peut se sentir plus mince en période de perte de poids qu'avec cinq kilos de moins en période de reprise de poids.

Le poids des émotions

Ces distorsions entre les perceptions intérieures du corps et l'image de soi que l'on voit perturbent la posture. On a tendance à se tasser lorsqu'on n'aime pas son image, alors qu'on se redresse et on s'ouvre au regard des autres lorsqu'on se réconcilie avec elle.

Il faut ajouter à cela le poids des émotions. Certains individus se tiennent naturellement courbés, comme s'ils portaient

AVOIR UN BON DOS

Si vous voulez garder une bonne posture le plus longtemps possible, veillez à la qualité de vos chaussures : ne portez pas de talons trop hauts (5 cm maximum) et évitez les chaussures trop serrées.

L'état des pieds (notamment la courbure de la voûte plantaire) influe également sur la posture.

Enfin, si votre travail vous oblige à rester assis plusieurs heures d'affilée, observez des petits temps de pause pendant lesquels vous effectuerez des petits exercices pour soulager votre dos. Par exemple, mettez-vous debout, dos contre un mur, pieds légèrement écartés, talons à une dizaine de centimètres du mur. Puis vous descendez lentement en pliant les genoux sans décoller le dos du mur.

le monde sur leurs épaules alors que d'autres lèvent naturellement la tête. Certains gardent toujours les bras fermés alors que d'autres les ouvrent au monde. Notre posture raconte des choses de notre vie et de nos souffrances. Une personne qui a passé son enfance dans la peur aura tendance à se replier sur elle-même pour se protéger de l'agression invisible qui plane sur elle.

Notre corps s'exprime. Ce faisant, il accumule des crispations musculaires, des malpositions articulaires, qui finissent par provoquer des douleurs. Heureusement, on peut rééduquer sa posture et apprendre à ajuster ses gestes. Au passage, c'est l'être tout entier qui se libère. Car, de la même manière que les émotions ont influencé notre posture, le fait de rétablir une posture plus juste nous aide à nous délivrer des émotions anciennes que l'on traîne comme une vieille peau.

Pour soulager les pressions auxquelles est soumise votre colonne vertébrale, l'important est d'apprendre à se tenir bien droit.

Première étape : se tenir droit

Notre colonne vertébrale est la pièce maîtresse de notre édifice physique. Tous les mouvements que nous effectuons passent, peu ou prou, par le dos. Prenez un homme de 80 kilos : lorsqu'il est debout, son dos subit une pression d'environ 100 kilos ; s'il se penche en avant et se relève, sa colonne vertébrale est chargée de près de 300 kilos ; et s'il se relève en portant un poids, la pression peut atteindre une tonne !

Pourtant, notre colonne vertébrale a l'air fragile. C'est un empilement de petits os, les vertèbres, séparés par des disques, le tout réuni par des ligaments et des muscles. En tout, la colonne vertébrale compte cent cinquante articulations et près de mille ligaments. Cela lui permet de rester suffisamment souple et solide à la fois pour nous soutenir toute notre vie durant. Vue sous cet angle, elle est d'une solidité étonnante. Contrairement à ce que l'on croit, les vertèbres se déplacent rarement et, lorsqu'elles le font, c'est grave. Le mal de dos courant est dû à des crispations musculaires ou des inflammations des tissus environnants.

Pour éviter ces désagréments, il faut donc apprendre à se tenir droit. Pas trop penché en avant, en évitant de creuser les reins (bassin basculé vers l'avant), en tâchant de garder les épaules bien en équilibre sur le haut du dos et le cou dans son prolongement.

Seconde étape : éviter les gestes dangereux

Vous pouvez également apprendre à effectuer certains gestes quotidiens de manière qu'ils respectent votre posture, tout particulièrement votre dos.

– Pour ramasser quelque chose, ne vous penchez pas en avant. Baissez-vous en pliant les genoux de façon que l'effort porte sur les jambes et non sur le dos.

D'une manière générale, évitez de vous pencher en avant : pensez à plier les genoux !

– Pour faire votre lit, mettez-vous à genoux de manière à ne pas devoir vous pencher en avant.

– Si vous jardinez, choisissez des outils avec un long manche pour rester le plus droit possible.

– Lorsque vous restez assis, veillez à garder votre dos droit.

– Si vous travaillez à un bureau, essayez d'organiser votre espace pour que les choses soient à portée de main sans que vous ayez à trop courber le dos.

Corriger gestes et postures

Ces simples précautions quotidiennes ne suffisent pas toujours pour corriger les erreurs de postures plus profondément ancrées. Il faut parfois avoir recours à une méthode pour redresser, rééquilibrer, remettre en harmonie… Voici quelques techniques parmi les plus répandues.

La méthode Mézières

Françoise Mézières était kinésithérapeute. Elle avait gardé de son enfance en Indochine une conception globale de la vie. Très vite, dans son travail, elle a dépassé la vision anatomique occidentale pour considérer le corps comme un tout. Elle s'est particulièrement intéressée à l'importance du dos dans la posture et, par là même, dans l'équilibre global de l'individu. Elle a constaté qu'en général nous sollicitons beaucoup trop notre musculature dorsale qui devient hypertonique au détriment de nos muscles antérieurs. Nous sommes donc en déséquilibre constant. Le travail qu'elle a mis au point consiste à redonner au corps son équilibre. Mais, pour cela,

BIOÉNERGIE

Dans les années 1950, Alexander Lowen mit au point la « bioénergie » selon laquelle il y a une relation étroite entre notre posture, notre cuirasse musculaire et notre personnalité. Il fut l'un des premiers à en faire une méthode simple et pratique, à la portée de tous. Depuis, bien d'autres thérapeutes sont venus ajouter leur pierre à cet édifice, mais les bases restent les mêmes : en se libérant des nœuds musculaires, on retrouve une harmonie générale.

il n'est pas question de pratiquer des exercices stéréotypés. C'est en effet par l'exploration des sensations corporelles que chacun peut, en fonction de ce qu'il est et de ce qu'il ressent, trouver « son » juste équilibre et « sa » juste posture. Le thérapeute ne montre jamais le bon geste, mais il agit comme un pédagogue pour vous amener à trouver vous-même les gestes qui vous conviennent le mieux.

C'est à chacun de trouver le juste équilibre et la juste posture qui lui correspondent.

La méthode Mézières est exigeante et rigoureuse, mais les résultats obtenus sont au rendez-vous. Elle soulage les douleurs posturales classiques (torticolis, dorsalgie, lombalgie…), mais également les douleurs articulaires chroniques, les défauts de vision ou d'audition, les problèmes de constipation…

La méthode Feldenkrais

Cette méthode n'a pas grand-chose à voir avec une gymnastique. Elle agit en rééduquant les mouvements, les attitudes, les postures, le tonus musculaire… Mais les progrès se font par le biais d'une prise de conscience de l'ensemble du corps. Contrairement à la gymnastique sportive, il n'est pas question de forcer. Jamais. Le mouvement n'est pas un but en soi, mais un moyen pour apprendre à retrouver son corps, à renouer avec lui des relations plus étroites et plus sereines. Pour Moshe Feldenkrais, le créateur de cette méthode, nous ne pouvons séparer nos mouvements de nos sensations, de nos sentiments, ni de nos pensées. Notre globalité dépasse largement les limites de notre corps. C'est pourquoi nous bougeons conformément à une idée de nous-mêmes. Pour changer d'idée et d'habitude, il faut travailler sur les sensations : bouger lentement, ralentir la vitesse des gestes, réduire l'effort musculaire, augmenter la sensibilité. Se déta-

EUTONIE, À LA RECHERCHE DU BON TONUS

Cette méthode est essentiellement fondée sur l'exploration des sensations corporelles. Son but : parvenir à trouver le juste niveau de tonus musculaire nécessaire pour chaque geste. Ainsi, non seulement la statique est préservée, mais la fatigue inutile s'évapore. D'ailleurs, « eutonie » en grec signifie « bon tonus ». Un exemple : allongé par terre, on essaie de ressentir tout ce qui se passe dans le corps, les points de contact, la tension des muscles, la position des os… Ensuite, on se met debout et on utilise cette conscience corporelle aiguisée pour ressentir le corps en mouvement. Il ne reste plus, alors, qu'à adapter ses gestes et sa posture à cette nouvelle conscience.

cher du résultat pour ressentir. Ainsi, on peut retrouver le plaisir de bouger, sans gêne, sans douleur.

La méthode Feldenkrais soulage les douleurs posturales classiques, mais aussi bien d'autres douleurs physiques. Le travail sur le corps permet d'augmenter la résistance au stress et soigne tous les maux qui en découlent.

La méthode Alexander

C'est à la suite d'un accident que Matthias Alexander a mis au point sa méthode. Il perdit la voix et aucun traitement ne donna de résultat. Pour ce comédien, c'était une rude épreuve. Il décida de s'observer pour trouver l'origine de son problème. Il s'aperçut ainsi qu'il avait une imperceptible contraction du cou. En se libérant de cette tension, il retrouva sa voix. La technique qu'il mit au point par la suite est fondée sur ce postulat : lorsqu'on fait bon usage de son corps, les mouvements sont fluides, harmonieux, le corps est droit et stable, les organes sont massés par la respiration. Mais lorsque le corps est tordu, courbé, les organes subissent des pressions inutiles qui entravent leur fonctionnement. Le travail qui permet de corriger ces erreurs est largement fondé sur la respiration. Mais il n'est pas question d'apprendre à respirer d'une manière particulière. C'est en corrigeant les crispations et les excès de tensions musculaires que le diaphragme et la cage thoracique trouvent, tout seuls, le rythme d'une respiration optimale. Il en est de même pour tous les autres gestes du quotidien.

La technique Alexander est efficace pour corriger les troubles posturaux, mais elle agit aussi sur l'équilibre psychique et émotionnel.

Bouger pour mieux vivre

Le sport, c'est bon pour l'équilibre, le tonus, la santé, la joie de vivre... Nos organismes ont besoin de bouger et de s'oxygéner. Mais nous n'avons pas tous le même rapport avec l'exercice : certains adorent s'agiter frénétiquement alors que d'autres préfèrent se promener au grand air. Peu importe, du moment que vous trouvez la formule qui vous convient.

L'activité physique a des effets bénéfiques qui se répercutent sur l'ensemble de l'organisme. C'est aussi un facteur d'équilibre psychique : elle permet de lutter efficacement contre le stress et pallie les méfaits de nos vies trop sédentaires.

Circulation activée

Pour comprendre comment le sport agit sur l'organisme, faites vous-même une expérience. Pendant 15 minutes, activez-vous de la manière qui vous convient le mieux : courez, grimpez les escaliers, faites des pompes ou des abdos, dansez, faites un tour à vélo... Puis arrêtez-vous. Allongez-vous, fermez les yeux et sentez ce qui se passe dans votre corps. Votre souffle s'est accéléré, votre organisme reçoit donc davantage d'oxygène, qui va nourrir les cellules. Votre cœur bat plus vite, accélérant la circulation sanguine, qui irrigue mieux tous les organes. Votre peau s'est couverte de sueur, entraînant une élimination plus rapide des toxines accumulées dans vos tissus... Autant de réactions physiques dont votre corps bénéficie.
À cela il faut ajouter des bénéfices moins visibles. L'activité sportive entretient les articulations. Même lorsqu'on souffre de troubles articulaires chroniques (rhumatismes), le sport permet de faire bouger les articulations et de préserver leur mobilité, à condition bien sûr de ne pas trop forcer.

Silhouette redessinée

Une pratique sportive régulière aide à garder une silhouette fine. Entendons-nous bien : le sport ne fait pas directement maigrir. Mais, dans le cadre d'un programme minceur, il a sa place à côté du

réglage alimentaire et de la relaxation. Lorsqu'on s'agite, on brûle des calories qui sont, hélas !, récupérées dès le repas suivant. Mais l'activité augmente la masse musculaire, redessinant les courbes du corps. En plus, l'augmentation de la masse musculaire demande un surplus d'énergie. Même au repos, votre corps devra consommer davantage d'énergie pour entretenir cette matière supplé-

LA RÉGULARITÉ AVANT TOUT

Pour être efficace, la pratique d'un sport doit être régulière. Il ne sert à rien de vous épuiser pendant quelques semaines, puis de vous arrêter pour le reste de l'année parce que, décidément, ce genre d'activité ne vous plaît pas ! Le bon rythme : deux séances par semaine d'au moins 45 minutes, trois si vous le supportez.

La seule solution est de trouver un sport qui vous fait plaisir. Quels que soient vos goûts, c'est possible. Pensez aux activités non conventionnelles : les balades en forêt ou au bord de la mer constituent une véritable activité sportive, si vous pratiquez régulièrement et que vous vous contraignez à observer un certain rythme et une durée minimale. Pratiquez entre amis : lorsqu'on n'a pas envie de sortir, le fait d'avoir rendez-vous avec d'autres personnes constitue une motivation supplémentaire.

mentaire. Vous stockerez d'autant moins. Enfin, l'élimination des toxines accélère la perte de poids et contribue à la disparition des amas de cellulite localisés.

Moral au beau fixe

Le sport, c'est bon pour le moral. L'activité physique permet, en effet, de décharger les tensions accumulées, les colères rentrées, les contrariétés... Après une heure d'exercice, on se sent fatigué, certes, mais d'une « bonne » fatigue. De celles qui sont lavées par une nuit de sommeil. Mais, lorsqu'on se couche en gardant ses contrariétés et ses tensions, la « mauvaise » fatigue perturbe le sommeil et on se réveille encore las des tracas de la veille. La pratique du sport aide à s'accepter comme on est. Bien des personnes sont timides, complexées, parce qu'elles ne se voient pas comme elles sont. Elles focalisent leur attention sur des défauts physiques banals et leur donnent une importance démesurée. La pratique d'un sport leur permet de ressentir leur corps en mouvement, sous le regard des autres. C'est toujours salutaire. Les activités sportives de groupe (sports d'équipe, danse, gym...) aident à nouer des liens, à rencontrer des gens avec qui, dès le départ, on partage au moins un intérêt commun. Cela facilite les relations.

À chacun son sport

Reste à choisir le sport qui vous convient. Plusieurs éléments entrent en ligne de compte. D'abord vos goûts. Ne vous forcez pas : si vous n'aimez pas les sports intenses, évitez de vous inscrire à un cours d'aérobic ou de faire du jogging ; préférez la gym douce ou le vélo. Si vous ne pouvez pas rester enfermé, choisissez une activité de plein air. Le but est de vous faire plaisir, pas de vous infliger une contrainte supplémentaire. Ensuite, faites le point sur votre objectif. Si vous désirez pratiquer un sport simplement pour entretenir votre corps, optez pour une activité qui fait intervenir l'ensemble des muscles. Si vous avez un but plus précis, cherchez un sport adapté à ce que vous recherchez : la natation, par exemple, est très efficace pour soulager les blocages dorsaux et pour se relaxer ; le cardio-training permet de faire baisser la tension artérielle et de réguler le rythme cardiaque ; les sports

EH BIEN, DANSEZ MAINTENANT

Vous aimez danser ? Ne vous privez pas. La danse est une activité sportive comme une autre, si ce n'est qu'elle possède une dimension ludique supplémentaire. Vous avez le choix : danse moderne ou classique, mais aussi danse de salon. Vous pouvez même essayer la danse orientale. Les ondulations du bassin font travailler la zone du corps où se love notre énergie vitale. Tonus garanti.

d'équipe aident à s'intégrer à un groupe ; les arts martiaux permettent de contrôler les émotions et juguler l'agressivité… Avant de commencer une activité, consultez un médecin, qui vous conseillera. Car il existe des contre-indications à certains sports : pas de sport intense si vous avez un problème cardiaque, pas de tennis ou de golf si vous souffrez du dos (ces sports sollicitent un côté du corps au détriment de l'autre)…

Quelques sports complets

– **La natation** est un sport complet. Nager développe harmonieusement toute la musculature, améliore la capacité respiratoire et apprend à apprivoiser le souffle. Ça permet aussi d'acquérir une meilleure coordination des mouvements et de parvenir à une relaxation musculaire et psychique intense.

> Choisissez votre sport en fonction de vos goûts et du but que vous vous êtes fixé.

– **La marche** est un vrai sport, à condition d'être soutenue et accompagnée d'une respiration ample et profonde.
– **Le vélo** est aussi un sport complet. Sur le plan musculaire, il sollicite surtout les jambes mais c'est le champion de l'entraînement cardio-vasculaire. D'ailleurs, dans les salles de sport, on commence souvent l'entraînement par 20 minutes de vélo d'intérieur pour préparer le corps, chauffer les muscles et entraîner le cœur.

La gym, en douceur

Vous n'aimez pas vous fatiguer ? Pensez aux gyms douces. Elles n'épuisent pas et ne sollicitent pas exagérément les muscles. Elles n'en sont pas dénuées d'effets pour autant.
– **Le stretching** est fondé sur l'étirement musculaire. Il aide à éliminer les tensions et sollicite des groupes de muscles précis de manière cohérente. Il permet de muscler en douceur et d'assouplir les articulations. Il peut être pratiqué à tous les âges.
– **L'antigymnastique** fut mise au point dans les années 1960 par Thérèse Berterat. Ce n'est pas une gym forcée, mais un apprentissage des mouvements adaptés au corps de chacun. C'est une gym très individualisée, une pédagogie du corps qui réveille l'énergie et élimine les blocages.
– **La gym douce** est une version soft de la gym traditionnelle. Les séries d'exercices alternent étirements, contractions, renforcement musculaire léger, équilibre, détente… La respiration y joue un rôle important.

Les mouvements beauté

Si vous n'avez pas envie de pratiquer un sport à l'extérieur de chez vous, vous pouvez vous accorder chaque jour quelques minutes de parenthèse pour faire un peu d'exercice. Préparez votre programme en fonction de vos désirs et de vos besoins : muscler les abdos, entretenir le dos, affiner les jambes…

Certains exercices aident à modeler la silhouette. Si on les pratique régulièrement, les zones du corps sollicitées se musclent et les bourrelets superflus sont grignotés pour fournir de l'énergie aux muscles. Si l'on n'a pas de réel excès de poids, cela suffit pour conserver une jolie ligne : ventre plat, jambes fines, dos droit, fesses rebondies. Si trop de kilos sont accumulés, ces exercices sont une aide précieuse, dans le cadre d'un programme d'amincissement plus complet.

LE BON RYTHME

Il est inutile de vouloir trop forcer lorsqu'on fait ce genre d'exercice. Mieux vaut y aller doucement et intensifier régulièrement l'effort. Au début, faites ces exercices vingt fois (ou dix fois de chaque côté pour les exercices bilatéraux). Puis augmentez lentement la durée des tensions et le nombre des exercices. Essayez de pratiquer au moins deux fois par semaine pendant une demi-heure ou tous les deux jours pendant 20 minutes.

Pour garder les jambes fines

Avoir des jambes fuselées et bien galbées, ce n'est pas forcément un don du ciel. Cela s'entretient. Voici un excellent exercice pour entretenir les jambes et affiner les cuisses. Munissez-vous d'un élastique d'exercice, comme on en trouve dans tous les magasins de sport.

– Allongez-vous sur le côté, pliez légèrement les genoux, appuyez votre tête dans le creux de votre main, coude posé au sol. L'élastique doit être passé autour de vos jambes, juste au-dessus des genoux.

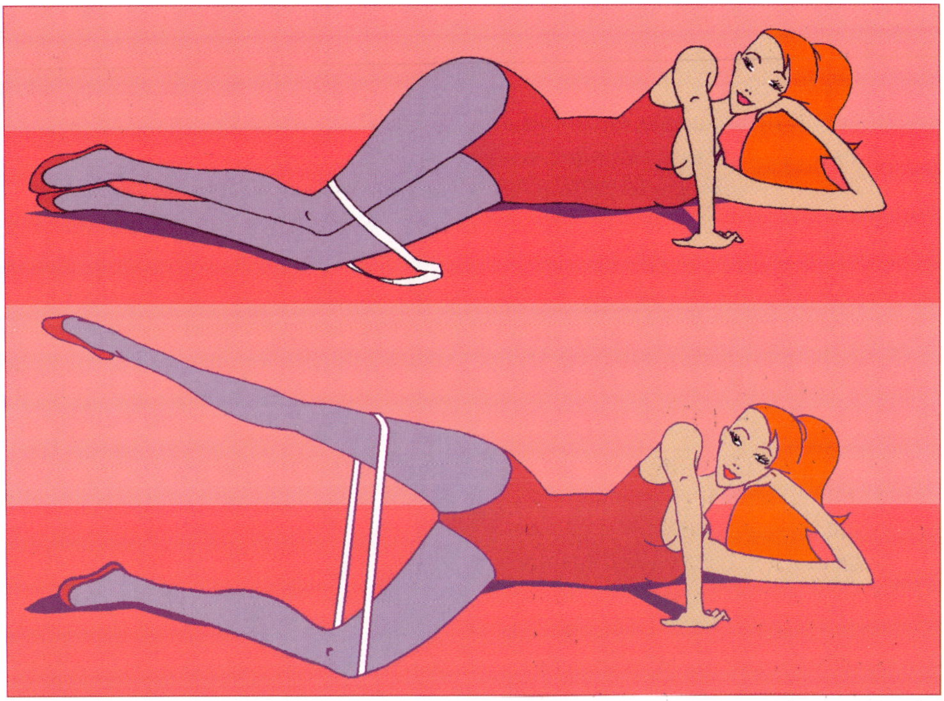

– Posez l'autre main à plat sur le sol, à hauteur de vos épaules.
– Écartez vos cuisses de manière que l'élastique soit en tension, sans creuser le dos, ni plier davantage les jambes.
– Tenez 5 secondes puis revenez à la position de départ (voir dessins ci-dessus).

Pour avoir un ventre bien plat

Les mouvements qui permettent d'entretenir les muscles abdominaux sont nombreux. Certains sollicitent les muscles obliques, d'autres les muscles longitudinaux ou la ceinture musculaire qui encercle la taille. Voici deux exercices faciles à réaliser.

– **Pour muscler la ceinture :** mettez-vous à quatre pattes et respirez profondément. Inspirez en creusant le dos et en gonflant votre ventre au maximum, puis expirez lentement en arrondissant votre dos et en contractant fermement vos muscles abdominaux.

– **Pour tonifier la sangle abdominale (voir dessin ci-contre) :** allongez-vous sur le dos et relevez vos genoux de manière à former un angle ouvert. Mettez vos mains derrière votre nuque et relevez votre buste. Attention à bien garder le cou dans le prolongement de la colonne vertébrale et à ne pas ramener votre menton sur votre poitrine ! Montez lentement, sans à-coup, conservez la position 5 secondes, puis descendez lentement.

– **Pour renforcer les muscles obliques (voir dessin ci-dessus) :** lorsque vous êtes bien familiarisé avec l'exercice précédent, vous pouvez lui ajouter cette variante. Faites le même exercice en gardant les genoux posés au sol, sur un côté, puis sur l'autre. Cette torsion du bassin fait travailler d'autres muscles et affine la taille.

RESPIREZ, SOUFFLEZ

Un exercice de musculation est d'autant plus efficace que vous pensez à respirer de manière régulière. D'une manière générale, il est conseillé d'inspirer pendant le temps de repos et d'expirer lentement pendant l'effort, jusqu'à ce que les poumons soient vides. C'est particulièrement important pour les exercices abdominaux et dorsaux.

Pour raffermir les fesses

On peut faire travailler les muscles fessiers tout le temps, sans que personne s'en aperçoive. Il suffit de les contracter, par exemple, lorsqu'on est assis au travail ou dans les transports en commun. L'exercice suivant repose sur le même principe, mais de manière plus élaborée (voir dessin ci-dessous).

– Allongez-vous sur le dos, bras le long du corps, et ramenez vos pieds vers vos fesses.

– Relevez les fesses de manière que vos hanches soient dans l'alignement des épaules. Gardez cette ligne bien droite, sans creuser le dos ni rentrer le ventre.

– Contractez les muscles fessiers et gardez la position 5 secondes. Puis redescendez lentement.

Pour muscler votre dos

Garder un dos bien droit, c'est important pour éviter les douleurs dorsales et lombaires, mais aussi pour préserver l'équilibre du squelette. Voici un exercice simple qui détend les muscles tout en améliorant leur tonicité (voir dessins ci-dessous).

– Allongez-vous sur le ventre, les bras tendus devant vous. Étirez-vous bien en allongeant bras et jambes.

– En faisant attention de bien garder les hanches et la poitrine collées au sol, soulevez la jambe droite et le bras gauche. Gardez la position 10 secondes, puis reposez.

– Faites la même chose en levant simultanément la jambe gauche et le bras droit.

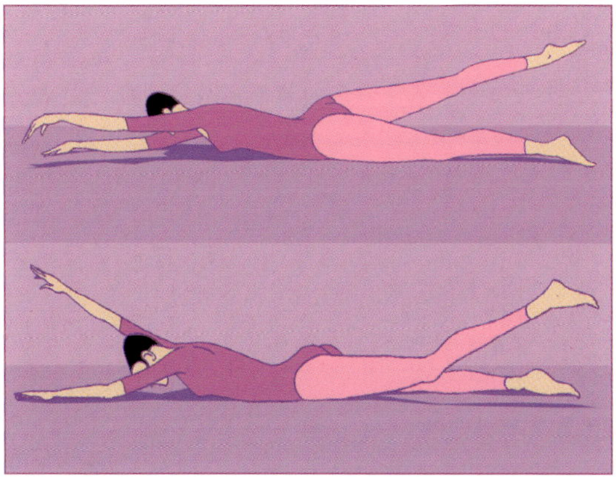

L'énergie : le 6e sens à l'orientale

Toute la pensée orientale est organisée autour de la notion d'énergie. Cette force vitale qui circule en nous provoque, elle aussi, des sensations particulières. Une autre sorte de sixième sens. On peut améliorer la qualité de cette énergie, faciliter sa circulation, harmoniser ses fonctions pour vivre mieux.

Les plus anciens traités de médecine chinoise ont plus de 5 000 ans. Déjà à cette époque, ils évoquaient notre énergie vitale, celle qui anime tous les organismes vivants et qui maintient la cohérence de l'Univers.

Dehors et dedans

Cette énergie vitale est double. Sa part extérieure est véhiculée par la nature tout entière, arbres, animaux, terre, cosmos. Sa part interne insuffle la vie en nous. C'est ce que les Chinois appellent le chi. En fait, la vie résulte de la rencontre, en nous, de trois formes d'énergie : l'énergie héréditaire qui nous vient de nos ancêtres ; l'énergie de l'air, captée par la respiration ; l'énergie de la nourriture, absorbée puis transformée par la rate et l'estomac. Une alchimie particulière réunit l'énergie qui coule de ces trois sources pour en faire un flux unique, le chi, qui circule en nous le long de canaux, les méridiens, parsemés de points précis qui permettent d'agir sur l'énergie.

Pour les Chinois, l'énergie vitale vient à la fois de l'hérédité, de l'air que nous respirons et des aliments...

C'est ce chi qui nourrit les organes pour leur permettre de fonctionner. C'est lui qui nous protège contre les agressions extérieures. Nous naissons avec une quantité de chi que notre mode de vie dilapide ou préserve selon nos comportements. Les erreurs alimentaires, le manque d'exercice physique, le stress, les émotions violentes..., gaspillent le chi, alors qu'une alimentation saine, la pratique régulière de la relaxation ou de la méditation, le contact avec la nature, l'entretiennent.

MÉRIDIENS, ORGANES, ÉLÉMENTS ET SAISONS

Aux cinq éléments de la médecine chinoise sont associés méridiens, organes et entrailles. Comme chaque élément correspond à une saison, les Chinois estiment que les troubles liés à un organe ou à une fonction sont plus intenses pendant la saison qui lui correspond. Et ils recommandent de pratiquer des traitements préventifs pendant cette saison pour entretenir la santé.

Élément :	Bois	Feu	Terre	Métal	Eau
Saison :	Printemps	Été	Intersaison	Automne	Hiver
Organe :	Foie	Cœur	Rate	Poumons	Reins
Entrailles :	Vésicule biliaire	Intestin grêle	Estomac	Gros intestin	Vessie

Si vous avez des problèmes de foie, il est normal qu'ils s'accentuent au printemps. C'est à cette saison que vous devez faire des traitements de prévention. Si vous souffrez des reins, votre saison sera plutôt l'hiver… D'autres méridiens, secondaires, nourrissent les autres fonctions organiques. Il faut ajouter à cet ensemble des méridiens plus profonds, aussi appelés « merveilleux » ou « curieux ». Ceux-là gèrent l'énergie globale du corps.

Yin et yang

Le chi possède deux aspects, opposés et complémentaires (le yin et le yang) qui correspondent, en gros, au positif et au négatif. Il faut qu'ils soient équilibrés pour que l'énergie circule bien et que nous soyons en bonne santé. Le yin correspond à l'eau, au froid, à la pénombre, à l'humidité, à l'hiver, à la lune, à la passivité… Le yang, au contraire, correspond au feu, à la chaleur, à la lumière, à la sécheresse, à l'été, au soleil, à l'activité… Pour établir un diagnostic, un thérapeute qui pratique la médecine traditionnelle chinoise tente de percevoir où se situent les blocages qui entravent la circulation de l'énergie et quelle est la nature du déséquilibre. Il peut ensuite tenter de rééquilibrer l'énergie en donnant des conseils diététiques (voir p. 90), en préconisant certaines plantes ou en proposant des mouvements qui agissent sur l'énergie (tai-chi, qi gong). Il peut également, si les solutions précitées n'ont pas donné de résultat, intervenir directement sur les points d'énergie situés sur les méridiens, soit en les stimulant avec les doigts (do-in, voir p. 236), soit avec des aiguilles (acupuncture).

Le chi circule d'un méridien à l'autre de façon régulière, visitant ainsi tous nos organes.

LA RONDE DES HEURES

Le chi est programmé pour circuler d'un lieu du corps à un autre selon un emploi du temps très précis. C'est un cycle qui se répète chaque jour. Toutes les deux heures, le chi passe ainsi d'un méridien à l'autre. Cela lui permet de visiter tous nos organes en 24 heures :

– de 23 h à 1 h, l'énergie est dans le méridien de la vésicule biliaire,
– de 1 h à 3 h, dans celui du foie,
– de 3 h à 5 h, du poumon,
– de 5 h à 7 h, du gros intestin,
– de 7 h à 9 h, de l'estomac,
– de 9 h à 11 h, de la rate,
– de 11 h à 13 h, du cœur,
– de 13 h à 15 h, de l'intestin grêle,
– de 15 h à 17 h, de la vessie,
– de 17 h à 19 h, des reins,
– de 19 h à 21 h, du Maître du cœur, un second méridien qui nourrit les fonctions cardiaque et circulatoire,
– de 21 h à 23 h, du triple réchauffeur, un méridien qui régule la production globale d'énergie par le corps.

Le chi est composé de deux aspects : le yin (eau, froid, pénombre…) et le yang (feu, chaleur, lumière…).

Essayez le qi gong

Le qi gong est une discipline énergétique qui utilise le mouvement, la respiration et la concentration pour améliorer la circulation de l'énergie en nous. C'est un ensemble de postures en mouvement, que l'on doit pratiquer en synchronisant parfaitement les gestes avec la respiration : lorsque le corps s'étire vers le haut, on inspire ; lorsqu'on amorce un mouvement de descente ou que l'on repousse l'air devant soi, on expire. Pendant les exercices, il faut essayer de conserver un état de calme mental. Au besoin, on peut visualiser des images apaisantes pour améliorer la détente.

> **Les exercices de qi gong visent à réguler l'énergie pour éviter les déséquilibres et soigner certains troubles.**

Le qi gong est à la civilisation chinoise ce que le yoga est à la culture indienne (voir p. 288). Le terme signifie : entraînement, maîtrise, travail de l'énergie. Cette discipline psycho-corporelle possède une réelle dimension thérapeutique. En Chine, certains hôpitaux l'ont ajoutée à leur gamme de soins. Mais c'est surtout une pratique quotidienne qui participe à l'hygiène de vie.
Le but des exercices de qi gong n'est pas de muscler ni de solliciter les articulations. Le fait de les pratiquer régulièrement permet de « sentir » la circulation de l'énergie vitale en soi pour corriger ses déséquilibres dès qu'ils apparaissent.

sérénité
énergie

Comment pratiquer le qi gong

Le Qi gong se pratique généralement en groupe, lors de séances hebdomadaires au cours desquelles un professeur vous apprend les postures et les mouvements.
Ensuite, vous pouvez les pratiquer chez vous de manière régulière. L'idéal est de s'exercer chaque jour : soit en effectuant un seul exercice pendant une dizaine de minutes, soit en réalisant (deux fois par semaine au moins) une séance d'une demi-heure réunissant trois types d'exercices enchaînés (d'abord un exercice debout immobile, puis des postures en mouvement et, pour finir, une pratique assise).

L'ÉNERGIE À L'OCCIDENTALE

La tradition occidentale parle, elle aussi, d'une énergie vitale. C'est elle que l'on voit, sur les images religieuses, auréoler la tête des saints. Aux yeux de cette tradition, nous aurions trois corps, imbriqués les uns dans les autres comme des poupées russes : un corps physique, dense, matériel, que nous pouvons percevoir avec nos organes sensoriels habituels ; un corps très subtil, appelé « corps astral » ; et, entre les deux, un corps intermédiaire, dit « éthérique », qui constitue un pont entre les deux précédents. Selon cette conception, notre corps physique n'est que la partie la plus dense de notre corps, sa dimension inférieure, matérielle. Cette matière est animée par ce qui se passe dans les autres corps. Que notre être mental ou spirituel souffre et ces perturbations se répercutent sur le corps physique sous forme de symptômes. Des médecins se sont intéressés à ces trois corps et ont cherché le moyen de les équilibrer, pour que nous restions en bonne santé. Ainsi est née la médecine énergétique occidentale, qui s'efforce de découvrir les origines immatérielles de nos troubles physiques.

Voici quelques exemples de postures simples à réaliser.

La posture du tigre (voir dessins ci-contre) : cet exercice permet de stimuler l'énergie du Bois. Il est excellent au printemps. Il réunit la souplesse et la fluidité du geste (yin) à la rapidité de la détente musculaire (yang).

– Mettez-vous debout, les pieds à peine écartés, puis fléchissez les jambes en faisant porter le poids du corps plutôt sur la jambe gauche.

– Levez les bras devant vous, en les arrondissant légèrement de manière à former un cercle ouvert. Votre bras gauche doit être un peu plus relevé et plié que le droit.

– La respiration reste naturelle, ample, les yeux sont bien ouverts, tournés vers la main droite, qu'ils fixent d'un air volontairement féroce.

– Maintenez cette posture pendant 2 minutes, puis écartez la jambe gauche en même temps que les bras, dans un mouvement rapide comme celui d'un félin qui bondit.

– Posez votre pied gauche à terre et fléchissez la jambe gauche en abaissant votre main droite vers le sol. Gardez toujours vos yeux fixés sur cette main.

La tradition occidentale parle, elle aussi, d'énergie vitale : c'est la dimension mentale, ou spirituelle, de notre être dont l'état peut affecter le corps.

Le tigre renverse la montagne (voir dessins ci-dessus) : cet exercice facilite la fluidité de l'énergie et dissout les blocages. Il ralentit les pulsations cardiaques et abaisse la pression artérielle. Il induit une grande détente.

– Mettez-vous debout, jambes écartées de la largeur des épaules.

– Inspirez en montant lentement vos bras devant vous, les coudes pliés et la paume des mains tournée vers le sol.

– Lorsque vos bras arrivent à hauteur des épaules, expirez à fond en fléchissant un peu les genoux et en poussant l'air devant vous comme s'il s'agissait d'une masse très lourde.

L'effet Kirlian est un procédé photographique qui serait capable de saisir l'image de notre aura corporelle.

– Poursuivez le mouvement jusqu'à ce que vos bras soient presque tendus devant vous, paumes vers l'avant.

– Pendant tout l'exercice, gardez l'esprit bien concentré sur le mouvement.

Séparation de la terre et du ciel (voir **dessins ci-dessus**) : cet exercice améliore globalement la digestion en agissant sur les méridiens de la rate et de l'estomac.

– Mettez-vous debout, jambes écartées de la largeur des épaules, pointes des pieds légèrement tournées vers l'extérieur.

– En inspirant, amenez vos mains jusqu'à hauteur de l'estomac, bien parallèles, l'une au-dessus de l'autre.

– En expirant, séparez vos mains : l'une monte au-dessus de la tête, paume vers le haut, alors que l'autre descend, paume vers le bras. Les bras doivent être presque tendus.

– En inspirant, ramenez vos mains à leur position initiale, puis expirez en exécutant le même mouvement des bras du côté opposé.

LA SANTÉ DANS L'AURA

L'effet Kirlian est un procédé photographique particulier, capable de saisir l'image d'une énergie émanant de notre corps. On pose une extrémité (le doigt, la main, le pied…) sur une plaque sensible particulière et on obtient une jolie image montrant des filaments lumineux, bleus et rouges, émanant du corps. C'est l'aura. On peut ensuite interpréter les couleurs, la puissance et la régularité de ces filaments pour débusquer l'origine énergétique des symptômes, voire prévoir des troubles à venir. L'effet Kirlian est encore une technique controversée.

En Inde aussi…

En Inde aussi, la notion d'énergie est au centre de la médecine traditionnelle, même si le principe en est différemment codifié. Cette énergie détermine des tempéraments (voir p. 92) qui doivent être en équilibre pour que l'individu soit en bonne santé. L'hygiène de vie occupe une place centrale, ainsi que les plantes médicinales et les massages (voir p. 214).
Chacun peut également intervenir sur son équilibre énergétique en pratiquant le yoga sous l'une de ses nombreuses formes : le hatha yoga, le plus répandu, qui consiste en un des enchaînements de postures et de gestes ; le nidra yoga, plus axé sur la modification de l'état de conscience et la détente ; le mantra yoga, qui fait intervenir le son ; le ashtanga yoga, qui propose des enchaînements de mouvements proches de la danse…
On pourrait aussi citer le yoga des yeux, qui permet de rééduquer la vue, ou le yoga des doigts, qui concerne uniquement les mains.

Essayez le yoga

Le terme est issu de la racine sanskrite *« yug »*, qui traduit l'idée d'unification. Le but de cette pratique est clairement exprimé dans son nom : unifier le corps et l'esprit, joindre le physique au mental pour se fondre dans l'harmonie universelle. L'énergie étant, bien sûr, l'agent de cette réunification.
Le yoga que l'on pratique le plus couramment en Occident est le hatha yoga. Il repose sur la tenue prolongée de postures, la maîtrise de la respiration et la concentration mentale. Le yoga se pratique sous la direction d'un maître qui guide son élève dans son évolution. Une fois que l'on a intégré les principes du yoga, on peut continuer chez soi, comme une discipline quotidienne.

> En Inde, la pratique régulière du yoga fait partie intégrante d'une bonne hygiène de vie.

Le yoga au quotidien

Pour pratiquer le yoga chez soi, il suffit de vous procurer un petit tapis de sol que vous poserez dans une pièce calme, ni trop chaude ni trop froide. Portez des vêtements amples pour ne pas vous sentir gêné, notamment à la taille et autour du cou.
On peut pratiquer le yoga à tout âge, et il n'a pas de contre-indications. Il possède, lui aussi, une dimension thérapeutique. Une étude hospitalière, menée en France, a montré qu'il exerce une action directe sur le système cardio-vasculaire.

L'OISEAU ET LE SERPENT

Il y a plus de 4 000 ans, un ermite nommé Zhang-San-Feng fut témoin d'un combat entre un oiseau et un serpent. L'oiseau se défendait avec des gestes saccadés et brutaux alors que le serpent se déplaçait avec souplesse et lenteur. Le serpent fut vainqueur. C'est ainsi que Zhang-San-Feng prit conscience de l'importance de la fluidité et de la suprématie de la souplesse sur la rigidité. Cette notion est au centre des pratiques énergétiques orientales : tai-chi-chuan, qi gong, yoga...

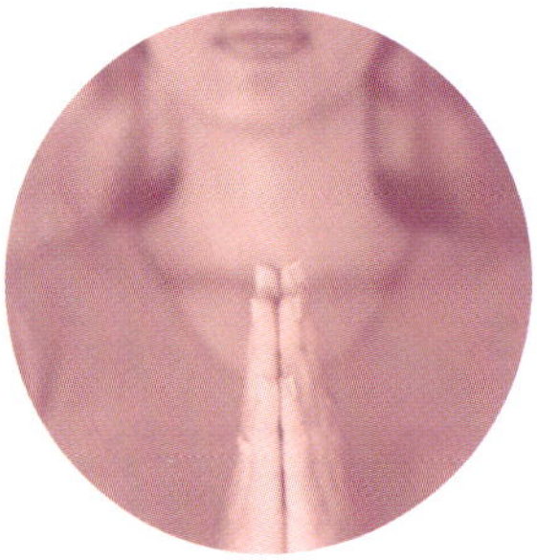

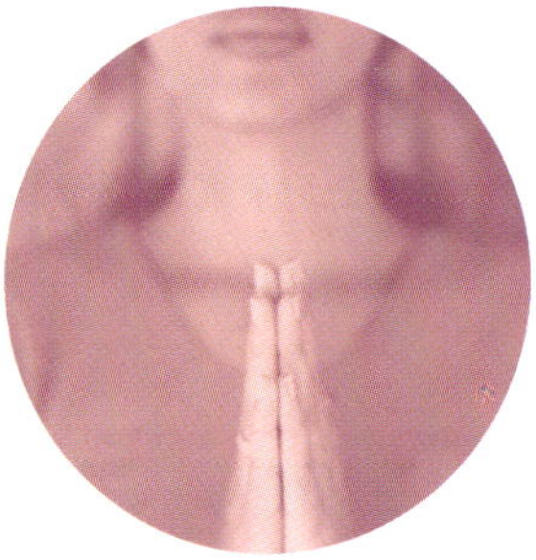

Il est notamment conseillé aux personnes qui souffrent d'hypertension. Certaines postures agissent de la même manière sur le système immunitaire, le stress, le système respiratoire, l'appareil digestif... Voici quelques exemples de postures courantes.

La posture de torsion assise (voir dessins ci-contre) : cette posture soulage les douleurs dorsales et dissout les tensions musculaires de la colonne vertébrale. Elle améliore également le fonctionnement digestif, car elle masse les viscères de l'abdomen.

– Asseyez-vous par terre, pliez vos genoux, puis ramenez la jambe gauche sous vos fesses en faisant passer le genou derrière la cheville.

– Puis tournez le buste vers la droite en appuyant votre main droite au sol derrière vous et en passant le coude gauche derrière le genou droit.

– Faites attention à garder la colonne vertébrale bien droite et respirez profondément en faisant cet exercice.

– Puis ramenez votre buste et vos jambes, et effectuez le même exercice de l'autre côté.

La posture de l'arc (voir dessins ci-dessus) : cette posture stimule l'énergie du corps tout entier. Elle soulage la constipation et facilite la combustion de la graisse accumulée sur le ventre. Enfin, elle assouplit la colonne vertébrale.

– Allongez-vous sur le ventre et ramenez vos talons sur vos fesses. Attrapez vos chevilles dans vos mains et restez ainsi une minute, en respirant profondément.

– Puis inspirez lentement en étirant votre corps vers le haut, de manière à former un arc qui repose au sol sur vos hanches. Essayez de monter vos pieds à peu près à hauteur de votre tête.

– Gardez la posture 2 minutes en respirant profondément, puis revenez à la position précédente.

Le tai-chi-chuan est une pratique énergétique tout en douceur. C'est une forme de méditation, mais qui s'effectue en mouvement.

TAI-CHI-CHUAN, L'ÉNERGIE EN DOUCEUR

C'est une pratique énergétique directement issue du taoïsme. Le tai-chi est une sorte de méditation en mouvement. Comme dans le qi gong, des séries de mouvements lents et amples permettent d'harmoniser le flux d'énergie qui circule en nous et de l'accorder avec le flux d'énergie universelle. Le corps est toujours détendu, afin de ne pas entraver la circulation énergétique, et les mouvements se font très lentement, dans un état mental particulier. La respiration joue également un rôle important. Le tai-chi-chuan se pratique d'abord en groupe, auprès d'un maître. Puis, on peut pratiquer seul et intégrer ces mouvements à son hygiène de vie quotidienne, comme le font les Chinois.

La posture du lapin (voir dessins ci-dessus) : cette posture stimule les facultés de concentration et la mémoire. Elle agit sur la glande thyroïde, ce qui améliore globalement le fonctionnement des organes. Elle stimule l'immunité.

– Mettez-vous à genoux, les pieds en appui sur les orteils, puis asseyez-vous sur vos talons.

– Attrapez vos talons dans vos mains, puis inspirez en vous baissant vers l'avant jusqu'à ce que votre front touche le sol.

– Puis faites le dos rond pour essayer de ramener votre tête, toujours à terre, le plus près possible de vos genoux. Pour y arriver, vous devrez soulever vos fesses et tendre vos bras.

– Gardez cette posture 20 secondes en respirant profondément, puis revenez à la position initiale.

LES ARTS MARTIAUX

Les arts martiaux sont directement issus de la conception énergétique du monde. Même dans le cadre de la compétition ou du combat, il s'agit de récupérer l'énergie de l'autre pour la retourner contre lui. Ces arts de combat n'ont donc rien d'agressif, en principe. Judo, aïkido, kinomichi..., peuvent être pratiqués comme des techniques de connaissance de soi et de canalisation de l'énergie.

Feng shui : énergie et maison

Comme on soigne un corps en rééquilibrant son énergie vitale, les Chinois soignent le lieu où ils habitent pour harmoniser l'énergie qui y circule. C'est le principe du feng shui. En choisissant judicieusement l'orientation des pièces, les couleurs, la décoration..., on peut vivre dans une maison plus saine. Et éviter nombre de maladies...

Littéralement, l'expression chinoise « feng shui » signifie « vent et eau ». C'est donc l'union des contraires, l'équilibre entre les forces antagonistes de la nature. Science chinoise plurimillénaire, le feng shui est une véritable « médecine énergétique » adaptée aux maisons. Elle s'intéresse à tout ce qui constitue l'habitat : son emplacement, son orientation, mais aussi la décoration intérieure, l'emplacement des portes et des fenêtres... Car, pour les Chinois, il n'y a aucun doute : votre environnement et surtout la maison où vous vivez exercent une influence sur votre santé et sur votre équilibre. Corollaire : en « soignant » votre maison, vous entretenez votre santé et vous maîtrisez mieux les événements de votre vie.

Les Chinois créent leur intérieur de manière à harmoniser l'énergie qui y circule.

Le feng shui régule et harmonise la façon dont l'énergie vitale se diffuse dans votre maison. Il s'agit de la même énergie que celle qui circule dans votre corps (voir p. 280). Le chi se propage dans le ciel, la terre, les végétaux, les animaux, les humains..., de la même façon et suivant les mêmes règles. Lorsque cette énergie stagne, il faut donc la refaire circuler, lorsqu'elle est insuffisante, il faut l'amplifier, lorsqu'elle est excessive, il faut l'atténuer. Le feng shui s'attache enfin à rétablir l'équilibre entre le yin et le yang, les deux principes opposés et complémentaires qui composent cette énergie (voir p. 282). Pour cela, on peut s'appuyer sur d'autres notions traditionnelles comme les cinq éléments symboliques (bois, métal, eau, feu, terre) et les huit directions (nord, sud, est, ouest, plus les quatre directions intermédiaires).

Construction, décoration

Si vous faites construire une nouvelle maison, le feng shui vous apprendra comment disposer les pièces en fonction de l'orientation et de la nature du terrain, comment choisir les matériaux de construction les plus adéquats, comment éviter les déperditions d'énergie et les circulations perturbantes, comment créer une atmosphère de chaleur et d'harmonie. Si vous voulez seulement décorer un

LES INSTRUMENTS DU FENG SHUI

Pour établir le diagnostic d'un lieu, le spécialiste du feng shui utilise son sens de l'observation, ainsi qu'une boussole, le luo pan (sorte de boussole chinoise), et un calendrier chinois. Il pourra ainsi déterminer non seulement la meilleure façon de procéder pour améliorer l'énergie dans la maison, mais également le meilleur moment pour agir.

intérieur déjà existant, le feng shui vous permettra d'atténuer au maximum toutes les nuisances qui pourraient venir de l'environnement, de l'emplacement et de la configuration de votre lieu d'habitation, pour lui donner toute l'harmonie nécessaire à une vie sereine.

Dans un intérieur ainsi soigné, nettoyé, harmonisé, votre vie se déroulera sereinement, sans trop d'accrocs. Et vous serez mieux en mesure d'affronter et de résoudre les problèmes que la vie vous pose à l'extérieur de chez vous.

Ensuite, on considère les éléments liés à la pièce elle-même. Ainsi, il est déconseillé d'établir votre salle de bains dans une pièce située au nord, car l'énergie de l'eau et celle du nord cumulées risquent de vous priver de vitalité. L'est et le sud-est sont beaucoup plus favorables. Il en est de même pour la cuisine : les meilleures expositions sont l'est et le sud-est, car les éléments feu et eau s'y mêlent harmonieusement.

Dans votre chambre, faites plus attention à l'orientation de votre lit qu'à celle de la pièce tout entière. Si vous dormez tête au nord, vous aurez un sommeil très calme mais vous n'y puiserez pas beaucoup de vitalité pour les jours suivants. À l'inverse, si vous dormez tête au sud, votre sommeil risque d'être agité. L'idéal est de dormir la tête vers le sud-ouest ou l'ouest.

couleurs calme

La bonne orientation

Si vous faites construire une maison, vous pouvez, en accord avec l'architecte, déterminer l'orientation la plus bénéfique en fonction du terrain et des paysages environnants. Vous pouvez également avoir recours aux principes du feng shui pour reconsidérer l'arrangement de votre maison.

D'abord, vous devez prendre en compte l'activité que vous pratiquez dans chaque pièce pour déterminer si celle-ci a besoin d'une énergie plutôt yin ou plutôt yang. Un bureau, par exemple, demande une énergie yang, qui circule vite, alors qu'une chambre à coucher réclame davantage d'énergie yin, plus calme et paisible.

Dans le feng shui, chaque pièce doit avoir une énergie qui correspond à l'activité que l'on y pratique. Ainsi, le bureau demande une énergie yang (tonifiante) et la chambre, une énergie yin (apaisante).

Choisir les couleurs adéquates

Les couleurs interviennent également dans la circulation du chi (énergie). Vous pouvez les utiliser pour amplifier l'énergie dans une pièce trop calme ou, au contraire, pour l'apaiser si elle est trop violente.
– Dans une pièce située au nord, le rouge et le rose augmentent le chi, le blanc cassé le maintient à son niveau et le vert l'apaise.

Pour le feng shui, les couleurs interfèrent avec la circulation de l'énergie dans la maison, la stimulant ou l'apaisant.

– Dans une pièce au nord-est, utilisez le violet pour accélérer l'énergie, le jaune pour la stabiliser et le rouge/rose pour l'atténuer.
– Dans une pièce située à l'est, pensez au blanc cassé pour augmenter l'énergie, au vert pour la stabiliser et au violet pour la calmer.
– Dans une pièce au sud-est, le blanc cassé stimule l'énergie, le vert foncé la stabilise et le violet l'apaise.
– Dans une pièce située au sud, optez pour le vert et le bleu pour accélérer l'énergie, le violet pour la stabiliser et le jaune clair pour la calmer.
– Dans une pièce au sud-ouest, préférez le violet pour accélérer l'énergie, le jaune et le brun pour la stabiliser et le rouge pour l'atténuer.

RONDS OU CARRÉS ?

Chaque forme de miroir a une action qui lui est propre.
– Ronds ou ovales, ils diffusent l'énergie, la dispersent et l'empêchent de stagner.
– Carrés ou rectangulaires, ils la concentrent dans les endroits où elle a tendance à circuler trop vite.
– Les miroirs dont la surface est bombée sont plus actifs que les miroirs plats, car ils renvoient l'énergie dans toutes les directions.

– Dans une pièce située à l'ouest, le blanc et le jaune stimulent l'énergie, le rouge/rose la stabilise et le blanc cassé l'accélère.
– Dans une pièce située au nord-ouest, le blanc et le jaune accélèrent l'énergie, le gris clair la stabilise et le blanc cassé l'accélère.
Il ne vous reste plus qu'à faire votre choix en prenant en compte l'utilité de la pièce (travail, repos…) et de son orientation.

Déco yin, déco yang

Les éléments de décoration participent, eux aussi, à la circulation de l'énergie. Les bougies, par exemple, apportent à une pièce un surplus d'énergie feu. Elles

assécheront les atmosphères trop humides, surtout dans les pièces situées à l'est ou au nord-est. La matière dans laquelle est fait le chandelier est importante elle aussi : bois ou métal.
Les carillons permettent de stimuler le chi en produisant des sons qui se répercutent dans toute la maison. Ces « cloches à vent » font tinter des morceaux de métal, de bois ou parfois de terre cuite qui s'entrechoquent dans les courants d'air. En métal, les carillons apportent plus d'énergie yang, alors qu'en bois ou en terre cuite ils renforcent plutôt l'énergie yin.
Globalement, les objets de forme pointue augmentent l'énergie yang dans une pièce, alors que ceux arrondis stimulent l'énergie yin. Préférez les derniers dans les chambres à coucher et les premiers dans les pièces de travail.

L'art de disposer les miroirs

Les miroirs sont très importants dans le feng shui. Ils réfléchissent l'énergie et lui permettent de circuler dans les coins de l'habitat où elle stagne.
– Dans une pièce rectangulaire, très allongée, un grand miroir sur l'un des deux grands murs redonne du volume à la pièce et permet à l'énergie de circuler comme dans une pièce plus carrée.
– Dans un long couloir, placez plusieurs miroirs en quinconce (mais pas face à face), afin qu'ils se renvoient l'énergie sur toute la longueur de ce corridor.

Selon la conception feng shui, les miroirs réfléchissent l'énergie et lui permettent de circuler partout dans la pièce, même dans les coins où elle a tendance à stagner.

– Placer un miroir à côté de la porte d'entrée permet de renvoyer une partie de l'énergie vers l'intérieur de la maison, au lieu de la voir se sauver vers l'extérieur chaque fois que l'on entre ou sort.
– Mais ne mettez pas de miroir dans votre chambre, surtout en face de votre lit : il vous renverrait toutes les énergies négatives que vous évacuez pendant votre sommeil, vous interdisant ainsi de vous en débarrasser.
– Ne mettez jamais deux miroirs face à face dans une pièce. Ils se renverraient l'énergie au lieu de l'aider à circuler.
– Ne gardez jamais un miroir fêlé ou abîmé : il faut que la surface soit uniformément lisse et brillante pour remplir son rôle de réflecteur énergétique. Nettoyez régulièrement vos miroirs, pour les mêmes raisons.
Difficile de mettre des miroirs sur les murs extérieurs des maisons pour harmoniser la circulation des flux énergétiques venus de la rue. Mais vous pouvez les remplacer par des objets brillants et réfléchissants : boutons de porte en cuivre bien astiqués, fermetures de fenêtres, bacs à fleurs en métal…

CHOISISSEZ VOS PLANTES VERTES

Les plantes vertes ont un effet sur la circulation du chi dans la maison.
– Globalement, celles qui ont des feuilles pointues accélèrent la circulation de l'énergie, alors que les plantes grimpantes à feuilles rondes la ralentissent.
– Les plantes qui donnent des fleurs rouges accélèrent l'énergie, surtout dans une pièce située au nord, alors que celles qui portent des fleurs blanches la ralentissent, surtout dans une pièce située à l'ouest.
– Dans une pièce située au sud, de grandes plantes vertes accélèrent la circulation de l'énergie alors que, dans une pièce située à l'est, elles la stabilisent.

L'intuition : une perception diffuse

Parfois, on « sent » que quelque chose va se produire. C'est diffus, impalpable, mais la sensation est bien réelle pour celui qui la perçoit. Certaines personnes savent, mieux que d'autres, se fier à cet instinct. Une autre forme de « sixième sens » parfois bien utile...

L'intuition est une faculté de perception hors norme, qui se manifeste de temps en temps en chacun de nous. Nous sommes tous capables d'en avoir. Mais certains lui font plus facilement confiance que d'autres. Souvent, nous n'osons pas croire à ce que nous ressentons de manière diffuse et nous enfouissons ces « messages » au fond de nous.

Nous préférons analyser les situations de manière rationnelle. C'est une méthode efficace, la plupart du temps.

Cependant, nous nous enfonçons parfois dans des situations pénibles ou douloureuses alors que, dès le départ, nous n'en avions pas envie. Mais aucune donnée objective ne nous permettait de croire notre intuition.

HYMNE À LA MER

Un jour, un pasteur d'une petite ville du Canada s'apprêtait à préparer sa messe du soir lorsqu'il ressentit brusquement le désir impérieux de sortir de ses tiroirs un hymne qu'il pensait avoir totalement oublié. Il obéit à cette idée qui s'était imposée à lui avec violence. Il fouilla dans ses livres et retrouva le chant en question qu'il fit entonner à ses ouailles. Tout le monde chanta en chœur : « Entends, père, notre prière pour ceux qui sont en péril sur la mer. » Cela se passait le 14 avril 1912, le jour même où le *Titanic* s'abîmait au fond de l'Atlantique Nord, faisant plus de mille cinq cents morts.

Croire en soi

Il n'est pas question d'abandonner illico toute pensée rationnelle pour plonger tête la première dans un monde coloré d'ésotérisme. Mais on peut faire confiance à cette partie de nous qui capte des informations trop légères et trop subtiles pour que notre pensée consciente les ait repérées. Un exemple :

Marion cherchait du travail. Elle eut plusieurs entretiens d'embauche concluants. L'un des emplois était parfait, sur le papier : le salaire était plus élevé que ce qu'elle espérait, le profil du poste correspondait à ses capacités et à sa formation, le lieu de travail était proche de son domicile. Cependant, Marion n'avait pas envie d'accepter. Elle aurait préféré rentrer dans une autre société, même si le salaire était plus bas et s'il lui fallait une heure de transport pour s'y rendre chaque matin. Répondant à l'insistance de ses amis et de son mari, elle accepta pourtant. Trois mois plus tard, elle était dépressive : le patron était un manipulateur hors pair qui s'amusait à briser le moral de ses assistantes à force de harcèlement moral. Marion avait perçu ce malaise, à travers une foule de minuscules signes qu'elle ne pouvait pas interpréter intellectuellement car aucun n'était vraiment signifiant. Mais son « intuition » avait flairé le danger. Si elle avait fait confiance à cette part cachée d'elle-même, elle aurait évité de sérieux déboires.

Développer son intuition

L'intuition se développe. On peut apprendre à percevoir plus clairement les signaux minimes que nos organes sensoriels « classiques » ne remarquent pas. On peut apprendre à se faire confiance (voir p. 330), faire le silence en soi.

– Apprenez à calmer, lorsque vous le désirez, le flot incessant des pensées parasites. Méditez, relaxez-vous, pratiquez la sophrologie ou la pensée positive... Vous pourrez ainsi écouter votre petite voix intime lorsqu'elle a quelque chose à vous dire.

– Réconciliez-vous avec l'enfant en vous. On a tous été enfant, joueur, insouciant... Cet être vit toujours en nous et ne demande qu'à émerger. Mais, le plus souvent, nous l'assaillons sous les contraintes et les devoirs. Or il faut le laisser batifoler de temps en temps, car il est très proche de notre petite voix intérieure.

– Peignez, dessinez, sculptez, faites la cuisine... Livrez-vous de temps en temps à une activité créatrice qui libère votre pensée rationnelle et donne la parole à l'autre partie de vous.

Les sens en sommeil

Chapitre 8

Lorsque tous nos sens sont en sommeil, nous accédons à une autre partie de nous-mêmes : celle de l'imaginaire, des pensées, des émotions… Or les pensées positives nous stimulent, tandis que les idées sombres nous inhibent. Pour vivre mieux, il faut donc aussi prendre en compte cette dimension intime.

Se relaxer

Pour nous sentir bien, nous devons percevoir le monde qui nous entoure et nous adapter à ses changements. Mais il est bon de faire aussi, de temps en temps, un petit tour à l'intérieur de soi-même. Les techniques de relaxation sont là pour vous apprendre le b.a.-ba de la détente organisée.

Nous sommes en permanence assaillis par des millions d'informations diverses : odeurs, saveurs, sons, images, perceptions tactiles… Notre cerveau doit traiter cette masse de données et y répondre en donnant les ordres qui conviennent. Labeur écrasant. Pour lui offrir de temps en temps une plage de repos, il faut avoir un sommeil de bonne qualité. Mais cela ne suffit pas. Offrons à notre être intérieur des petites vacances…

Une technique pour relaxer le corps

Pour cela, il faut commencer par relaxer le corps, mettre au repos les organes sensoriels pour tourner toute notre attention vers ce qui se passe en nous. Les techniques de relaxation physique sont d'une aide précieuse pour ceux qui ont du mal à opérer spontanément ce changement de focus. Notamment la relaxation dynamique.

De nombreuses techniques ont repris les principes de cette méthode mise au point par Edmund Jacobson au début du siècle dernier. Son but : atteindre, sur commande, le degré zéro de l'activité neuromusculaire. Cette relaxation se pratique allongé au sol. On essaie de percevoir toutes ses tensions musculaires, même les plus infimes, pour ensuite les dissiper. Voici un exemple d'exercice :

– contractez au maximum une chaîne de muscles (le bras, la jambe…) ;
– ressentez bien l'effet en vous de cette contraction ;
– puis détendez les mêmes muscles au maximum en relâchant une à une toutes les contractions que vous avez senties.

Peu à peu, la perception des tensions s'aiguise et la détente est de plus en plus rapide.

Une technique pour relaxer le mental

Une bonne relaxation physique induit rapidement une détente mentale. Les émotions s'apaisent alors en soi et le flot des pensées se calme. On peut évidemment accélérer ce processus, en pratiquant des techniques de relaxation plus complètes, comme le training autogène.
Cette méthode fut mise au point par le Dr Schultz, un psychiatre allemand, au début du siècle dernier. Elle consiste à provoquer volontairement, en soi, des sensations qui induisent la détente. On accompagne les sensations de phrases que l'on prononce silencieusement, en son for intérieur. Avec la pratique, les sensations apparaissent de plus en plus rapidement. Et, surtout, le simple fait de prononcer les phrases clés, lorsqu'on est tendu, suffit à provoquer immédiatement l'état de détente auquel elles sont attachées. Voici les principales étapes de ce processus.

– Allongé au sol, dans la pénombre, vous respirez profondément en vous répétant « je suis tout à fait calme », sans rien attendre de cette injonction.
– Puis vous vous efforcez de sentir votre corps qui devient de plus en plus lourd en vous répétant « je sens mes bras devenir lourds, mes jambes, ma tête... ».

La relaxation physique entraîne rapidement une agréable détente mentale.

– Troisième étape : on ressent volontairement une chaleur qui se diffuse dans tout le corps, toujours en accompagnant la sensation d'une phrase clé, « j'ai la nuque chaude, les épaules chaudes... ».
– On procède de la même manière avec la perception des battements cardiaques, le ralentissement du rythme respiratoire...
– Une séance se termine toujours par la recherche d'une sensation de fraîcheur sur le front. C'est le signe que l'on va bientôt reprendre contact avec la réalité.

DIX MINUTES PAR JOUR

Pour qu'une technique de relaxation soit efficace, il faut pratiquer régulièrement pendant les premiers mois. C'est indispensable pour que les étapes du processus, physique et psychique, s'impriment en vous. L'idéal est d'apprendre la technique auprès d'un thérapeute spécialisé, puis de refaire les exercices chaque jour chez soi. Il suffit d'une dizaine de minutes, de préférence le soir, pour se détendre avant de se coucher.

Bien dormir, pour se ressourcer

Chaque soir, nous coupons spontanément l'image et le son. Nous avons absolument besoin de dormir pour nous ressourcer. Ce faisant, nous mettons nos sens en sommeil, notre cerveau libéré produit des rêves, notre corps se détend, notre mémoire trie les informations reçues dans la journée pour ne conserver que les plus importantes… Tout cela nous permet d'être sur pied le lendemain matin, prêts à vivre une nouvelle journée. Mais encore faut-il que notre sommeil ne soit pas perturbé par la fatigue ou les tracas.

Impossible de se sentir bien lorsqu'on dort mal. Mais nous oublions trop souvent qu'une bonne nuit de sommeil se prépare dès le matin et se concocte tout au long de la journée. Nos heures de sommeil portent l'empreinte de nos activités diurnes. Elles contiennent en substance nos tensions, nos soucis, nos angoisses.

Les insomnies…

Il existe plusieurs types d'insomnie. Certaines personnes ont du mal à s'endormir, mais dorment ensuite d'un trait jusqu'au matin. D'autres plongent rapidement dans les bras de Morphée, mais se réveillent deux heures après pour un long tunnel d'éveil nocturne. Certains se réveillent avant l'aube sans pouvoir refermer l'œil. Même si les causes sont différentes, le résultat est le même : on commence la journée sans avoir suffisamment récupéré, on se traîne, on accumule la fatigue physique et nerveuse, laquelle perturbe davantage les nuits suivantes. C'est ainsi que les problèmes de sommeil nous entraînent lentement sur une mauvaise pente.
La réponse la plus simple est généralement la prise de médicaments. Ce n'est pourtant pas la plus efficace, car les somnifères induisent un sommeil artificiel. On se sent soulagé sur l'instant, mais l'effet du médicament s'amenuise

LE MYTHE DES HUIT HEURES

Une bonne nuit de sommeil ne se mesure pas au nombre d'heures passées à dormir, mais à l'état dans lequel on se réveille le matin. 5 % des Français peuvent se contenter de quatre heures de sommeil par nuit, car cela leur suffit pour rester en forme. D'autres ont besoin de dix heures, voire davantage, pour récupérer. Il faut apprendre à vivre avec ces données qui relèvent en grande partie de la biologie et de l'hérédité. Tout comme ces facteurs qui font de nous des couche-tôt ou des couche-tard : le sommeil nous gagne lorsque la température du corps commence à chuter, et cette heure est différente pour tous les individus. Il ne sert à rien de vouloir contrarier cette nature.

rapidement et il faut bientôt augmenter les doses. Lorsqu'on est pris dans cette dynamique infernale, il est difficile d'en sortir car ces médicaments provoquent une accoutumance pharmacologique. Si ces médicaments sont utiles ponctuellement pour briser le rythme de l'insomnie ou pour traverser une période particulièrement difficile, il ne faut pas en faire une solution à long terme.

Heureusement, il existe des solutions naturelles pour « apprendre » à mieux dormir. Le sommeil abîmé se rééduque. Pensez aux massages, qui apaisent les tensions avant le coucher (voir p. 215). Préparez-vous un bain avec de l'huile essentielle de lavande (voir p. 220). Stimulez les points de do-in qui favorisent le sommeil (voir p. 236). Offrez-vous une séance de relaxation ou de visualisation (voir p. 304).

Massages, huiles essentielles, relaxation... peuvent vous aider à trouver le sommeil.

Organiser ses nuits

On ne dort pas bien dans une chambre confinée, dans une atmosphère bruyante, après s'être plongé dans des images violentes à la télévision. Pour bien dormir, il faut vous y préparer à l'avance.

– Choisissez bien votre lit : ni trop ferme, ni trop mou, il doit soutenir la statique vertébrale.

– Demandez aux autres de respecter votre sommeil, surtout si vous vous couchez plus tôt que le reste de la famille. Au besoin, mettez des bouchons d'oreille pour vous couper du bruit ambiant.

LES PHASES DU SOMMEIL

Nos nuits sont composées de phases successives, qui s'enchaînent à un rythme immuable.

– Lorsqu'on s'endort, les ondes électriques émises par le cerveau se ralentissent. Cet état dure entre deux et trente minutes selon les sujets. On est alors plongé dans un sommeil léger : le corps se détend, mais l'esprit reste en alerte. Le moindre bruit peut encore nous faire sursauter.

– Puis vient le sommeil lent, au cours duquel les ondes cérébrales se ralentissent encore. La détente est plus profonde et moins fragile.

– Au bout d'une vingtaine de minutes, le sommeil devient profond, puis très profond. On dort comme une pierre. Mais le cerveau n'est pas au repos pour autant, car il se prépare à entrer dans la phase suivante : le sommeil paradoxal.

– C'est pendant cette phase que nous rêvons et que nous travaillons à mémoriser ce qui s'est passé dans la journée.

Un cycle entier de sommeil dure entre une heure et demie et deux heures. On se réveille alors quelques secondes, souvent sans même en avoir conscience, et puis on replonge pour un nouveau cycle.

– Évitez des images violentes : ne regardez pas la télé juste avant de vous endormir, prévoyez une phase de détente d'au moins un quart d'heure, pendant laquelle vous relaxez votre corps et vous visualisez des images apaisantes.
– Ne ratez pas le train du sommeil. Couchez-vous dès que vous en ressentez le besoin car, une fois l'heure passée, il vous faudra attendre le temps d'un cycle complet avant de pouvoir vous endormir à nouveau.
– Éloignez de votre lit les appareils électriques et évitez les amas de fils dans la chambre à coucher. Une pollution électromagnétique s'en dégage, qui perturbe l'organisme pendant le sommeil. La fatigue qui s'ensuit altère la qualité des nuits.

Surveiller son assiette

La façon de manger retentit sur la qualité du sommeil, notamment au cours du repas du soir. Évitez de manger des plats trop lourds ou trop épicés, car les problèmes de digestion polluent les nuits. Mangez un plat de pâtes ou de riz : notre cerveau a besoin de glucides lents pour produire la sérotonine, une neurohormone indispensable au sommeil. Lorsqu'on manque de sérotonine dans le cerveau, il est impossible de débrancher la machine à penser.
Pensez aussi au magnésium : c'est grâce à lui que notre système nerveux fonctionne sans passer en surrégime. On en trouve dans le chocolat, les fruits secs, le pain complet. Terminez votre repas du soir par deux carrés de chocolat noir et une poignée de fruits secs (amandes, noix, noisettes). Si cela n'est pas suffisant, faites une cure : pendant un mois, prenez chaque soir avant de vous coucher une dose de magnésium et une de calcium.

Faire confiance aux plantes

Les plantes médicinales sont très efficaces pour corriger les problèmes de sommeil. Outre les plantes classiques (voir p. 98), il existe des espèces qui agissent de manière plus ciblée.
– **La passiflore :** c'est une plante antistress, qui apaise les personnes surmenées et agitées. Elle peut vous aider si vos insomnies sont dues à une trop grande tension nerveuse et à des contrariétés accumulées. Comptez une cuillerée à soupe pour une tasse d'eau bouillante et laissez infuser dix minutes. N'en buvez pas plus de deux tasses par jour car elle peut provoquer des migraines.
– **L'aubépine :** elle procure rapidement un sommeil de bonne qualité et accélère l'endormissement. Comptez 10 g de plante pour un gros bol d'eau froide, amenez à ébullition et laissez cuire trois minutes avant d'arrêter le feu. Laissez infuser dix minutes avant de boire.
– **Le bigaradier :** c'est l'arbre qui donne les oranges amères. Ses feuilles et ses fleurs calment en douceur les tensions de la journée et préparent au sommeil. Comptez une cuillerée à soupe pour un gros bol d'eau bouillante, et laissez infuser dix minutes.

Le monde subtil des pensées

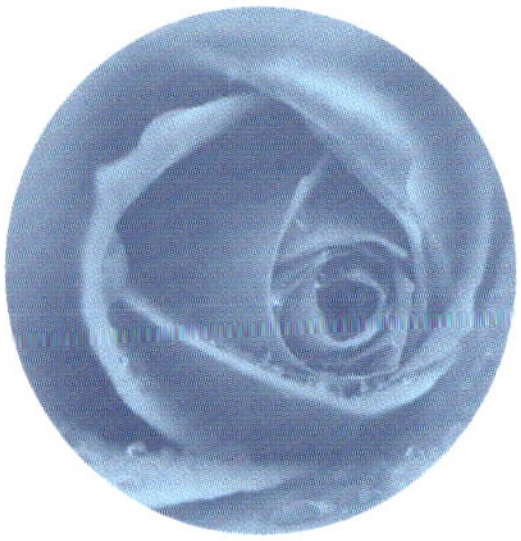

Que se passe-t-il dans les arcanes de notre cerveau ? Comment naissent ces pensées qui tourbillonnent sans cesse dans notre tête ? Comment améliorer notre mémoire ? Pourquoi nous enfermons-nous parfois dans des pensées négatives qui nous font voir la vie en noir ? Pour le comprendre, il faut plonger au cœur de l'infiniment petit, dans le monde secret des neurones…

Impossible de songer à maîtriser les pensées sans comprendre, d'abord, ce qui se joue dans nos petites cellules grises. Le bien-être passe par la domestication de nos pensées. Car, si nous les laissons batifoler à leur guise, elles occupent tout notre espace intérieur et ne laissent aucune place pour la détente, la joie, le bien-être…

Dans la sombre grotte de notre boîte crânienne, nos pensées cheminent de cellule nerveuse en cellule nerveuse, pour prendre forme et parvenir jusqu'à notre conscience. Notre cerveau est, en même temps, le siège de nombreuses fonctions : c'est lui qui décrypte les informations transmises par nos organes sensoriels et donne les ordres qui permettent de nous adapter à notre environnement ; c'est lui qui gère certaines de nos fonctions vitales (battements cardiaques, sécrétions hormonales, rythme respiratoire…) ; il intervient aussi, par le biais du système nerveux autonome, dans notre immunité ou dans nos sécrétions digestives… C'est notre organe central. Et pourtant, nous ne savons pas très bien comment il fonctionne.

Un organe fragile

Le cerveau est un organe doublement fragile : la matière qui le constitue est molle et, si elle n'était pas abritée par le crâne, elle ne résisterait pas aux chocs du monde extérieur ; nos cellules cérébrales ne se renouvellent pas comme le font nos autres cellules.

Le cerveau commence à se former seulement vingt-quatre jours après la fécondation de l'ovule dans le sein maternel et ses cellules se renouvellent à une vitesse folle : jusqu'à deux cent cinquante mille par minute. Six semaines avant notre naissance, nous possédions

NOS CROYANCES INTIMES

Vous êtes en réunion professionnelle dans un vaste bureau. Un pompier fait irruption en annonçant qu'une bombe a été déposée qui risque d'exploser d'un instant à l'autre. Immédiatement, vous et votre entourage ressentez la même peur. Les images mentales qui s'imposent à vous (danger, blessures...) déclenchent dans votre corps des hormones de stress. Mais il s'avère que cette histoire est une (très mauvaise) blague. Celui qui a monté le canular est le seul, dans l'assistance, à ne pas ressentir en lui les effets du stress. Tout le monde a cru au danger, sauf lui. Chacun a réagi, psychologiquement et physiquement, selon ce à quoi il a cru. Pour le Dr Maxie Maultsby, psychiatre spécialiste des thérapies cognitivo-comportementales, nous réagissons en permanence comme si nous étions l'objet de mauvaises blagues. Nous extrapolons à partir de la réalité et nous croyons aux histoires que nous nous racontons. Pour sortir de cette impasse, il faut repérer les croyances et les remplacer par des pensées saines.

déjà tous nos neurones. Ensuite, nous avons appris à les utiliser en les « programmant » pour nos diverses activités. À partir de trente ans, nous perdons régulièrement de nos neurones mais, comme nous en possédons des réserves importantes, nous pouvons pallier ces manques en continuant à « programmer » de nouveaux neurones. C'est ce qui explique que les personnes exerçant une activité artistique ou intellectuelle ont moins de déperdition liée à l'âge : elles sont davantage habituées à faire travailler leurs neurones et cette régénération se fait plus facilement.

COUÉ, LE PÈRE DE LA MÉTHODE

« Chaque jour, à tous points de vue, je vais de mieux en mieux. » Cette célèbre petite phrase résume le principe de la méthode Coué. Elle fut mise au point au début du siècle dernier par un pharmacien, Émile Coué. Il s'était aperçu que les médicaments qu'il délivrait faisaient plus d'effet s'il les accompagnait d'un petit mot d'encouragement. Il réalisa ainsi que le moral influence le physique et chercha le moyen d'entretenir, en nous, un état d'esprit positif et empreint de confiance. Depuis, la méthode Coué est tombée dans l'oubli… Les techniques actuelles de pensée positive ont repris certains de ses principes et les ont actualisés.

Le cheminement des pensées

Nos neurones sont comme nos autres cellules : ils ont un noyau et un corps cellulaire. Mais ils possèdent également des sortes de tentacules qui leur permettent de se mettre en contact les uns avec les autres. C'est par ce réseau que passent toutes les informations, y compris celles qui nous permettent d'élaborer nos pensées. Un réseau incroyablement riche, puisque nous avons quelque dix mille milliards de connexions cérébrales.
Les informations traversent le cerveau sous la forme d'impulsions électriques. Entre deux neurones, ces impulsions doivent emprunter une sorte de barque pour franchir le minuscule espace de la synapse. Elles ont alors recours à des substances chimiques, à savoir des sortes d'hormones sécrétées par le cerveau lui-même.
Comme les informations sont variées, elles sont transportées par divers neuromédiateurs. Or, ces neuromédiateurs sont en relation avec des phénomènes d'ordre physique, mais aussi émotionnels ou psychiques. La dopamine, par exemple, participe au contrôle de l'émotivité, mais également de la tension artérielle. Ces neurotransmetteurs sont le substrat chimique de nos états d'âme : la colère, la peur, la tristesse… se traduisent dans le cerveau par des substances chimiques particulières, qui nous permettent d'élaborer les pensées correspondantes.

Pensées saines, pensées malsaines

Nous avons l'impression que les pensées s'imposent à nous. Ce n'est pas vrai. Nous pouvons influer sur leur cours. La psychologie cognitivo-comportementaliste s'efforce de nous apprendre à domestiquer nos pensées, à reconnaître les pensées qui nous font du bien de celles qui nous font du mal. En effet, nous fonctionnons souvent en prenant des croyances erronées pour la réalité (voir encadré p. 311). Nous pouvons pourtant traquer les pensées qui nous font du mal et les remplacer par des pensées saines. Celles-ci ont cinq caractéristiques :

– une pensée saine se fonde sur un fait objectif ;
– elle nous aide à protéger notre vie et notre santé ;
– elle nous aide à atteindre nos buts ;
– elle nous aide à éviter les conflits relationnels ;
– elle nous permet de faire face à nos émotions de manière saine, sans avoir recours à des expédients (alcool, médicaments…).

Un exemple : votre fille rentre de l'école avec une très mauvaise note en maths. Vous la réprimandez et l'obligez à refaire son devoir. Jusque-là tout est normal et vous avez réagi à une situation objective. Mais ensuite, vous continuez à vous inquiéter : vous vous dites qu'elle ne va jamais arriver à poursuivre des études, qu'elle va passer sa vie à souffrir dans un métier médiocre, que vous avez décidément fait des efforts inutiles pour essayer de la pousser dans une bonne voie… Tout cela relève de pensées malsaines : elles se fondent sur une extrapolation et non sur un fait objectif ; elles mettent votre santé en danger et ne vous aident à atteindre aucun but ; elles entretiennent un climat qui favorise les conflits relationnels avec votre fille ; elles risquent de vous priver de sommeil et de vous obliger à prendre un somnifère pour vous endormir. Tout cela aurait pu être évité si vous aviez repéré la pensée malsaine et si vous l'aviez remplacée, volontairement, par une pensée saine : elle a du mal à faire ses devoirs de maths, je vais l'aider ou lui trouver un professeur particulier pour quelques cours de soutien.

La pensée positive

Pour vous aider dans cette démarche, vous pouvez avoir recours à la pensée positive. Il s'agit d'une technique mentale simple : on s'allonge et on se relaxe pour avoir l'esprit plus libre ; puis on se répète, intérieurement, un discours très positif.

Vous devez passer un examen qui vous rend fébrile ? Chaque jour, pendant une dizaine de minutes, vous répétez : « Je passe calmement les épreuves et je réussis brillamment mon examen. » Peu à peu, ce message s'imprimera en vous à la faveur de la relaxation physique et

mentale, et vous incitera à mettre spontanément en place, le moment venu, les comportements et les attitudes qui vous permettront de réussir.
Pour être efficaces, les messages doivent être prononcés à la première personne, à la forme affirmative et au présent. On ne dit pas « je vais réussir » ou « je n'échouerai pas », mais « je réussis ». La pensée positive donne des résultats étonnants lorsqu'on pratique régulièrement et qu'on adhère à son principe.

Les secrets de la mémoire

Notre cerveau est également l'organe de la mémoire. C'est en lui que sont inscrits nos souvenirs, c'est de lui que nous devons les extraire lorsque nous en avons besoin. La science ne sait pas encore vraiment comment fonctionne notre mémoire. L'imagerie nucléaire a permis de visualiser les zones du cerveau qui travaillent pendant des exercices de mémorisation, et ces zones diffèrent selon les exercices. Il semble que la mémoire se loge un peu partout.
Une chose est sûre : un cerveau en bon état, bien nourri, bien oxygéné, possède des cellules plus performantes, capables de mieux mémoriser (voir p. 10 et p. 78). On sait également que plus on utilise sa mémoire, mieux elle résiste au temps, au stress et aux émotions fortes. Pour qu'un souvenir s'éveille en nous, il a fallu qu'un processus se déroule en plusieurs temps. D'abord l'acquisition : nous assistons à une scène, nous entendons une musique, nous ressentons une émotion… Le contenu de la scène nous marque et s'imprime dans notre mémoire immédiate. Comme nous ne pouvons pas conserver disponible la totalité de ce que nous vivons chaque jour, nous devons opérer un tri pour ne conserver que les informations utiles ou marquantes. Ce tri s'opère, semble-t-il, pendant le sommeil, notamment au cours du sommeil paradoxal. Ensuite, lorsque nous devrons nous rappeler cette scène, il faudra que nous parvenions à la récupérer, à la réactualiser. C'est cette troisième phase qui fait défaut dans la plupart des cas lorsqu'on a du mal à se rappeler quelque chose.

Il est aujourd'hui avéré que, plus on stimule sa mémoire, mieux elle résiste aux dommages du vieillissement.

Comment préserver sa mémoire

Pour aider votre mémoire à bien fonctionner, essayez de l'utiliser le plus souvent possible.
– Ne recherchez pas systématiquement les numéros de téléphone dans votre agenda, considérez cet outil comme un ultime recours lorsque vous ne parvenez pas à retrouver le numéro que vous cherchez.
– Ne faites pas de liste écrite lorsque vous allez faire vos courses.

– Donnez-vous des points de repère qui vous serviront de fil conducteur pour récupérer votre souvenir : par exemple, pour un numéro de téléphone, vous pouvez associer une couleur à chaque chiffre, de manière à pouvoir vous rappeler l'alternance des couleurs si vous avez du mal à vous souvenir des chiffres.

– Jouez ! Pratiquez des jeux de mots (mots fléchés, mots croisés…), jouez aux cartes, aux échecs… Tout ce qui vous oblige à mémoriser de manière ludique et agréable.

LA MALADIE D'ALZHEIMER

On parle de plus en plus de cette maladie, qui apparaît après cinquante ans et se manifeste par une perte de la mémoire récente. Un malade atteint de la maladie d'Alzheimer est capable de se rappeler parfaitement ce qu'il faisait il y a trente ans, mais il ne sait plus où il voulait se rendre dès qu'il est sorti de chez lui. Il ne faut pas confondre la baisse des performances mnésiques avec cette maladie particulière. La perte de mémoire qu'elle occasionne s'accompagne de confusion mentale, de désorientation… Si vous avez un doute, consultez afin d'en avoir le cœur net.

Au-delà de la pensée

Certaines techniques proposent d'utiliser les pensées, de les façonner de manière à créer en nous les conditions de la guérison ou de la réussite. C'est le cas de la sophrologie ou de l'hypnose… Elles permettent de prendre les pensées en main pour en faire un instrument de bien-être.

Lorsqu'on parle d'hypnose, immédiatement surgit l'image de ces spectacles dans lesquels un mage, habillé de lumière, donne des ordres aberrants à un individu entièrement soumis à son bon vouloir. Cette hypnose de spectacle n'a pas grand-chose à voir avec l'hypnose thérapeutique ou la sophrologie. Leur seul point commun : toutes trois mettent en jeu un changement de l'état de conscience.

La sophrologie

La sophrologie fut mise au point dans les années 1960 par un psychiatre, Alfonso Caycedo. Elle est fortement inspirée par l'hypnose traditionnelle et la relaxation, mais aussi les disciplines orientales comme le zen ou le yoga. Elle propose de modifier l'état de conscience pour relâcher le tonus musculaire, apaiser le mental et entraîner la pensée vers des contrées plus positives.

La sophrologie est utilisée dans le traitement des douleurs physiques (accouchement, interventions dentaires…). Dans ce cas, elle permet de déplacer l'attention de la zone douloureuse vers une autre région du corps sur laquelle on projette une sensation agréable (fraîcheur, douceur…). On peut aussi y avoir recours pour soigner les troubles liés au stress (insomnies, migraines…) ou pour dénouer des conflits psychiques.

La sophrologie se pratique d'abord auprès d'un thérapeute, en séance individuelle. La première séance commence par une discussion, dans laquelle vous exprimez vos problèmes et ce que vous attendez de la méthode. Le thérapeute et vous choisissez, ensemble, les images apaisantes et les symboles (mots, objets…) avec lesquels vous allez travailler. Puis il vous plonge en état de relaxation physique et mentale. Une fois atteint cet état « sophronique », le thérapeute vous guide verbalement et vous suggère que votre état s'améliore, en utilisant vos mots, vos images, vos symboles. Une fois le scénario bien au point (il faut plusieurs séances pour cela), vous pouvez le reproduire seul, chez vous, avec l'aide d'une cassette enregistrée. Lorsque le processus sera bien ancré en vous, il vous suffira d'évoquer une image, un mot clé ou un symbole pour retrouver, aussitôt, l'état que vous recherchez.

Le renouveau de l'hypnose

L'hypnose thérapeutique a connu son heure de gloire à la fin du XIXe siècle, lorsque Charcot l'expérimenta en milieu hospitalier sur des patientes hystériques. Freud l'employa lui aussi, avant de se contenter d'allonger ses patients sur un divan pour une « cure de parole ». Aujourd'hui, l'hypnose thérapeutique a retrouvé ses lettres de noblesse, notamment grâce au travail de Milton Erickson.

La sophrologie propose de modifier l'état de conscience dans le but de vous aider à positiver.

Le principe de l'hypnose est proche de celui de la sophrologie : le thérapeute induit une relaxation physique et mentale, qui provoque un changement d'état de conscience. Puis il diffuse des messages, mis au point avec le patient, pour l'aider à améliorer son état. Dans l'hypnose ericksonienne, le thérapeute ne délivre pas d'injonction, mais il raconte des histoires, des contes contenant les éléments susceptibles d'aider le patient à trouver lui-même le chemin de son mieux-être. Ces histoires sont porteuses de symboles et d'archétypes qui résonnent dans l'inconscient de la personne et lui permettent de réagir.
L'hypnose ericksonienne s'applique aux troubles physiques (douleurs, troubles dus au stress) comme aux problèmes psychiques et émotionnels.

ÉTATS DE CONSCIENCE

Lorsque nous sommes réveillés, actifs, en plein travail, notre cerveau émet des ondes rapides. Lorsque nous dormons, ces ondes sont très lentes. Entre ces deux extrêmes, nous traversons divers états de conscience, qui se manifestent par des longueurs d'ondes cérébrales particulières. L'état utilisé en hypnose thérapeutique, en sophrologie ou en relaxation se situe à mi-chemin : on ne dort pas, on reste conscient de ce qui se passe, mais les pensées se ralentissent et la vigilance s'est abaissée. Dans cet état, nous sommes beaucoup plus perméables aux messages positifs que nous recevons.

Faire taire les pensées

Nos pensées ne cessent de s'agiter dans nos têtes, brouillant parfois nos perceptions. Il est bon de pouvoir faire le silence en soi pour se connecter à une autre dimension. C'est ce que propose la méditation. Son principe est simple : on s'assied, on se calme et on arrête le flux des pensées...

Faites cette petite expérience : installez-vous dans un lieu très calme, à l'abri du bruit et du mouvement. Ce peut être un coin de nature, une pièce de la maison, voire le banc d'une église. L'essentiel est que vous ne soyez pas dérangé par ce qui vous environne. Asseyez-vous, en gardant le dos bien droit pour ne pas entraver votre respiration. Respirez à fond, amplement, profondément, fermez les yeux et essayez d'arrêter de penser.

Vous percevrez alors le fracas incessant qui agite vos neurones. Nous avons, dans la tête, une petite voix qui ne cesse de jacasser, de donner son avis sur tout, de projeter, de triturer les événements... Elle nous est indispensable dans la plupart des situations de la vie quotidienne. C'est grâce à elle que nous réfléchissons et que nous agissons. Mais elle devient facilement tyrannique, surtout lorsqu'on veut la faire taire. Elle refuse de céder.

UNE OUVERTURE VERS UNE AUTRE DIMENSION

La pratique régulière de la méditation peut vous ouvrir à une dimension plus spirituelle. Elle permet d'entrer en contact avec une partie plus subtile de nous-mêmes et du monde qui nous entoure. Certains disent qu'elle rapproche de Dieu ou du principe créateur. Vue sous cet angle, la prière chrétienne est, elle aussi, une technique de méditation.

Calmer le corps et l'esprit

Les techniques de méditation permettent de ralentir le flot de pensées lorsqu'on en éprouve le désir ou le besoin. Et c'est très utile, car le calme mental permet de se ressourcer, de se recentrer, de se laver des tensions nerveuses. Lorsqu'on est confronté à un problème ou qu'on doit prendre une décision importante, la méditation permet aussi de voir plus clair en soi et de ne pas se laisser emporter par des pensées mal adaptées.
La pratique de la méditation se répercute également sur l'équilibre physique. Les ondes cérébrales se ralentissent, les battements cardiaques également, la tension artérielle s'abaisse, les sécrétions cérébrales se modifient... Tout cela concourt à chasser la fatigue, à améliorer l'immunité et à stimuler, globalement, toutes les fonctions biologiques.

Regardez passer vos pensées

Toutes les méditations se pratiquent à peu près de la même manière : on s'assied dans une posture particulière, on concentre son esprit sur la respiration et on essaie de ralentir ses pensées. Pour cela, on peut utiliser les mantras ou les sons (voir p. 120). On peut aussi, comme dans le zen (za-zen), « regarder passer les pensées comme des nuages dans le ciel ». La posture du zen est simple.

– Asseyez-vous en tailleur sur un coussin rond et dur, ramenez vos jambes en glissant votre pied gauche contre le coussin et en passant votre pied droit sur votre cuisse gauche.
– Tenez-vous droit et étirez votre dos de manière que le cou reste bien dans le prolongement de la colonne vertébrale, le menton rentré sur la poitrine, comme si vous vouliez pousser le ciel avec le sommet du crâne.
– Posez vos mains l'une sur l'autre au niveau du nombril, paumes tournées vers le ciel, la main gauche posée sur la main droite. Vos pouces se touchent et forment un ovale avec vos index.
– Votre regard est posé sur le sol, à un mètre environ devant vous, les yeux mi-clos.
– Vous n'avez plus qu'à rester dans cette position, en laissant vos pensées passer sans vous accrocher à aucune. Pour vous aider, concentrez-vous sur votre souffle : expirez lentement jusqu'à ce qu'il n'y ait plus d'air dans vos poumons, puis laissez l'inspiration se faire tout naturellement.

Le but de cette pratique est de devenir le témoin de soi-même, dans l'instant présent. On ne fabrique pas d'idée ni de réflexion, on ressent. Comme l'enseignent les maîtres zen : « Ne pensez pas à la vie, soyez la vie. » Lorsqu'on pratique régulièrement za-zen, le flot de pensées se calme de plus en plus rapidement et l'on s'ouvre alors à une autre dimension de l'être.

Bonnes et mauvaises émotions

Pour vivre bien, il nous faut aller au-delà de nos pensées pour apprivoiser nos émotions. Celles-ci sont source de bien-être ou de souffrance, selon la façon dont on les vit. Émotions positives ou négatives, émotions douces ou violentes... elles colorent nos existences, mais elles peuvent aussi les assombrir.

Officiellement, les émotions sont au nombre de six : la joie, la colère, la peur, la tristesse, le dégoût et la surprise. Cette dernière est une émotion ponctuelle, une réaction face à l'inattendu. Comme elle ne s'installe pas durablement en nous, elle pose peu de problèmes. Le dégoût lui non plus ne nous pose pas de difficultés car il ne fait pas résonner nos expériences passées. Restent la colère, la peur, la tristesse et la joie qui, selon les circonstances, nous enchantent ou nous perturbent.

Trois étages dans le cerveau

Notre cerveau est constitué de trois couches, imbriquées les unes dans les autres en suivant le fil de l'évolution. Au centre, le cerveau reptilien, ainsi nommé parce qu'il est identique à celui des reptiles. C'est lui qui gère nos instincts de survie : la faim, la soif, la reproduction. Autour, la deuxième couche : c'est le cerveau émotionnel. Nous le partageons avec les autres mammifères. C'est lui qui gère nos émotions. Enfin, enveloppant tout cela, le cortex cérébral, que seul l'homme possède. C'est lui qui nous permet d'analyser, d'apprendre, de nous projeter dans le futur.

Notre cerveau émotionnel est capable de faire le lien entre une émotion présente et passée.

C'est dans le cerveau émotionnel que naissent et se développent nos émotions. Mais notre cortex cérébral est capable de les comparer entre elles, de mettre en relation un souvenir enfoui et une situation actuelle. C'est pour cette raison que nous pouvons utiliser nos émotions pour évoluer.

Émotions violentes

Les émotions ne sont pas un fardeau. Sans elles, nos vies seraient tristes et mornes. Mais elles nous submergent parfois comme des lames de fond qui nous laissent désarmés. Elles ont tendance à occulter tout le reste lorsqu'on les laisse s'installer. « La colère est mauvaise conseillère », affirme le dicton. C'est vrai que, sous le coup de la colère, on ne voit pas clairement les situations et on peut prendre des décisions erronées. De même, la tristesse nous envahit parfois au point de cacher à nos propres yeux les éléments positifs de nos existences. L'émotion est une réaction intense, provoquée par une situation ou un événement. Une réaction à la fois psychique et physique. Si la colère nous fait monter le rouge aux joues et si la peur nous fait pâlir, c'est parce que ces deux émotions perturbent notre circulation sanguine (voir encadré ci-contre).

LES ÉMOTIONS QUI RENDENT MALADE

Si une émotion violente dure trop longtemps ou si elle se répète trop souvent, les modifications biologiques qu'elle entraîne laissent en nous des traces profondes, qui peuvent créer une maladie. C'est ce que l'on appelle la psychosomatique. Les maladies psychosomatiques n'ont rien d'imaginaire, mais elles ne sont pas dues à une cause objective (microbe, accident, lésion organique...). C'est le poids de nos émotions qui, à force de s'alourdir, finit par s'inscrire dans la chair. Pour les soigner, il faut s'attaquer à la fois à leur source émotionnelle et à leur manifestation physique. Parmi les maladies à forte composante psychosomatique, citons la migraine, l'insomnie, les troubles digestifs, les maladies de peau...

Émotions positives, émotions négatives

L'émotion n'est pas un état permanent : elle a un début et une fin. Entre les deux, c'est son intensité qui fait toute la différence. La peur, par exemple, peut prendre la forme d'une petite frayeur ou d'une peur panique. Dans le premier cas, elle nous aide à mobiliser notre énergie pour réagir face à une situation dangereuse ; dans le second cas, elle nous paralyse et nous empêche de nous défendre. C'est l'intensité qui transforme parfois cet équipement naturel utile en une camisole de force invisible.
Ainsi, aucune émotion n'est radicalement bonne ou mauvaise. Ce sont son intensité et sa durée qui sont en cause, plus que sa nature. Dans les échelles de stress, on voit figurer des événements de vie heureux, comme le fait de se marier ou de gagner au loto, dans les sources de stress intenses. Heureusement, nous ne sommes pas soumis pieds et poings liés à nos émotions. Nous pouvons apprendre à mieux les gérer, nous pouvons pactiser avec elles de manière à bénéficier de leurs bienfaits sans subir leurs excès.

VIVRE AU PRÉSENT

C'est une des bases de la gestion des émotions. Nous passons notre temps avec un pied dans le passé, à ressasser ce qui n'a pas été conforme à nos désirs, et l'autre dans le futur, à projeter ce qu'il sera peut-être. Du coup, nous en oublions de vivre au présent. Or, c'est dans le présent que nous pouvons vivre intensément, nous ressourcer et puiser en nous la force de construire notre avenir. Bien des émotions perturbantes se nourrissent de ce grand écart permanent. Mais, si l'on fait l'effort d'accepter le réel, une bonne partie des conflits émotionnels s'évacue naturellement. Reste la situation telle qu'elle est, et il est beaucoup plus facile de la gérer lorsqu'elle est ainsi dépouillée de nos projections fantasmatiques.

La colère

Certaines personnes explosent dans des crises de colère aveugles, alors que d'autres ont beaucoup de mal à se laisser aller à la moindre expression de mauvaise humeur. Ces deux attitudes sont néfastes, chacune à sa manière. L'excès de colère perturbe les relations humaines et entrave le jugement. Mais le fait de ne jamais se mettre en colère révèle une paralysie émotionnelle tout aussi délétère. On n'exprime pas ce que l'on ressent parce qu'on n'ose pas s'opposer aux autres, qu'on a peur de perdre leur estime et leur amour. Mais l'agression que l'on a subie et à laquelle on n'a pas répondu continue à faire son chemin. Pendant les jours suivants, à l'abri des regards, on rumine sa rancœur, on ressasse les phrases assassines que l'on aurait pu prononcer et que l'on a gardées pour soi.

Avec la colère, il n'y a qu'une règle : il faut qu'elle nous aide à vivre et qu'elle facilite nos relations avec les autres au lieu de nous empoisonner l'existence.

– Acceptez votre colère : elle existe, elle a ses raisons, il ne sert à rien de la nier.

– Ne vous laissez pas emporter totalement par elle : si la vague est trop violente, attendez un peu avant de vous confronter à la source de votre colère.

– Vous n'êtes pas complètement contenu dans votre colère : n'ayez pas peur qu'elle vous engloutisse tout entier.

La peur

La peur est utile : c'est elle qui nous avertit du danger et nous permet de nous défendre. Du moins, tant qu'elle n'est pas trop violente et paralysante. Si le petit enfant n'avait pas peur de tomber lorsqu'il grimpe aux arbres, il se romprait le cou. La peur fait partie de l'apprentissage des limites. En règle générale, lorsque la situation est résolue, la peur disparaît. Mais parfois, le sentiment de peur est déconnecté de la réalité. Il n'est pas provoqué par un événement réel, mais par une idée ou un fantasme. Et, dans ce cas, elle risque de s'installer durablement, car aucune fin ne lui est imposée. C'est cette peur diffuse qu'il s'agit de débusquer et de chasser.

– Essayez de mettre le doigt sur les origines de votre peur. Analysez-les de manière à évacuer celles qui n'ont pas de raison d'être.

– Lorsque la peur vous assaille, respirez : c'est un excellent outil d'apaisement.

– Vous n'êtes pas seulement ce que vous faites. Si vous avez toujours peur de l'échec, c'est que vous avez peur d'être annihilé par lui. Mais l'échec n'est qu'une étape vers votre prochaine réussite. C'est en se trompant que l'on apprend.

La tristesse

Face à un événement douloureux, comme un deuil, il est normal d'être triste. Cette tristesse est même bénéfique, car elle fait partie des étapes du deuil. Elle accompagne les grands changements de la vie puisque, pour évoluer, il faut toujours abandonner une partie de ce que l'on était auparavant. Le problème apparaît lorsque la tristesse s'installe, sans raison objective, et recouvre votre vie d'un voile opaque et gris.

La tristesse fait partie de la vie. Elle devient pathologique lorsqu'elle s'installe vraiment.

– Forcez-vous à cultiver les petits plaisirs. L'aptitude à la joie se « muscle » peu à peu et l'envie revient.

– Habillez-vous avec des couleurs gaies.

– Ne vous sentez pas coupable de votre état, acceptez-le afin de pouvoir en sortir.

– Refusez de penser à vos problèmes pendant vingt-quatre heures. Cela repose et permet de prendre un peu de distance avec ses ratiocinations mentales.

– Pleurez : les larmes soulagent.

Apprendre à lâcher prise

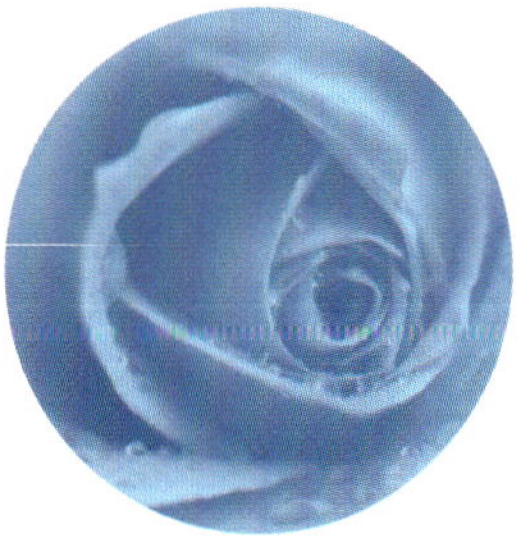

Cette notion, issue des philosophies orientales, est difficile à cerner pour nos esprits occidentaux. Que s'agit-il de lâcher, au juste ? Et comment faire ? La première chose dont nous pouvons nous défaire, c'est notre désir de tout maîtriser : nous, les autres, les événements…

Voici un petit exercice qui permet de se familiariser avec la notion de « lâcher prise ». Imaginez la vie comme une rivière : elle coule, parfois paisible, parfois orageuse. Son parcours est parsemé d'embuches, mais aussi de plages… Il y a des gens qui restent sur la rive et la regardent couler. Certes, ils ne risquent pas de souffrir de sa froideur ni de sa violence, mais ils ne peuvent pas savourer non plus sa fraîcheur en été. D'autres ont accepté d'y plonger mais, n'osant se laisser aller, ils restent accrochés à la rive, subissant de plein fouet la violence de son cours. Enfin, il y a ceux qui acceptent de se laisser aller dans le courant. Ils font confiance au cours de l'eau et n'essaient pas de le contrarier. Ceux-là lâchent prise.

> Acceptez de vous laisser aller aux aléas de la vie, bons ou mauvais : lâchez prise !

Ouvrons nos mains

Notre culture et notre éducation nous ont plutôt appris à réfléchir, à ressasser, à analyser, à prévoir, à projeter… Mais pas à ouvrir nos mains, à lâcher les branches auxquelles nous sommes accrochés, quitte à tomber ou à perdre ce que nous avions acquis.

Pourtant, plus nous ruminons nos ressentiments et nos peurs, plus nous trituons nos angoisses, plus nous risquons de laisser passer sans les voir les cadeaux que la vie nous offre. Nous sommes en permanence focalisés sur notre désir et nos attentes, et nous oublions de regarder le reste. Or, ce sont parfois des choses auxquelles nous n'aurions même pas osé rêver.

L'apprentissage du lâcher prise fait partie de la formation des moines dans les monastères bouddhistes. Il ne faut pas croire pour autant qu'il s'agit d'une discipline réservée à ceux qui ont choisi de

TENNIS PARTY

Les grands sportifs sont soumis à des stress intenses. Pourtant, s'ils parviennent à résister à cette pression, c'est qu'ils savent lâcher prise. Ils apprennent à ne pas garder l'esprit fixé uniquement sur leur espoir de victoire. En juin 2001, la tenniswoman américaine Jennifer Capriati remporta le tournoi de Rolland Garros après avoir été sévèrement menée au score. À l'issue du match, elle raconta qu'elle avait réussi à remonter en jouant un point après l'autre, sans se soucier de la marque. Si elle était restée tiraillée entre l'inquiétude face au score et l'angoisse de la défaite, elle n'aurait probablement pas réussi.

se retirer du monde. C'est au quotidien, dans les actes et les pensées de chaque jour, que l'on peut tirer profit de cette nouvelle manière d'être.

Pour lâcher prise plus facilement

Rien n'est éternel sur cette terre. Pas même les montagnes qui s'érodent jour après jour, même si cette usure est trop lente pour que nous la percevions. Il en est de même de nos joies comme de nos peines. Il est donc inutile de vouloir arrêter le fil du temps. Les moments les plus heureux sont faits pour glisser entre nos doigts, tout comme nos plus intenses souffrances.

– Acceptez la nouveauté. Ces surprises sont souvent beaucoup plus ensoleillées que les buts vers lesquels nous sommes tendus.

– N'ayez plus peur de perdre ce que vous avez : pour attraper une nouvelle branche, il faut bien lâcher celle que l'on tient.

– Pardonnez à ceux qui vous ont fait souffrir. C'est le meilleur moyen de se libérer de ces souffrances. La rancune nous maintient prisonniers, attachés à notre passé.

– Brisez ce cercle des habitudes. Certes, ces points de repère sont utiles mais, s'ils deviennent immuables, ils nous enferment.

– Faites-vous confiance : vous possédez bien plus de qualités que ce que vous croyez.

– Arrêtez de vouloir tout prévoir : laissez un peu de place à l'imprévu.

– Acceptez d'apprendre, jour après jour…

Rire pour vivre mieux

Nous rions de moins en moins. Ainsi, en 1939, un Français riait en moyenne dix-neuf minutes par jour ; aujourd'hui, nous passons moins de cinq minutes à nous dérider les zygomatiques. C'est dommage, car le rire est un formidable outil de bien-être et d'équilibre, physique et moral.

Observez ce qui se passe en vous lorsque vous éclatez de rire. Votre hilarité déclenche une série de petites expirations en saccades, provoquées par des contractions involontaires du diaphragme. Un réseau de muscles se met alors en mouvement pour répercuter votre rire à l'ensemble de l'organisme. Votre respiration, brusquement accélérée, se manifeste par de brusques expirations accompagnées d'un bruit : « Ah ! ah ! ah ! »

Respiration, digestion, immunité

Pendant ce temps, dans les recoins secrets de votre organisme, un autre acte se joue. Les modifications de l'amplitude respiratoire stimulent les voies aériennes. Les mouvements du diaphragme exercent une sorte de massage sur la cavité abdominale, améliorant la digestion et le transit intestinal. À l'intérieur du cerveau, de nouveaux neurotransmetteurs sont sécrétés, provoquant une diminution de la nervosité et de l'anxiété. La résistance au stress s'améliore. Le rire stimule même le système immunitaire, qui se défend mieux contre les agresseurs. Une bonne crise de rire entraîne une détente musculaire et mentale profonde. On se sent aussi apaisé qu'après une heure de sport. On dort mieux après une soirée de franche rigolade. Enfin, une parenthèse d'hilarité dans un moment de tension et de stress permet de prendre un peu de distance par rapport aux problèmes et de les voir, ensuite, sous un jour nouveau.

> **Le rire est excellent pour la santé : il joue sur la respiration, la digestion et même l'immunité.**

ON RIT SOUS TOUS LES CLIMATS

Le rire possède une dimension sociale. C'est l'expression d'un lien entre les individus. Chez les Dogons du Mali, des séances de rire sont organisées auxquelles tous les membres du village doivent participer, comme à un rituel religieux. Chez les Indiens d'Amérique du Nord, il existe des clowns guérisseurs qui font rire les malades pour chasser les mauvais esprits de leur corps. Même le dalaï-lama, chef temporel et spirituel de la communauté tibétaine en exil, avoue qu'il adore rire. Il voit dans cet acte un état d'esprit, un caractère, une manière d'être et une offrande. D'ailleurs, il arbore toujours un franc sourire, malgré les difficultés que traverse son peuple.

Pas de rire sur commande

Si nous n'utilisons pas davantage ce médicament simple, efficace et gratuit, c'est parce qu'il est difficile de rire sur commande. Nous avons besoin pour nous esclaffer d'une sollicitation extérieure : une chatouille, un bon mot, une image irrésistible… Et parfois, cela ne suffit pas à nous mettre en joie.

C'est dommage, car le rire a fait ses preuves. La plus célèbre histoire de thérapie par le rire est celle de Norman Cousins. Il était atteint d'une maladie grave réputée incurable. Il était condamné à la paralysie. Mais il était animé par un puissant appétit de vivre : il refusa le diagnostic des médecins, il arrêta les traitements antalgiques qu'on lui avait prescrits et se concocta une ordonnance sur mesure, vitamine C à haute dose, films comiques et humoristes à gogo. Son raisonnement était simple : si le stress et les émotions négatives entraînent un afflux de substances agressives dans l'organisme, les émotions positives et la bonne humeur doivent produire l'effet inverse. Il s'aperçut rapidement qu'une bonne crise de rire soulageait ses douleurs mieux qu'un médicament et lui donnait deux bonnes heures de sommeil. Il poursuivit son étrange traitement pendant plusieurs années, jusqu'à être totalement guéri. Aujourd'hui, il écrit des livres et donne des conférences dans le monde entier pour vanter les mérites de son médicament miracle.

Pour rire de bon cœur, nous avons généralement besoin d'une sollicitation extérieure.

Les thérapies par le rire

Selon certains thérapeutes qui en ont fait leur spécialité, on peut apprendre à rire même quand on n'en a pas envie. Si l'on provoque artificiellement les mouvements et les bruits du rire, on finit par rire pour de bon.

Il existe des stages de rire au cours desquels vous pouvez vous essayer à ces techniques pour les utiliser, ensuite, chaque jour à la maison, seul, en famille ou entre amis.

plaisir

émotions

Apprendre à s'aimer soi-même

Les voies du bien-être sont nombreuses et d'une infinie richesse. Pour les explorer à loisir, il faut pourtant disposer d'un atout personnel indispensable : l'amour de soi. Sans ce moteur, on ne s'autorise pas à accéder au bien-être et encore moins au bonheur. L'amour de soi se cultive et s'entretient…

« Je suis trop nul », « je suis moche »… Ces gentillesses, tout le monde se les répète un jour ou l'autre. Tant que cela reste ponctuel, cela fait partie des hauts et bas, des variations normales du moral et de l'humeur. Cependant, certaines personnes ont une fâcheuse tendance à se dévaloriser en permanence. Elles n'ont jamais les qualités requises pour faire face aux situations. Les vertus que les autres leur accordent n'ont pas de valeur car elles sont suspectes… Quand on est ainsi plongé dans la spirale infernale du « désamour » de soi, rien ni personne ne peut briser ce mouvement dévastateur. Personne… à part nous-mêmes, bien sûr !

L'ÉGOÏSME !

Il ne faut pas confondre amour de soi et égoïsme. S'occuper de soi n'a rien d'égoïste. Au contraire : c'est peut-être le plus beau cadeau que nous pouvons faire aux autres. En apprenant à s'aimer, on peut distribuer autour de soi davantage d'affection, d'attention, de sérénité, de générosité… L'amour de soi nous donne une liberté intérieure que l'on peut utiliser pour aider vraiment les autres.

Nous avons le choix

Nous avons toujours le choix : nous aimer comme nous sommes, en mettant en valeur nos qualités et en corrigeant nos défauts pour mieux évoluer ou, au contraire, nous aimer mal, voire pas du tout, et rester paralysés, emprisonné dans l'image négative que nous avons de nous-mêmes.

L'image que l'on se fait de soi n'a rien à voir avec la réalité. C'est un fantasme. En voici un exemple étonnant : pendant une interview, la si séduisante actrice américaine Michelle Pfeiffer avouait son angoisse d'être percée à jour. « Et si les gens se rendaient compte que je ne mérite pas leur attention, disait-elle, que je n'ai aucun talent et que je suis moche ? » Et ces distorsions ne concernent pas seulement le physique. C'est en effet notre être tout entier qui peut être l'objet de notre mépris.

Les défauts dont nous nous affublons sont comme des paravents que nous dressons entre nous et notre mal-être. Nous entretenons ce cercle vicieux car nous ne pouvons pas nous autoriser à vivre dans un bien-être que, pensons-nous, nous ne méritons pas. Comme l'explique Catherine Bensaïd[14], psychiatre et psychothérapeute, « nous souffrons des limites que nous nous créons ».

14 *Aime-toi, la vie t'aimera*, Pocket, 1994.

Les images de l'enfance

L'amour de soi – ou du moins la capacité à s'aimer – se construit dès le plus jeune âge. Depuis sa toute première respiration, le petit enfant est capable de recevoir l'amour de sa mère et de lui manifester, en retour, son attachement. Mais, s'il n'est pas aimé, ou mal aimé, il court le risque de devenir un adulte incapable de s'aimer lui-même et d'aimer les autres. En outre, au cours des premières années de son existence, l'enfant est affectivement très fragile et il suffit parfois simplement d'une séparation mal vécue par lui pour qu'une cicatrice indélébile s'inscrive profondément en lui : on ne m'aime pas assez pour rester avec moi, je ne suis donc pas aimable.

Ensuite, on grandit tant bien que mal, tiraillé entre les désirs parentaux, les contraintes, les diktats et l'émergence de notre vraie personnalité. L'image de soi se construit plus ou moins bien. Arrivés à l'âge adulte, nous devons la confronter aux nécessités de la vie sociale et l'écart se creuse encore entre nous et nous.

Il faut ajouter à cela la fidélité inouïe que nous entretenons vis-à-vis des images négatives de nous-mêmes. Qu'un de nos parents nous trouve trop ceci ou pas assez cela et, toute notre vie, nous aurons tendance à nous conformer à cette image pour ne pas lui donner tort. Cette fidélité inconsciente nous rogne les ailes et nous empêche de prendre conscience de nos véritables qualités.

L'estime de soi, un bien précieux

Pour sortir de l'impasse, il faut restaurer l'« estime de soi ». C'est la capacité que nous avons à nous aimer et à nous faire confiance. Comme l'explique le Dr Christophe André[15] : « Au travers de toutes nos activités, nous cherchons le plus souvent à satisfaire deux grands besoins également indispensables à notre estime de soi : nous sentir aimés, appréciés, sympathiques… et nous sentir compétents, performants, habiles. » C'est la satisfaction simultanée de ces deux besoins qui forge notre estime.

Le regard des autres est un rouage précieux de ce mécanisme, mais il n'est pas le seul. Car, si nous n'acceptons pas les regards positifs, si nous refusons de faire confiance aux qualités que les autres nous accordent, leur regard ne sert plus à rien. Il faut donc d'abord restaurer, en nous, notre capacité à nous estimer, afin de pouvoir profiter ensuite de la dynamique des relations humaines.

Cultiver l'estime de soi

Voici quelques attitudes qui permettent d'améliorer l'estime que l'on se porte.

– Fixez-vous des buts précis, avec des objectifs à votre portée. À chaque réussite, félicitez-vous comme vous le feriez de votre meilleur ami.

15 *L'Estime de soi*, écrit en collaboration avec François Lelord, Odile Jacob, 1999.

– Considérez les échecs comme une formidable chance d'apprentissage.
– Faites-vous des compliments dès que vous le méritez.
– Entourez-vous de gens qui vous renvoient une image positive de vous. De gens qui vous aiment et vous apprécient.
– Arrêtez de vous comparer aux autres : vous êtes unique et vous avez le droit d'être apprécié comme tel.
– Prenez le risque d'aimer et de vous laisser aimer !
– Apprenez à dire non, à exprimer ce que vous ressentez…
– Abstenez-vous de prononcer la moindre parole dévalorisante à votre égard.
– Arrêtez de vous coller des étiquettes. Aucun de nos défauts n'est irréversible. On peut toujours changer, s'améliorer.
– Commencez chaque journée en pensant à vous : ce que vous désirez, ce que vous projetez… Faites passer après les considérations sur les problèmes du jour.

Qui sommes-nous vraiment ?

Amour de soi, estime de soi sont des outils qui vous permettront, chaque jour, de devenir un peu plus vous-même, de vivre plus près de vos vraies aspirations, de vos véritables désirs.

Dès notre naissance, nous sommes façonnés, nourris par les influences extérieures que nous recevons de notre milieu. Nos parents impriment en nous, par leur discours et leurs attentes, des traits qui nous ressemblent plus ou moins. Parfois nous nous y conformons, parfois nous les rejetons violemment. Mais, toujours, nous commençons par réagir à ces signaux. Lorsque les parents sont conscients de l'importance de leur influence sur le devenir de leur enfant, tout va bien : ils projettent, c'est inévitable ; mais ils essaient de percevoir qui est le petit être à qui ils ont donné naissance. Peu à peu, les choses s'équilibrent et l'être qu'ils élèvent peut, grâce aux outils qu'il a reçus en héritage, découvrir sa vraie personne et la développer. Mais souvent, hélas, les projections familiales sont aveugles, même si elles sont tissées de bonnes intentions et pétries d'amour. L'enfant se retrouve enfermé

HAUTE OU BASSE ?

L'estime de soi s'évalue selon deux notions croisées : elle peut être haute ou basse, stable ou instable. Une personne dotée d'une estime de soi haute et instable ne se dévalorise pas tout le temps. Seule devant son miroir, elle peut être consciente de ses qualités. Mais il suffit d'une pichenette pour que tout cela s'écroule : la présence d'un supérieur, une parole agressive, un regard autoritaire… La pire situation : lorsque l'estime de soi est basse et stable. Car il est difficile, alors, de renverser la vapeur. Difficile, mais pas impossible…

dans un carcan qui ne lui ressemble en rien. En grandissant, il ne sait plus très bien ce qu'il aime, ce qu'il désire, ce qui l'anime... Il ne distingue plus ce qui lui correspond et ce qui relève de la fidélité forcée au désir parental. Il s'efforce d'être cette personne que les autres ont forgée et s'éloigne de plus en plus de sa vraie personnalité. Le malaise s'installe et grandit, le mal-être l'accompagne.

Comment devenir soi-même

Voici quelques attitudes qui aident à se rapprocher de la personne que l'on est vraiment.

– Repérez vos vraies valeurs : pas les choses qui se font ou qui ne se font pas, ni ce que l'on vous a autorisé ou non à faire ; mais ce que vous considérez, vous, comme les vraies valeurs de l'existence.

– Essayez de vivre au plus près de ces vraies valeurs.

– Faites une liste de vos envies, des plus banales aux plus folles. Puis observez-les une à une et cherchez pour quelle raison vous ne les avez pas vécues.

– Prévoyez de réaliser celles qui sont accessibles. Programmez-les.

– Fuyez les relations toxiques : celles qui vous enferment dans la dépendance et la culpabilité. Entourez-vous de personnes qui vous apportent du bien-être.

– Apprenez à vous remettre en question.

S'aimer sans le regard de l'autre

Seuls les anachorètes réfugiés sur leur montagne peuvent se targuer d'être heureux tout seuls. Et encore ne sont-ils pas vraiment seuls, puisque leur isolement les rapproche de Dieu. Nous sommes des êtres de relation. Pourtant, le nombre

L'ENFANT QUE VOUS ÉTIEZ

L'enfant que vous étiez portait en germe l'être merveilleux et abouti que vous auriez pu devenir. Et que vous deviendrez si vous vous défaites des liens qui entravent votre épanouissement. Cet enfant avait de vrais désirs, de vraies passions. Il existe encore, au fond de vous. Il a besoin d'être rassuré. Fermez les yeux et imaginez-vous enfant, fragile et soumis au discours des adultes. Envoyez-lui de la tendresse. Dès que vous en avez l'occasion, jouez et riez, sans penser à ce que les autres en pensent. Vous laisserez ainsi s'exprimer une partie de vous qui ne demande qu'à respirer.

de célibataires ne cesse d'augmenter. Deux mariages sur trois se soldent par un divorce.

La solitude affective s'accompagne souvent d'une usure lente et progressive de l'estime de soi. Si personne ne nous aime, comment pourrions-nous nous aimer ? C'est oublier un peu vite les autres formes d'amour : les amis, les enfants, les parents... Mais, lorsqu'on cherche l'âme sœur et qu'on ne la trouve pas, ces marques d'affection font triste figure. Elles ne remplacent pas ce que l'on cherche.

C'est vrai, on ne peut pas mettre toutes les formes d'amour au même niveau. Elles ne sont pas interchangeables. Pourtant, chacune a son importance. Il est injuste de mésestimer les marques d'estime et d'affection que l'on reçoit simplement parce que l'amour n'est pas au rendez-vous. C'est justement dans ces moments-là qu'elles prennent toute leur importance.

Solitude provisoire

Lorsqu'on sort d'une histoire d'amour qui s'est soldée par un échec, on se sent dévalorisé, diminué. Pourtant, c'est le moment idéal pour s'occuper de soi, restaurer l'estime de soi et entretenir la flamme fragile de l'amour de soi.

L'échec du couple n'est pas l'échec des deux partenaires. Au contraire. L'augmentation du nombre des séparations montre bien que le couple n'est plus seulement une béquille sociale. On lui demande davantage. On est plus exigeant quant à la qualité des relations. Cette exigence, il faut la poursuivre pour soi pendant les périodes de solitude. Mieux on analyse les raisons de l'échec relationnel, plus on construit une paix durable avec soi-même et plus on augmente les chances de rencontrer, la fois suivante, un être qui nous convient. En se rendant disponible à soi-même, on se rend disponible pour l'autre.

Apprendre à aimer l'autre

Difficile de parler de bien-être sans évoquer les relations affectives. L'amour que l'on reçoit et celui que l'on donne sont au centre du bonheur individuel. Cependant, les relations humaines ne sont pas toujours simples. Vivre à deux demande de la tolérance et de la compréhension...

L'amour n'est pas inné, du moins celui qui unit les couples. Aimer, cela s'apprend ! Pendant que les petits garçons jouent à la guerre, les petites filles sont nourries d'histoires où les crapauds se transforment en princes charmants. Les mille écueils de la rencontre passés, l'histoire se termine sur le pas de la porte du domicile conjugal, soldée par un « ils furent heureux et eurent beaucoup d'enfants ». Comme si cela allait de soi. Comment voulez-vous, dans ces conditions, que nous soyons aptes à nous aimer au quotidien ?

L'être idéal n'existe pas

Nous sommes tous pétris de défauts et de qualités. C'est ce qui fait de nous des humains. Le devoir de perfection n'existe pas ici bas. En revanche, pour qu'un couple soit stable, riche, rempli d'amour et de partage, il faut que les deux partenaires aient des défauts et des qualités compatibles. Certaines personnes passent leur vie à rechercher un être idéal qui n'existe pas. Ceux-là sont, le plus souvent, mus par une peur de l'engagement qui les fait fuir dès qu'une relation est possible. Si une personne les aime, c'est que cette personne se trompe puisqu'ils ne sont pas aimables. Ils s'empressent de mépriser l'être capable d'une telle bévue et le quittent.

> La perfection n'existe pas. Il faut savoir accepter ses qualités comme ses défauts !

Les autres (ceux qui construisent des couples, réussissent, échouent, recommencent...) se débrouillent comme ils peuvent pour s'adapter à la réalité. Dans les premiers temps d'une relation, aucune des deux personnes ne voit vraiment l'autre. Chacun projette ses

fantasmes sur un être rêvé. Puis les semaines passent et la réalité apparaît. L'autre ne correspond jamais totalement à nos projections, mais ce n'est pas une raison pour mettre fin à la relation.

Cependant, pour pouvoir continuer et nous adapter, nous devons au moins être au clair avec nos attentes : quels sont les défauts qui nous sont insupportables et ceux qui nous dérangent moins ? Quelles valeurs humaines nous sont vraiment indispensables ? Quels rêves désirons-nous vraiment partager ?... Le reste est affaire de compromis quotidien.

LAISSEZ RESPIRER VOS ENFANTS

Pour grandir, les enfants ont besoin d'amour. Mais ils ont aussi besoin d'être respectés en tant que personnes. C'est là que le métier de parent devient vraiment difficile. Il faut réussir à solliciter sans imposer la plupart du temps et savoir imposer vraiment lorsque c'est nécessaire. Il faut donner des limites et des points de repère sans pour autant anesthésier la créativité de l'enfant. Il faut donner de l'amour sans que ce sentiment devienne étouffant. La solution réside peut-être dans le regard que nous portons sur nos enfants. À nos yeux, sont-ils des adultes en devenir qui ont besoin d'être façonnés ou sont-ils déjà des êtres humains à part entière, porteurs de désirs et de projets aussi respectables que les nôtres ?

Mars et Vénus communiquent

Les problèmes de communication dans les couples découlent de ces projections. Chacun connaît son fonctionnement et le projette sur l'autre. Chacun espère faire plaisir à l'autre en lui faisant ce qu'il aimerait qu'on lui fasse. En retour, il attend de l'autre qu'il réponde à ses désirs. Or, hommes et femmes vivent sur des planètes différentes. Le succès phénoménal de *Les hommes viennent de Mars, les femmes de Vénus*[16] en témoigne. Nous aurions moins de difficultés relationnelles si, très tôt, nous apprenions comment l'autre sexe fonctionne.

Un exemple : lorsqu'une femme est confrontée à un problème, elle a besoin d'en parler. Non pour qu'on lui fournisse une solution, mais pour exprimer ce qu'elle ressent et se sentir soutenue. Cette verbalisation lui permet de mettre au clair ses idées et de trouver la solution. À l'inverse, un homme confronté à une difficulté a besoin de se mettre à l'abri des regards. Il se renferme dans son coin jusqu'à ce qu'il ait trouvé la solution. Résultat : quand une femme rentre du travail avec un souci en tête, elle en parle. Son mari n'a qu'une réponse pour l'aider : lui fournir une solution toute faite, ce qui lui est insupportable car elle demande simplement d'être écoutée. Quand c'est à l'homme que cela arrive, il s'enferme dans le mutisme. Sa femme, soucieuse de le soutenir, essaie de le faire parler, ce qui l'énerve au plus haut point puisqu'il a besoin de se réfugier dans sa grotte pour réfléchir. Ainsi naissent bien des scènes de ménage !

16 De John Gray, J'ai Lu, 2003.

VOS PARENTS SONT COMME ILS SONT

La relation que nous entretenons, adultes, avec nos parents n'est jamais simple. Tout le monde nourrit des griefs vis-à-vis de ses géniteurs. Pourtant, la plupart du temps, nos parents ont fait ce qu'ils ont pu, avec leurs propres empêchements, leurs propres limites. Ils avaient eux-mêmes des parents. Prendre conscience de ce que nos parents ont imprimé en nous est un instrument de libération et d'épanouissement. Cela nous permet d'accéder à notre vraie personne. Mais garder de la rancune à leur égard nous maintient ligotés au passé. Mieux vaut accepter et pardonner. Ainsi, nous pouvons nouer avec eux de nouvelles relations, d'adulte à adulte et non plus d'enfant à parent.

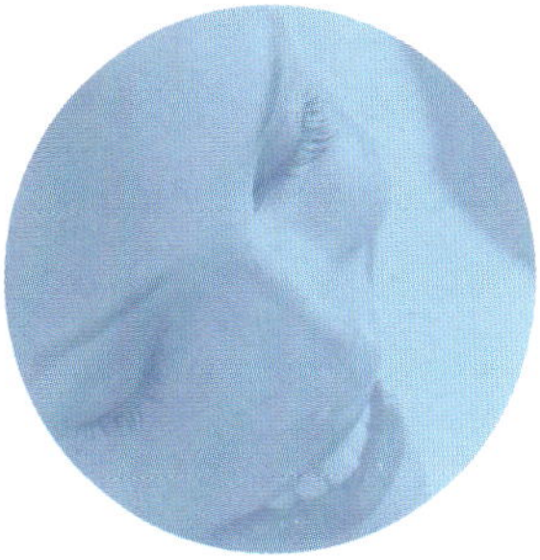

Accepter l'autre comme il est

Pour construire un couple, il faut d'abord accepter l'autre comme il est… ou le refuser tout entier. Il est illusoire de vouloir faire changer un être humain. On peut l'accompagner sur le chemin de son évolution, on peut l'aide, à devenir un peu plus lui-même, on peut le soutenir dans ses changements, mais on ne peut pas le faire devenir une personne qu'il n'est pas.

Pour accepter l'autre comme il est, il faut tenir compte de ses traits de caractère propres, de ses qualités, de ses défauts, mais aussi du fait qu'il appartient à l'un ou l'autre sexe. C'est cet édifice complexe qu'il s'agit non de comprendre mais d'accueillir.

Cela ne va pas sans provoquer des crises. Tous les couples en traversent. Certains les dépassent. Les crises sont toujours bénéfiques en ce qu'elles permettent d'avancer. Parfois, elles révèlent des divergences telles qu'il vaut mieux mettre un terme à la relation. C'est triste, souvent douloureux, mais, si les raisons de la rupture sont justifiées, il ne sert à rien de regretter. Les vraies divergences ont été mises au jour et c'est une réalité qu'il faut s'efforcer d'accepter.

Pour accueillir l'autre tel qu'il est, tenez compte de ses traits de caractère, de ses qualités et défauts, de son sexe.

Il arrive aussi, heureusement, que les crises de couple permettent à chacun de prendre conscience de ce qu'il vit car le rythme quotidien, les habitudes, nous enferment rapidement dans un ronronnement soporifique.

partage

bonheur

Les ravages de la jalousie

Au centre des crises de couple se trouve souvent la jalousie. C'est un sentiment très largement partagé. L'idée que l'objet de notre amour puisse appartenir à un ou une autre est insupportable. La jalousie puise ses racines dans notre lointain passé. Notre premier objet d'amour, notre mère, nous était tout entier consacré. Nous avions faim, son lait nous rassasiait ; nous pleurions, ses bercements nous rassuraient... La présence de frères et sœurs aînés n'entamait pas cette sensation de plénitude. Devenus adultes, nous avons tendance à rechercher la même exclusivité. C'est oublier un peu vite que nous ne sommes plus des nouveau-nés entièrement soumis au maternage.

La jalousie est un bouquet d'émotions violentes, parfois insurmontables. C'est une vague qui vous submerge et vous entraîne parfois vers des contrées intimes que vous ne soupçonniez pas. La jalousie peut rendre violent l'être le plus calme ou ordurier celui dont le langage est d'ordinaire châtié. Lorsque la crise se fonde sur un fait objectif, la crise peut être salutaire. Mais, le plus souvent, les personnes jalouses vivent dans un fantasme permanent de trahison. Elles traquent, suspectent, surveillent... Ce qui devient rapidement insupportable pour l'autre, d'autant plus s'il est innocent.

La jalousie est un sentiment si violent et insurmontable qu'il peut modifier de façon radicale le caractère de la personne qui le subit.

Partage de territoires

Enfin, pour vivre en couple, il faut apprendre à partager son territoire. C'est un apprentissage parfois difficile, d'autant que, dans l'élan fusionnel du commencement, nous sommes parfois prêts à abandonner à l'autre la moindre parcelle de nous-mêmes. C'est une erreur. Parmi les pierres les plus importantes qui permettent de bâtir un couple figure le respect de l'autre et de son territoire.

La fusion totale, du genre « moi et toi, partout, toujours », ne donne pas de bons résultats à long terme. On finit par ne plus savoir qui l'on est, perdu dans cet amalgame. Les récentes études de l'INSEE montrent une augmentation importante des « couples non cohabitants ». Ce sont ces couples qui s'aiment, partagent l'essentiel de leur vie, ont parfois des enfants, mais gardent chacun leur logement. Sans aller jusque-là, il est bon de conserver un petit coin qui n'est qu'à soi : un bureau, un coin du salon... Le territoire peut aussi être constitué d'activités que l'on pratique sans l'autre ou d'amis que l'on voit seul. L'essentiel est de respirer et de laisser l'autre respirer, afin que personne ne manque d'air.

COMMENT FREINER LA JALOUSIE

Voici quelques attitudes qui vous aideront à maintenir la jalousie à distance.

– La jalousie est une souffrance pour celui qui la ressent. Ne mésestimez pas cette partie du problème.

– Il y a toujours une part d'injustice dans la jalousie, soit dans son objet, soit dans son ampleur. Avez-vous envie d'être injuste ?

– Pendant une crise de jalousie, on s'aveugle. L'autre nous ment peut-être, mais nous nous mentons à coup sûr.

– Acceptez ce que votre partenaire a vécu avant vous… et ce qu'il vivra peut-être après. Mais demandez-lui d'en faire autant avec vous.

– Et, surtout, interdisez-vous de réagir pendant que vous êtes en crise. Attendez que l'émotion soit calmée pour regarder la situation avec un œil plus serein. S'il faut agir, il sera toujours temps…

Conclusion

Bien-être ou bonheur ?

Nous voilà au terme du voyage. Les outils du bien-être sont entre vos mains. Vous allez les utiliser pour vous sentir mieux, plus libre, plus en forme... Peut-être même pour être heureux ?

Le bonheur : est-ce un espoir, un but, un fantasme, une revendication ? Chacun ressent cette quête à sa façon. Une chose est sûre : ce n'est pas un oiseau rare derrière lequel on court inlassablement et que l'on peut enfermer dans une cage lorsqu'on l'a attrapé. Le bonheur est fait d'une suite d'instants fugaces qui s'enfuient et laissent en nous un parfum de plénitude et de regret à la fois. Il n'a donc pas grand-chose à voir avec le bien-être, qui se cultive patiemment, jour après jour, et dont on peut cueillir les fruits.

L'aventure du bonheur

« Le bonheur n'est pas un dû, explique Boris Cyrulnik[17], psychiatre et éthologue. Il faut tenter une aventure pour le rencontrer. Mettre les voiles. » La simple absence de maladie ou de malheur ne nous rend pas heureux. Le bonheur ne se laisse pas enfermer dans une définition en trompe-l'œil. Il exige de nous de la disponibilité, de la conscience, du désir.

17 Dans une interview parue dans *Le Nouvel Observateur*, n° 1939, janvier 2002.

Cependant, le bien-être est un premier pas sur le chemin du bonheur. La prise de conscience de soi, le développement de l'amour de soi, l'attention que l'on accorde à son corps, les moments de détente et de plaisir que l'on s'offre, la stimulation des sens..., sont autant d'éléments qui nous rapprochent de plus en plus du bonheur.

Arrêter le temps...

Bonheur et bien-être ont un autre point commun : ils se conjuguent au présent. N'osant pas affronter immédiatement notre bonheur, nous préférons le projeter dans un futur inaccessible : « lorsque les enfants seront grands », « lorsque nous serons plus riches », « lorsque nous aurons plus de temps »... Pourtant, c'est aujourd'hui que nous pouvons saisir les petits moments qui tissent sa trame. Comme c'est aujourd'hui que nous pouvons décider d'entretenir notre bien-être. Dès maintenant...

Index

carnet d'adresses

France

Acupuncture

- Association européenne d'acupuncture
167, rue de la Convention
75015 Paris
Tél. : 01 58 45 13 74

Diététique et alimentation

- Institut français pour la nutrition
71, av. Victor-Hugo
75016 Paris
Tél. : 01 45 00 92 50

Fleurs de Bach

- Fleurs, essences et harmonie
75 bis, av. de Wagram
75017 Paris
Tél. : 01 48 88 95 05

Massages et rééducation posturale

- Association des élèves du Dr Lili Ehrenfried
29, rue des Îles
94100 Saint-Maur-des-Fossés
Tél. : 01 49 76 05 01
- Association française des praticiens en drainage lymphatique manuel
8, rue Émile-Gilbert
75012 Paris
Tél. : 01 43 42 04 68
- Association méziériste internationale de kinésithérapie
76, rue du Dr-Albert-Barraud
33000 Bordeaux
Tél. : 05 56 79 17 19
- Feldenkrais France
37 bis, rue Marseillaise
94300 Vincennes
Tél. : 01 43 74 15 19
- GREGA (eutonie Gerda Alexander)
20, rue Hanots
93100 Montreuil
Tél. : 01 42 87 79 46
- Syndicat national des masseurs-kinésithérapeutes-rééducateurs
15, rue de l'Épée-de-Bois
75005 Paris
Tél. : 01 45 35 82 45

Naturopathie

- CENATHO naturopathie
221, rue La Fayette
75010 Paris
Tél. : 01 42 82 09 78

Plantes et huiles essentielles

- Collège de phyto-aromathérapie
127, bd Malesherbes
75017 Paris
Tél. : 01 42 67 24 93
- Société française de phytothérapie et d'aromathérapie
19, bd Beauséjour
75016 Paris
Tél. : 01 45 24 65 92

Psychologie et psychothérapie

- Académie caycédienne de sophrologie
20, rue Henri-Bocquillon
75015 Paris
Tél. : 01 45 20 19 94
- Association européenne de rebirth-thérapeutes
125, rue de la Santé
75013 Paris
Tél. : 01 45 89 67 45
- Association française de PNL
2, square de Vermouze
75005 Paris
Tél. : 01 43 36 51 32
- Association française de thérapie comportementale et cognitive
100, rue de la Santé
75014 Paris
Tél. : 01 45 88 78 60
- Centre international de musicothérapie
49, av. Aristide-Briand – BP 155
93163 Noisy-le-Grand Cedex
Tél. : 01 49 32 11 62
- Institut français d'analyse transactionnelle
1, rue de Metz
75010 Paris
Tél. : 01 47 70 22 62
- Institut français de Gestalt-thérapie
87, cours d'Albret
33000 Bordeaux
Tél. : 05 56 90 04 05
- Institut Milton Erickson
11, rue des Bois
78620 L'Étang-la-Ville
Tél. : 01 39 16 17 72
- Société française d'analyse bioénergétique
17, rue Popincourt
75011 Paris
Tél. : 01 43 55 62 05
- Société française de sophrologie
39, bd Garibaldi – 75015 Paris
Tél. : 01 40 56 94 95

• Syndicat national des praticiens en psychologie
77, rue des Archives
75003 Paris
Tél. : 01 44 54 32 00

Qi gong

• Fédération européenne de qi gong et d'arts énergétiques
L'Esterelle – bât. A
43, av. Paul-Cézanne
13090 Aix-en-Provence
Tél. : 04 42 93 34 31

Thalassothérapie

• La maison de la thalassothérapie
230, rue du Faubourg-Saint-Honoré
75008 Paris
Tél. : 01 45 63 16 15

Thermalisme

• La maison du thermalisme
32, av. de l'Opéra
75002 Paris
Tél. : 01 44 71 37 00

Yoga

• Fédération française de hatha yoga
50, rue Vaneau
75007 Paris
Tél. : 01 45 44 02 59

• Maison du yoga
68, rue de la Folie-Méricourt
75011 Paris
Tél. : 01 48 06 01 23

Belgique

• Association belge des enseignants et pratiquants du yoga (A.B.E.P.Y.)
Rue de Velupont, 25
4260 Braives
Tél. : 019 69 99 71

• Dorint spa-Balmoral
Route de Balmoral, 33
4900 Spa
Tél. : 087 79 32 50

Suisse

• Centre de nutrition et thérapies associées
13, av. Krieg
1208 Genève
Tél. : 022 347 89 37

• Centre d'étude et de formation en Reiki
12, rue Jean-Violette
1205 Genève
Tél. : 022 320 56 30

• École de massage, kinésiologie et thérapies naturelles
Espace santé Esclarmonde
39, av. Frédéric-Soret
1203 Genève
Tél. : 022 344 80 76

• Clinic altenativ – centre de bien-être
90, route de Frontenex
1208 Genève
Tél. : 022 594 38 38

• École de plantes médicinales et aromatiques
9A, rue de Vermont
1202 Genève
Tél. : 022 733 61 49

• École de yoga et de naturopathie
Espace mieux-être
3, av. F. A.-Grison
1225 Chêne-Bourg
Tél. : 022 349 30 31

Québec

• Association nationale des naturothérapeutes
7983, rue Saint-Denis
Montréal QC H2R 2G2
Tél. : 514 939 1457

• Association des kinothérapeutes du Québec
580, cure Labelle
Sainte-Rose, QC
Tél. : 514 990 9942

• Collège des médecines douces
1120, Bélanger Est, QC
Tél. : 514 990 5229

• Écoute ton corps
Tél. : 514 875 1930

bibliographie

- *Le stress n'est pas une fatalité,* Marie Borrel, Éditions Presses du Châtelet, 2000
- *Le Guide du bien-être selon la médecine chinoise,* Marie Borrel et Dr Yves Réquéna, Éditions Guy Trédaniel, 2000
- *Les Plantes et leurs vertus,* Marie Borrel, Éditions du Chêne, 2002
- *365 Façons de gérer vos émotions,* Marie Borrel, Éditions Guy Trédaniel, 2003
- *365 Façons de vivre heureux et épanoui,* Marie Borrel, Éditions Guy Trédaniel, 2003
- *Dictionnaire de diététique et de nutrition,* Dr Pierre Dukan, Cherche-Midi, 1998
- *Le Grand Guide Hachette des aliments santé,* Amanda Ursell, Hachette pratique, 2002
- *Guide des vitamines et des oligoéléments,* Anne Dufour et Danièle Festy, Hachette pratique, 2002
- *La Bible des vitamines,* Dr Dominique Rueff, Éditions Albin Michel, 2004
- *L'Estime de soi,* Christophe André et François Lelord, Éditions Odile Jacob, 1999
- *Massage, le bien-être au bout des doigts,* Fiona Harrold, Éditions Hachette, 1993
- *Le Bien-être par la réflexologie,* Pauline Will, Éditions Hachette pratique, 1996
- *Cours de yoga pour tous,* Vilma Lalvani, Éditions Hachette, 1997
- *Votre maison sous bonne influence,* Simon Brown, Éditions Hachette, 1998
- *12 Week-ends pleine forme,* Kathrin Klemp, Éditions Solar, 2003
- *Massages,* Karin Schutt, Éditions Solar, 2004
- *Le B.a.-ba du maquillage,* Dominique de Vorges, Éditions Solar, 2004
- *Le Yoga chez vous,* Tara Fraser, Éditions Solar, 2004
- *Guide de la thalasso,* Catherine Tinghérian, Éditions Solar, 2005

table des matières

Crédits photographiques

Couverture : PhotoAlto/Pierre Bourrier (gauche), EyeWire/Getty Images (centre), PhotoAlto/Pierre Bourrier (droite).

Corbis : pages 69, 121, 147, 149, 151, 154, 155, 159, 163, 167, 169, 181, 183, 211, 214, 241, 244, 261, 267, 290, 299.
Digital Vision : pages 35, 71, 85, 103, 129, 133, 175, 301, 337.
EyeWire/Getty Images : pages 5 (vignette 4), 193, 194, 232, 304, 306, 310, 311, 316, 318, 320, 324, 326, 330, 336.
Goodshoot : pages 5 (vignette 3), 11, 23, 25, 42, 77, 105, 109, 113, 115, 117, 130, 135, 137, 139, 143, 171, 201, 235, 262, 264, 266, 272, 273, 276, 280, 294, 295, 300, 303, 307, 315, 321, 327, 331, 335, 339.
IT Stock : pages 9, 15, 17, 79, 99, 100, 124, 141, 179, 271, 281, 289, 293.
PhotoAlto/Pierre Bourrier : pages 2, 88, 95, 107, 187, 189, 197, 206, 227, 229, 243, 265, 328, 343.
PhotoAlto/Frédéric Cirou : pages 19, 39, 52, 83, 111, 152, 205, 223, 247, 253, 255.
PhotoAlto/Jean-Blaise Hall : pages 31, 40, 45, 49, 51, 53, 54, 58, 60, 63, 67, 75, 145.
PhotoAlto/Sanna Lindberg : pages 27, 118, 123, 127, 185, 209, 258, 277, 341.
PhotoAlto/Isabelle Rozenbaum : pages 4 (vignette 2), 7, 26, 30, 32, 34, 44, 62, 66, 68, 70, 72, 74, 76, 78, 80, 82, 84, 90, 92, 94, 98, 102.
PhotoAlto/Isabelle Rozenbaum & Frédéric Cirou : pages 46, 56, 64.
PhotoDisc : pages 3 (vignettes 1 et 2), 4 (vignettes 1, 3 et 4), 5 (vignettes 1 et 2), 10, 14, 18, 20, 22, 86, 106, 110, 112, 114, 116, 120, 122, 126, 128, 134, 140, 144, 146, 148, 156, 158, 160, 162, 166, 170, 174, 176, 178, 188, 192, 200, 204, 208, 210, 220, 222, 226, 228, 234, 242, 246, 250, 252, 254.
Pixland : pages 199, 225.

Dans la même collection :

Bien se soigner par homéopathie
Guide familial des symptômes
Guide des urgences familiales
Bien se soigner par les plantes

ISBN : 2-263-03752-7
Code éditeur : S03752
Dépôt légal : février 2005

Direction : Dominique Raynal
Responsable éditoriale : Corinne Cesano
Secrétaires d'édition : Serge Gras, Mélanie Schmitt
Responsable artistique : Vu Thi
Illustrations : Fifi
Réalisation : Agence Média
Chef de fabrication : Denis Lanson
Photogravure : Nord Compo, Villeneuve-d'Ascq

Impression : Litonova, Italie